Mord im Nebel

Christiane Franke, Jahrgang 1963, lebt und schreibt in Wilhelmshaven. Sie ist Dozentin für Kreatives und Krimi-Schreiben im Bereich Erwachsenen- und Jugendbildung. Im Emons Verlag erschienen »Mord ist aller Laster Ende«, »Mord im Watt« und »Mord unter Segeln«.
Mehr unter: www.christianefranke.de

CHRISTIANE FRANKE

Mord im Nebel

KÜSTEN KRIMI

emons:

Bibliografische Information der Deutschen Bibliothek
Die Deutsche Bibliothek verzeichnet diese Publikation
in der Deutschen Nationalbibliografie; detaillierte bibliografische
Daten sind im Internet über http://dnb.d-nb.de abrufbar.

Umschlagmotiv: Christiane Franke
Umschlaggestaltung: Tobias Doetsch, Berlin
Satz: César Satz & Grafik GmbH, Köln
Druck und Bindung: CPI – Clausen & Bosse, Leck
Printed in Germany 2013
ISBN 978-3-95451-067-2
Küsten Krimi
Originalausgabe

Prolog

Das Dröhnen der Motoren hörte man bis hier. Es war eng. Und heiß. Verdammt heiß. Keine noch so gute Klimaanlage könnte unter diesen Bedingungen Kühlung verschaffen, die Wände saugten die Hitze auf und gaben sie unbarmherzig nach innen ab. Dem blonden jungen Mann, der zusammen mit zwei anderen am blanken Tisch in dem kahlen Raum saß, lief nicht allein der Temperaturen wegen der Schweiß aus allen Poren. Er wusste, dass man ihm seine Panik und seine Gewissensbisse ansah. Doch das spielte keine Rolle.

Sein Gegenüber blieb locker zurückgelehnt auf seinem Stuhl sitzen, sah ihn genervt an und griff zu der Flasche Bier, die vor ihm auf dem Tisch stand. »Spiel hier nicht die Mimose«, sagte er schroff und nahm einen langen Zug.

Auch dem dritten Mann lief der Schweiß von der Stirn, seine dunklen Haare wirkten fast schwarz, als er sich jetzt einmischte. »Hättest ja nicht mitmachen brauchen. Nun ist es eben passiert. *So what?* Wir sind ein Team. Wie die drei Musketiere. Einer für alle, alle für einen. Keiner von uns verpfeift den anderen.«

Der Blonde sah die beiden anderen ängstlich an. »Meint ihr wirklich?«

Sie nickten. »Wie die Musketiere.«

Montag

Nebel waberte über dem leicht gefrorenen Grund, es hatte sich Raureif an den kahlen Ästen der Büsche gebildet. Das Leuchtfeuer am Ende der Mole bot ein bizarres, fast schon verzaubert wirkendes Bild. Ein Hauch von Versprechen lag in der Luft, als wollte die Sonne zusichern, sich durchzuarbeiten, den Nebel zu zerreißen und Licht in diesen trüben Novembertag zu bringen.

Es war kurz nach acht, als Olaf Braun seine Münsterländer-Hündin Sally am Parkplatz oberhalb des Deiches aus dem Kofferraum seines Passats entließ. Übermütig tollte Sally herum, sprang an ihm hoch, lief davon, kehrte auf seinen Pfiff zurück, machte »Sitz« und bekam ein Leckerli, um gleich darauf nach einem »Voran« von Olaf wieder davonzueilen, der den schwarzen Fleeceschal fester um seinen Hals zog und in warme Handschuhe schlüpfte. Der Wind war eisig, er wehte mit aller Macht vom offenen Meer herüber. Doch Olaf wusste den windigen Start in den Tag zu schätzen, der ihm all jene Spinnweben aus dem Kopf pustete, die sich ab fünf Uhr morgens in seinem Schädel einnisteten. Meist waren es grüblerische Gedanken über alles und nichts, freigegeben vom Unterbewusstsein, wenn er langsam aus dem Schlaf erwachte.

Für Sally war der Deichabschnitt an der Spitze der Schleuseninsel gewohntes Terrain; hier hatten sie beide begonnen, eine richtige Beziehung zueinander aufzubauen. Denn ziemlich schnell, nachdem er die Münsterländer-Hündin angeschafft hatte, war Olaf klar geworden, dass Sally das Ruder in ihrer Zweier-WG übernehmen wollte. Das hatte er zwar anfangs amüsant gefunden, dann jedoch rasch erkannt, dass er sich und seiner Hündin keinen Gefallen damit tat, ihr den Dickkopf durchgehen zu lassen. So hatte er sich zur Hundeschule angemeldet, die sich sonntäglich hier am Deich der Schleuseninsel traf. Inzwischen begannen sie jeden Tag mit diesem kurzen Ausflug, bevor Olaf sein Geschäft für Fotoartikel, Fotoapparate und alles, was mit dem Fotografieren zusammenhing, in der Gökerstraße öffnete.

Olaf war mit der Zeit gegangen, hatte rechtzeitig die Möglichkeiten erkannt, die ihm die Digitaltechnik bot, und sich zu einem Fachmann entwickelt, der trotz der Dumpingpreise, mit denen die Konkurrenz im Internet warb, seinen Kundenstamm hielt und weiter ausbaute. Kompetenz und Service vor Ort, das waren seine Schlagworte, und der Erfolg gab ihm recht.

In Gedanken beschäftigte er sich bereits mit dem heute anstehenden Auftrag einer Frau, ein nicht wirklich hochauflösendes Foto auf sechzig mal neunzig Zentimeter Leinwand zu bringen, als Sally plötzlich wie wild zu bellen begann. Auf seinen Pfiff hin kam sie zwar angerannt, bellte jedoch schwanzwedelnd weiter, ignorierte das Leckerli und lief sofort wieder davon. Olaf runzelte die Stirn. Nicht schon wieder. Natürlich hatte er gewusst, dass sich eine Münsterländer-Hündin hervorragend für die Jagd eignete, aber er hatte gehofft, Sallys Jagdtrieb mit Disziplin und ausreichend Auslauf befriedigen zu können. Erst letztens war Sally außer Rand und Band gewesen, als sie ein totes Kaninchen gefunden hatte und es ihm zeigen wollte. Olaf schnaubte kurz und folgte seiner Hündin, die jedoch nicht durch das taufeuchte Gras des Deiches lief, sondern auf den betonierten Weg zur Mole.

Was wollte sie denn da? Normalerweise tollte Sally auf dem Deich herum und wälzte sich, wenn er nicht aufpasste, in den Hinterlassenschaften anderer Hunde. Auf die Mole lief sie sonst nicht. Olaf eilte hinterher, er konnte sie im Nebel kaum noch ausmachen. Die ganze Situation hatte etwas Gespenstisches. Hatte Sally eine tote Möwe entdeckt? Einen toten Seehund oder gar einen Schweinswal?

»Sally«, rief er, und sein Atem stieg wie eine Rauchfontäne vor seinem Mund auf. Als Antwort erhielt er lediglich ein aufgeregtes Bellen. Die Leine aus braunem Leder, an die er die kleine schwarze Plastiktüte geknotet hatte, mit der er Sallys Hundehaufen aufnehmen wollte, schlackerte über seiner Schulter, als er den Schritt beschleunigte.

Inzwischen hatte der Nebel seine Haare durchfeuchtet. Er fluchte, als Sally auch auf seinen erneuten Ruf hin nicht zurückkam. Ob es etwas bringen würde, sie sterilisieren zu lassen? Würde sie dann ruhiger? Er musste sich bei seiner Tierärztin erkundigen, Katrin würde ihm da schon den richtigen Rat geben.

Endlich sah er sie. Unterhalb des Molenfeuers, das selbst im Nebel noch meterhoch über ihm aufragte, stand Sally, wedelte mit dem Schwanz und bellte. Olaf griff in die Jackentasche und hatte schon ein Leckerli in der Hand, als er sah, was seine Hündin ihm stolz präsentierte.

Das war weder eine tote Möwe noch ein toter Seehund.

Das war ein Mensch.

***

Kriminaloberkommissarin Christine Cordes nahm die Gummistiefel mit rosarotem Blumenmuster aus dem Kofferraum ihres Cabrios. Seit sie in Wilhelmshaven wohnte, hatte sie sich angewöhnt, gewisse Dinge, die hier an der Küste anscheinend unvermeidlich waren, stets dabeizuhaben. Gummistiefel standen an oberster Stelle, aber auch eine Jeans hatte sie in ihrer Notfalltasche im Auto, denn ihre Kostüme oder Anzughosen durch den Schlick des Wattenmeeres zu verderben, war gar nicht nach ihrem Geschmack.

Sie wickelte sich den dicken Strickschal, den ihre Mutter ihr zum Geburtstag geschenkt hatte, eng um den Hals. Ein heller Naturton mit Zopfmuster. Christine hatte sich augenblicklich in den Schal verliebt und ihn auch schon getragen, als die Temperaturen noch einen leichten Seidenschal rechtfertigten. Jetzt wehte ihr Atem wie eine Rauchfahne bei jedem Atemzug aus ihrem Mund. Die Luft war graublau, undurchsichtig, eisig und nasskalt. Christine hatte sich mit dem Wollschal aber nicht nur äußerlich, sondern auch innerlich Wärme um den Hals gebunden, denn ihre Mutter hatte zuletzt für sie gestrickt, als Christine noch zur Schule ging. Nachdem im August die Scheidung von Frank rechtskräftig geworden war, hatte sie sich jedoch als kümmerndes Mutterschaf entpuppt. Dass Christines Freude über den Schal die mütterliche Stricklust neu entfachen könnte, weshalb inzwischen fast jede Woche ein Paar handgestrickter Socken per Post eintrudelte, hatte sie bestimmt nicht erwartet. Auch zwei

Paar Pulswärmer und eine zum Schal passende Mütze hatte ihre Mutter geschickt. Letztere ließ Christine jetzt allerdings im Auto liegen, denn sie hatte ihre Haare am Abend vorher eingedreht. Die Socken zog sie über ihre Perlonstrümpfe, bevor sie in die Gummistiefel schlüpfte.

Noch hatte die sich langsam durch den Nebel kämpfende Sonne keine Kraft, die Kälte zu vertreiben, aber erste Lichtstreifen bahnten sich ihren Weg. Christine streifte sich ihre braunen Lederhandschuhe über, lief den Deich hinunter und auf die Mole, an deren Betonmauer in großen, verblassenden Buchstaben, die vielleicht schon fünfzig Jahre alt waren, geschrieben stand: »Betreten der Mole verboten«.

Die Kollegen der Spurensicherung waren bereits bei der Arbeit. Ein Leichenwagen wartete an der Straße. Es hatte etwas Unheimliches, die Kollegen zwar hören, aber noch nicht sehen zu können. Der Nebel ließ nur wenige Meter Sicht zu. Während sie weiter nach vorn lief, erkannte sie Dr. Krügers Stimme. Der Rechtsmediziner besprach sich offensichtlich gerade mit dem Chef der Spurensicherung, Gerd Manssen.

»Moin«, sagte sie, als sie zu den beiden Männern trat.

»Moin«, antwortete Manssen.

Auch Krüger erwiderte den Gruß und fügte sogleich hinzu: »Wo haben Sie denn Ihre kratzbürstige Kollegin gelassen, Sie treten doch sonst immer im Doppelpack auf.«

Es war kein Geheimnis, und er machte auch überhaupt keinen Hehl daraus, dass er Oda nicht leiden konnte. Was auf Gegenseitigkeit beruhte, wie Christine wusste: Ihre Kollegin hielt Krüger für einen besserwisserischen Schnösel.

Bevor Christine zu einer Antwort ansetzen konnte, ertönte in ihrem Rücken ein breites »Sagen Sie bloß, Sie haben mich vermisst, Doc!«. Oda Wagner trat aus dem Nebel und grinste den Rechtsmediziner an. »Moin zusammen. Was liegt denn an?«

Wortlos wies Manssen auf den Absatz unterhalb des Molenfeuers, auf dem der Körper eines Mannes lag. Ein Polizeifotograf war dabei, die Szene in Fotos und Videos festzuhalten, bevor der Tote für eine erste Leichenbeschau freigegeben würde.

Kurze Zeit später – inzwischen hatte sich die nasskalte Luft trotz des Schals, der Gummistiefel und der handgestrickten Socken bis auf Christines Haut durchgearbeitet – hatten sie die Identität des Toten geklärt.

Fabian Baumann, fünfundzwanzig Jahre jung, Oberleutnant zur See. Seine Papiere und einen Schlüsselbund hatte er bei sich gehabt, jedoch kein Telefon.

»Der Mann ist seit einigen Stunden tot«, stellte Krüger fest. »Unter Berücksichtigung der Witterung, der Körpertemperatur und der Leichenflecken ist anzunehmen, dass er noch keine zwölf Stunden hier liegt. Anzeichen für eine Schlägerei habe ich zwar nicht entdeckt, dem ersten Anschein nach gab es aber einen Schlag gegen den Kehlkopf. Sollte der zertrümmert sein, wovon ich ausgehe, kann es zu einem Bolustod gekommen sein. Das könnte bedeuten, dass sich die andere an dem vorausgegangenen Handgemenge beteiligte Person im Bereich der Kampfsportarten auskennt.«

»Bolustod? Können Sie das vielleicht mal für uns Normalos übersetzen? Wir sind schließlich nur Polizisten, keine hochwohlgeborenen Mediziner«, warf Oda ein, was Christine ihr in diesem Moment nicht einmal verdenken konnte. Krüger liebte es, sein Wissen mit medizinischen Fachausdrücken zu spicken, und kostete solche Situationen aus.

Bevor er jedoch auf Odas Einwurf reagieren konnte, sagte Manssen: »Abgesehen von Krügers Einschätzung haben wir bislang auch sonst kaum Spuren gefunden, die auf einen Kampf schließen lassen. Was natürlich nichts heißen muss. Nach Abschluss der Untersuchung wissen wir mehr. Die frischen Spuren im Raureif stammen vom Hund nebst Halter. Wir müssen gucken, was sich sonst noch herausfiltern lässt. Es sieht allerdings danach aus, dass der Fundort auch der Tatort ist. Hinweise darauf, dass der Tote hergeschleift oder anderweitig hergebracht wurde, gibt es nicht.«

»Danke.« Christine lächelte Manssen an. Er lächelte zurück.

»Immer gern. Ich weiß ja, unter was für einem Druck ihr steht, wenn die Presse erst Wind von der Sache bekommt.«

***

»Er ist schon wieder nicht nach Hause gekommen«, beschwerte sich Ute Baumann. »Ich hab grad oben in seinem Zimmer nachgesehen.«

»Ute, er ist fünfundzwanzig und ein erwachsener Mann.« Lutz Baumann hatte es satt, ständig mit seiner Frau über das Verhalten ihres Sohnes zu debattieren. »Akzeptier doch bitte, dass er sein eigenes Leben führt«, sagte er mit gebetsmühlenartiger Routine und griff zum »Wilhelmshavener Kurier«, während seine Frau ihm seinen Lieblingstee einschenkte, die Kaiser-Wilhelm-Mischung.

»Er hätte was sagen können. Oder einen Zettel hinlegen. Aber in diesem Haus ist es ja inzwischen üblich, dass die Männer kommen und gehen, wie sie wollen. Du warst ja gestern auch noch weg. Wo warst du eigentlich?« Sie gab zwei Stückchen Würfelzucker in seine Tasse.

Baumann lehnte die ostfriesische Tradition, Tee mit Kluntje und einem »Wulkje« aus Sahne zu trinken, vehement ab. Er war im Sauerland groß geworden, in Olsberg, da trank man den Tee mit normalem Zucker.

Ein bisschen Heimatverbundenheit wollte er sich auch hier bewahren und sich daher nicht dem ostfriesischen Tee-Diktat unterwerfen.

»Ich brauchte noch mal frische Luft. War gestern ein anstrengender Tag, da musste ich noch mal raus.«

»Nach zehn Uhr abends?«

»Bin ich dir etwa Rechenschaft schuldig? Ich war noch mit dem Rad los.«

»Ist ja schon gut. Natürlich kannst du machen, was du willst. Ich war nur etwas überrascht, weil du nicht in deinem Zimmer warst, als ich an die Tür klopfte. Ich brauchte eine Tablette, meine sind alle. Aber um auf Fabi zurückzukommen: Ich finde, es gehört sich nicht, einfach so wegzubleiben. Man macht sich doch Sorgen. Kann ja auch mal was passiert sein. Hast du heute schon mit ihm telefoniert? Ich hab versucht, ihn übers Handy zu kriegen, aber das ist aus. Und Nora geht nicht ran.« Ute Baumann gab nicht so einfach auf.

»Herrgott noch mal. Die werden noch im Bett liegen. Vielleicht poppen die grad. Die nutzen sicher jede Minute, wo er doch bald wieder rausfahren muss«, sagte Baumann bissig.

»Lutz!« Utes Stimme war pure Entrüstung.

»Ist doch wahr.« Erbost warf Baumann den »Kurier« auf den Tisch. »Nur weil dein Sohn sich nicht mehr nach allem richtet, was seine Mama sagt, spielst du die beleidigte Leberwurst. Das geht mir so was von auf die Nerven! Lass ihn doch. Lass ihn sich die Seele aus dem Leib vögeln, immerhin macht er das mit seiner Freundin und sucht sich nicht jede Nacht 'ne andere. Ich sag dir: Manchmal bin ich direkt neidisch, dass Fabi so viel Spaß hat.«

»Lutz!«

»Ach, schmier dir dein ›Lutz‹ doch sonst wohin. Ich hab langsam die Schnauze voll von dir.« Baumann drehte sich auf dem schwarzen Schwingbarhocker, der neben fünf anderen an der Küchentheke aus schwarzem Marmor stand, und glitt vom Stuhl. Ohne auf Utes Gezeter zu achten, ging er die Treppe in den ersten Stock hinauf, betrat sein Badezimmer und lehnte sich von innen gegen die geschlossene Tür. Er holte tief Luft.

Erst einmal runterfahren.

In letzter Zeit passierte es ihm oft, dass er Ute gegenüber laut wurde. Sie ging ihm permanent auf die Nerven. Er brauchte sie nur zu sehen, schon spürte er Aggression in sich aufwallen. Was war schiefgelaufen in ihrem Familienleben? Wann hatte es begonnen, beziehungsmäßig bergab zu gehen? Er stieß sich von der Tür ab, betätigte den Wasserhahn und ließ lauwarmes Wasser über seine Handgelenke laufen. Dabei betrachtete er sich im Spiegel. Seine einstmals dunkelbraunen Haare waren von vielen silbernen Fäden durchzogen, doch die Frisur war modisch, darauf legte er Wert, und dass er sich regelmäßig auf die Sonnenbank legte, sah man an der gesunden braunen Hautfarbe. Seine Augen allerdings ... Das Strahlen war daraus verschwunden. Er drehte das Wasser ab und griff nach einem Handtuch. Er war noch immer ein gut aussehender Mann, da gab es keinen Zweifel. Er merkte es an der Reaktion so mancher Frau, die ihm über den Weg lief. Auch Noras Augen blitzten ihn oft flirtend an, wenn sie zu viert etwas unternahmen. Hatte

Ute damit Schwierigkeiten? Dass er noch voller Leben und Elan war, während sie selbst immer mehr Falten bekam? Ihre schlanke Figur hatte sie sich mit viel Mühe und Verzicht erhalten, aber man sah deutlich, dass sie keine junge Frau mehr war. War das der Grund für ihre Unzufriedenheit? Nörgelte sie deswegen ständig an allem rum? Dabei hatten sie jeden Grund, zufrieden mit ihrem Leben zu sein.

Was waren sie stolz gewesen, als sie dieses Haus, eigentlich mehr ein Anwesen, gekauft hatten. Als Fregattenkapitän war er zunächst wenig zu Hause gewesen und hatte befürchtet, dass Ute Angst haben würde, allein mit den Kindern in dem großen Haus. Doch da hatte er sich geirrt. Ute hatte den Dienstgrad gewollt, den Status, nicht den Mann. Das hatte er, besonders nachdem die Kinder geboren waren, jedes Mal schmerzlich feststellen müssen, wenn er nach mehrmonatigen Auslandseinsätzen heimkam und sich nach Zuneigung und Körperlichkeit sehnte. Inzwischen war er Kapitän zur See und Kommandeur des Marinestützpunktes Heppenser Groden.

Er blickte aus dem Fenster auf den englischen Rasen und die akkurat geschnittenen Buchsbaumkugeln, die sich entlang der Auffahrt mit weißen Lichtkugeln abwechselten. Ja, sie besaßen ein kleines Paradies, und er genoss es, dass sowohl Fabian als auch Saskia noch hier wohnten. Groß genug war das Haus, jedes ihrer Kinder hatte seinen eigenen Bereich: Fabian unter dem Dach, Saskia, die fünf Jahre jünger war als ihr Bruder, im Souterrain.

Ein Wagen hielt an der Straße, direkt vor ihrer Auffahrt. Baumann runzelte die Stirn. Zwei Frauen stiegen aus. Eine hochgewachsen, blond und elegant gekleidet – bis auf die roten Gummistiefel mit Rosenmuster. Die andere machte einen eher burschikosen Eindruck auf ihn. Was wollten die hier?

Neugierig stellte er das Fenster auf Kipp, um zu hören, was draußen gesprochen wurde.

»Mein lieber Scholli«, sagte die Burschikose, während sie sein Anwesen betrachtete. »Ganz schön edel. Man könnte auch sagen: nicht von schlechten Eltern, der Knabe.«

Sofort stellten sich bei Baumann sämtliche Härchen auf. Was hatte das zu bedeuten?

»Oda!«, rügte die andere sie, was die Erste mit einem schiefen Grinsen quittierte.

»Was ist, packen wir's, oder willst du dir vielleicht erst noch andere Schuhe anziehen?«

Sie blickte auf die roten Gummistiefel der Blonden, die mit einem »Stimmt« an den Kofferraum trat und die Gummistiefel gegen Pumps tauschte.

Was ging da vor sich? Baumann schwante nichts Gutes. Das sah nach einem offiziellen Besuch aus, und der Äußerung der Burschikosen zufolge schien es um seinen Sohn zu gehen. Er konnte sich nur nicht erklären, was Fabian mit diesen beiden Frauen zu tun haben könnte.

Eine Viertelstunde später war Lutz Baumanns Welt in Splitter zerfallen.

Fabian war tot.

***

Volker Wilken saß auf einer Transportkiste in der Offiziersmesse und sah aus dem Fenster ins Grau des bewölkten Novemberhimmels. Er saß gern hier. Die Fenster der Offiziersmesse, die intern auch »die vier Vorteile einer 122er Fregatte« genannt wurden, waren etwas, auf das die Offiziere sehr stolz waren, denn hier gab es keine Bullaugen. Es gab Fenster.

In Vorbereitung des kommenden Einsatzes wurde in der O-Messe zurzeit ständig gearbeitet, sodass Offiziere und Portepeeunteroffiziere (PUOs) die Mahlzeiten gemeinsam in der PUO-Messe einnahmen und dort auch die Pausen verbrachten. Grundsätzlich begrüßte Volker diesen Zustand, denn so kamen Offiziere und PUOs ungezwungener zusammen und redeten auch öfter mal außerdienstlich. Heute aber wollte er bei all der Vorbereitungshektik ein paar Minuten für sich und allein sein. Da war die O-Messe genau richtig, denn da alle Bänke, Stühle und Tische derzeit demontiert waren, würde ihn hier niemand suchen.

Wie immer, wenn es wieder auf See ging, überschlugen sich die Ereignisse.

Letzte Instandsetzungen waren durchgeführt worden, schiefgegangen und mussten nachgebessert werden. Die Ausrüstung mit Munition, Proviant und Kantinenwaren hatte sich verzögert. Der Zoll wollte die Lager- und Verschlussmöglichkeiten der Zollwaren prüfen, die Flottillenführung hatte kurzfristig noch eine ABC-Abwehrüberprüfung für die Besatzung anberaumt, und das Schiff musste zur Vermessung des Magneteigenschutzes noch durch die Kaiser-Wilhelm-Brücke in den Nordhafen fahren.

Als Zweiter Navigationsoffizier hatte Volker Wilken mehr oder weniger mit jedem dieser Ereignisse zu tun und mal kurz rausgemusst aus der Hektik. Jetzt trank er in der leeren Offiziersmesse seinen Kaffee aus dem Thermobecher und sah einfach hinaus. »Bootsmannsprüfung« nannten das die Alten: aufs Meer sehen und nicht denken.

Bald würde es wieder richtig hektisch werden, wenn es hieß »Leinen los!« und die Fregatte »Jever« Kurs auf Afrika nahm, um vor der Küste Somalias im Rahmen der EU-Antipiraterieoperation ATALANTA für Sicherheit zu sorgen.

Genau wie er freuten sich viele seiner Kameraden auf die Herausforderung – auf schwierige Manöver und die Möglichkeit, mutmaßliche Piraten so zu beeindrucken, dass sie Geiseln wieder gehen ließen. Freuten sich auf die Jagd nach denen, die glaubten, außerhalb des Gesetzes und des normalen menschlichen Verhaltens zu stehen, denn mit der Anzahl der Piraten stieg auch deren Brutalität.

Der Hauptauftrag der Mission ATALANTA bestand im Escort von Schiffen des Welternährungsprogramms und sämtlicher der UN-Operation AMISON zugehörigen Schiffe, aber natürlich auch im Schutz aller anderen Handelsschiffe. Nie im Leben hätte Volker, der als Kind Piratengeschichten mit romantischem Touch geliebt und verschlungen hatte, gedacht, dass er einmal einem EU-Verbund angehören würde, der gegen Piraten vorging. Bei einem Einsatz mussten sie jeden Tag damit rechnen, einem Frachtschiff zu Hilfe eilen zu müssen.

Das Telefon, einer dieser altmodischen grauen Apparate mit Kabel, klingelte. Er nahm ab.

»Zwo NO.«*

»Ich bin's. Wusste ich doch, dass ich dich da erreiche«, hörte er die aufgeregte Stimme seines Kameraden Malte Kleen sagen. »Hast du es schon gehört?«

»Gehört? Was denn?« Volker rieb sich mit dem Daumen seiner linken Hand die Nase.

»Fabian ist tot.«

»Fabian?« Volker riss die Augen auf. »Was ist passiert?«

»Keine Ahnung. Hab's von Michael. Dessen Schwester arbeitet bei dem Bestattungsunternehmen, das Fabian abtransportiert hat. Man hat ihn heute früh beim Molenfeuer gefunden. Er muss schon Stunden dort gelegen haben.«

»Beim Molenfeuer? Was hat er denn da gemacht? Ich dachte, der wäre gestern genau wie wir nach Hause gefahren. Du hast doch noch mit ihm zusammengestanden und geraucht. Hat er gesagt, dass er noch zum Molenfeuer wollte? Was ist passiert?« Volker nahm den Telefonhörer in die linke Hand und fuhr sich mit der rechten durch die Haare.

»Nein. Ich hab keine Ahnung, was passiert ist. Michaels Schwester hat nur gesagt, dass er tot ist.«

»Ob er überfallen wurde? Erstochen? Das liest man doch immer wieder. Aber so viel getrunken, dass er besoffen ins Wasser gefallen ist, hat er nicht. Er hat bestimmt nicht mehr gehabt als wir.«

»Wie gesagt, ich weiß es nicht.« Malte machte eine Pause. Als er weitersprach, schwang in seiner Stimme ein eigenartiger Unterton mit. »Er hat doch gestern noch telefoniert. Draußen.«

»Stimmt.« Jetzt fiel es Volker wieder ein. »Er hat irgendwem gesagt, dass er gerade am Nassauhafen ist.«

»Vielleicht sollten wir erst mal nicht darüber reden, dass wir mit ihm zusammen im Seglerheim waren.«

»Wieso? Wem denn?«

»Na, allgemein.«

»Das verstehe ich nicht. Wir haben was gegessen und ein paar Bierchen getrunken, da ist doch nichts dabei.«

* Zweiter Navigations-Offizier

»Hör mal. Es kann sein, dass du und ich die Letzten waren, die ihn lebend gesehen haben.«

»Ja, aber dann müssen wir es doch gerade sagen.«

»Du kapierst aber auch gar nichts!« Malte klang wütend.

Der Gedanke, der nun in Volker aufblitzte, gefiel ihm nicht. »Sag bloß, es war überhaupt kein Unfall.«

»Wie gesagt, ich hab keine Ahnung. Ich finde nur, es kann nicht schaden, wenn wir vorsichtig sind. Muss ja keiner wissen, dass wir mit ihm unterwegs waren.«

»Und wenn das doch rauskommt? Vielleicht hat er es seinen Eltern erzählt. Oder Nora.«

»Wenn's rauskommt, sagen wir einfach, wir hätten das bei dem Schock vergessen zu erwähnen. Oder nicht für so wichtig gehalten.«

»Hast du die Stimme des Anrufers erkannt?«, fragte Volker unvermittelt. Sein Hals war so trocken, als hätte er tagelang nichts getrunken. »Meinst du etwa, Fabian hat mit demjenigen telefoniert, der … na, der …«

»Weiß ich nicht.« Malte klang verhalten. »Könnte sein. Auf jeden Fall sollten wir erst mal die Schnauze halten. Du weißt doch: Einer für alle …«

»… alle für einen«, ergänzte Volker. Mit einem unguten Gefühl legte er auf.

***

Lutz Baumann bat sie ins Wohnzimmer und entschuldigte sich kurz.

»Ich werde meine Frau holen. Sie ist im Fitnessbereich auf dem Trimmrad.«

Während sie warteten, sahen sich Oda und Christine schweigend um. Die gesamte Einrichtung war edel, viel weiß, viel Glas, ein heller Teppich. Oda war froh, dass sie sich die Schuhe gut abgetreten hatte, als sie reinkamen.

Auf einer Kommode standen Familienfotos. Hübsche Fotos von hübschen Menschen.

»Guck mal, die waren sogar bei einer Papst-Audienz«, sagte

sie beeindruckt und wies auf ein Bild, das Lutz Baumann neben Papst Benedikt zeigte.

»Nicht schlecht«, gab Christine leise zu, bevor Lutz und Ute Baumann ins Wohnzimmer traten.

Es war jedes Mal aufs Neue schwierig und furchtbar, Angehörigen die Nachricht vom Tod eines nahen Verwandten überbringen zu müssen. Oda war froh, als sie diese Etappe hinter sich gebracht hatten und mit Lutz Baumann die Treppe zu Fabians Räumen hinaufstiegen. Durch eine breite Glastür gelangten sie in einen von Licht durchfluteten Wohnbereich.

»Hier wohnt Fabian, wenn er nicht auf dem Schiff oder in der Kaserne ist«, sagte Baumann, warf einen Blick auf das ungemachte Bett und entschuldigte sich. »Wir wussten ja nicht …« Er merkte offenbar selbst, wie seltsam dieser Satz klang. »Fabian hat Ute verboten, sein Zimmer zu betreten. Das hat sie zwar anfangs ignoriert, aber nachdem es mehrmals heftigen Streit gab, hat sie sich doch dran gehalten. Gegenüber ist sein Badezimmer. Einen eigenen Telefonanschluss hat er auch. Gegessen haben wir meist zusammen, wenn er hier war. Wir legen Wert auf Familienleben.« Er räusperte sich. »Kann ich Sie allein lassen? Es ist … ich möchte jetzt lieber doch nicht in diesem Raum sein.«

»Natürlich«, sagte Oda, und Christine fügte hinzu: »Wir schauen uns um und kommen dann runter.«

Baumann nickte und verschwand.

»Typisch Hotel Mama«, stellte Oda fest. »Großartig anders sieht Alex' Zimmer auch nicht aus.« Sie ging zum Bett, auf dem die zerknüllte Decke und das zusammengestauchte Kopfkissen achtlos liegen gelassen worden waren. »Allerdings wäre Alex ganz schön neidisch auf den Rest. Guck mal, der hat von seinem Bett aus nachts den Sternenhimmel sehen können. Wie geil ist das denn!« Am liebsten hätte Oda sich auf das Bett fallen lassen und durch das riesige Dachfenster in den Himmel geblickt. Der hatte jedoch im Moment nichts Romantisches, dicke Wolken in regnerischer Färbung von hellgrau bis dunkelgrau jagten am Firmament hintereinanderher. Christine stand am Regal in der

Dachschräge, das offensichtlich eine Maßanfertigung aus weiß gebeiztem Holz war.

»Besonders ordentlich war der wirklich nicht«, sagte sie und blies auf die Staubschicht.

Leere Bierflaschen der unterschiedlichsten Marken standen darauf, nicht nur deutsche Hersteller, wie Oda sah, als sie näher kam.

»Is eben so bei den jungen Leuten. Die legen da keinen Wert drauf. Ich kenn das.«

Christine sah sie mit zweifelndem Gesichtsausdruck an. »Das mag sein, aber hier hätte ich damit gerechnet, dass die Putzfrau als guter Geist des Hauses auch das Zimmer des erwachsenen Sohnes aufräumt. Ich hatte mal einen Jugendfreund, bei dem war das so. Die Putzfrau hat nicht nur sein Zimmer sauber gemacht, sondern sogar die Pfandflaschen weggebracht. Und ihm obendrein das Pfandgeld auf den Schreibtisch gelegt.«

»Klar, so was gibt's auch. Aber du hast es ja gehört, der Junior hat sich einfach den Zutritt verbeten«, sagte Oda. »Du würdest das wahrscheinlich nicht zulassen, oder? Das Zimmer deines Kindes würde sicher wie geleckt aussehen, hab ich recht?« Als sie sah, wie Christine sich auf die Lippen biss, wusste sie, dass sie wieder mal in einen riesigen Fettnapf getreten war. Christine hatte keine Kinder, hätte aber gern welche gehabt. Umso schwerer hatte es sie getroffen, dass aus einer Affäre ihres Exmannes ein Sohn hervorgegangen war, der inzwischen etwas über ein Jahr alt war. »Tschuldigung. Ich hab nicht nachgedacht.«

»Schon gut.« Christine hatte sich wieder in der Gewalt. »Ich denke, statt hier weiter rumzustöbern, sollten wir uns lieber die Genehmigung der Eltern holen und Manssen und seine Truppe das erledigen lassen. Was meinst du?«

»Ja. Vielleicht lassen sich ein paar Anhaltspunkte finden, mit wem Fabian Baumann Zoff hatte. PC und so. Bestimmt war der auch bei Facebook. Da sind sie ja heute alle. Da kann man 'ne Menge über die Leute erfahren, sagt Alex immer. Manchmal erzählt er mir Sachen, das glaubst du nicht. Da merkt man, dass die überhaupt nicht auf dem Schirm haben, dass das, was sie da posten, auch andere lesen können.«

»Glaubst du wirklich, Fabian Baumann hat sich auf Facebook ausgetobt? Der war doch kein Kind mehr.«

»Natürlich nicht. Aber einen Versuch ist es allemal wert. Und ohne Handy … Schauen wir mal, was die KT hier findet.«

»Wenn die Eltern einverstanden sind.«

Oda sah sie an und zwinkerte. »Wenn nicht, müsstest du deinen Herrn Staatsanwalt bitten, eine richterliche Verfügung zu beantragen.« Sie sah, wie Christine bei der Bezeichnung »dein Staatsanwalt« protestieren wollte, ließ sie aber erst gar nicht zu Wort kommen. »Ich möchte mir noch das Bad angucken, bevor wir runtergehen.«

***

Lutz Baumann war wütend. Zutiefst traurig, aber auch wütend. Er wunderte sich selbst darüber, dass er nicht in dieselbe Dunkelheit und Apathie fiel, die seine Frau gleich nach dem Aufbruch der Polizei gepackt hatte. Er jedenfalls empfand eine Wut wie nie zuvor in seinem Leben.

Irgendjemand hatte Streit mit Fabian gehabt. Gut. So was kam vor. Auch dass dieser Streit wie unter Männern ausgefochten worden war, tolerierte er. Das gehörte manchmal dazu, er selbst kannte es aus seiner Zeit als Mitglied einer studentischen Verbindung. Natürlich gab es da immer auch einiges, was nicht ans Licht der Öffentlichkeit dringen durfte. Man testete Grenzen aus, war aber im Gegenzug auch füreinander da und entschied Zwistigkeiten unter sich. Dass Fabians Gegner nach dem Unfall nicht einmal den Notarzt gerufen hatte, machte ihn rasend. Er überlegte, ob er seine berufliche Position nutzen sollte, Informationen zu bekommen, die ihn weiterbringen würden. Zu irgendwas musste das Netzwerk, das er geknüpft hatte, doch taugen.

Das Telefon klingelte. Suchend sah Baumann sich um. Ute würde nicht drangehen, sie lag, durch Beruhigungsmittel aus dem Verkehr gezogen, im Bett.

»Saskia?«

Er erhielt keine Antwort. Auch seine Tochter schien nicht in der Nähe zu sein, sicher war sie bei ihrer Mutter. Er lief in die großzügige Diele, deren schwarze Marmorfliesen sein einziger Beitrag zur Innenausstattung des Hauses gewesen waren und die er bewusst als Gegenpol zu Utes Weiß-Wahn ausgesucht hatte. Der Apparat lag auf dem kleinen Mahagonitischchen unter dem Spiegel. Die Nummer auf dem Display sagte ihm nichts. Einen Moment lang überlegte er, ob er das Gespräch überhaupt annehmen sollte, doch dann fiel ihm ein, dass es ja auch Neuigkeiten von der Polizei geben könnte. Schnell drückte er die grüne Taste.

»Baumann.«

»Fabian?« Eine unsichere Frauenstimme.

»Nein, hier spricht sein Vater. Wer ist denn da?« Es kam Baumann direkt unwirklich vor, einen Menschen am anderen Ende der Leitung zu haben, der noch nicht wusste, dass Fabian tot war. Der noch in einer anderen, einer heileren Welt lebte.

»Hier ist Katharina. Ich bin eine Kameradin Ihres Sohnes. Hab ich 'ne falsche Nummer gewählt? Ich hab ihn sonst immer direkt am Apparat.«

Katharina? Der Name sagte ihm nichts. Aber das hatte nichts zu bedeuten. Privatsphäre war im Hause Baumann immer schon großgeschrieben worden, deswegen hatten sowohl Fabian als auch Saskia ihren eigenen Telefonanschluss.

»Nein, es ist schon die richtige Nummer. Aber wenn er oben nicht abnimmt, läuft das Gespräch nach sechsmaligem Läuten bei uns auf.«

»Ach so. Na, wenn er nicht zu Hause ist, rufe ich ihn einfach auf dem Handy an.«

»Sie wissen es also noch nicht?«

»Was weiß ich noch nicht?« Die Stimme der jungen Frau klang verhalten.

»Fabian ist tot.« Diese drei Worte waren das Grauenhafteste, was Baumann je in seinem Leben gesagt hatte. Mit diesen drei Worten erreichte ihn die Wirklichkeit, sie traf ihn schlagartig in die Magenkuhle. Er musste sich an der Wand abstützen.

»Fabian ist tot?« Die Betroffenheit in Katharinas Stimme half Baumann, Stärke zurückzugewinnen.

»Es war wohl ein Unfall. Ein Kampf unter Männern mit einem mehr als unglücklichen Ausgang.«

»Ich … ich weiß nicht, was ich sagen soll.«

»Sie müssen nichts sagen. Da …« Baumanns Stimme brach. »Entschuldigen Sie mich.« Er legte einfach auf.

***

Die Luft im Besprechungszimmer der Polizeiinspektion war zum Schneiden dick. Doch getreu dem Motto »Es ist noch niemand erstunken, aber schon viele erfroren« hatten sowohl Oda als auch Hendrik Siebelt, der Chef ihrer Abteilung, Christines Bitte, die Fenster zu öffnen, abgelehnt. Oda liebte diesen Spruch, was wohl daran lag, dass ihr alter Biologielehrer ihn einmal benutzt hatte, als eine Klassenkameradin bei dem Versuch, die gesamte Klasse vor einem Test zu bewahren, eine Stinkbombe im Klassenzimmer hatte fallen lassen. Sie selbst war ausnahmsweise einmal gut vorbereitet gewesen und daher zufrieden, als ihr Lehrer den Test nicht ausfallen, sondern in dem nach vergammelten Eiern riechenden Mief schreiben ließ. Es hatte für eine Zwei minus gereicht.

Die Luft jetzt war zugegebenermaßen ziemlich verbraucht. Aber Oda fror ungern, da ertrug sie lieber den Mief. Und ehrlich, so schlimm war der Sauerstoffmangel nun auch wieder nicht, dass man bei solcher Eiseskälte die Fenster öffnen musste. Zumal sich inzwischen sowohl Siebelt als auch Niesteit an die Nichtraucherverordnung hielten und zumindest im Besprechungsraum nicht mehr qualmten. In der Personalküche herrschte deswegen zwar Dauerdurchzug, aber das war okay.

»Krügers Assistent hat vorhin kurz durchgerufen. Sie waren zwar noch mitten in der Obduktion, aber Krüger wollte uns schon mal wissen lassen, dass sich seine Vermutung bestätigt: Baumann starb durch einen Schlag gegen den Kehlkopf. Dadurch wurde die Luftröhre beschädigt, und er ist quasi erstickt.«

»Hätte man ihn retten können?«, fragte Carsten Steegmann, der als Staatsanwalt mit in der Runde saß. In letzter Zeit nahm er des Öfteren an den Besprechungen der Abteilung teil. Oda wusste, das lag nicht unbedingt an den Fällen, sondern vielmehr an Christine, und sie sah das nicht gern. Zumindest durch die Blume hatte sie Christine auch zu verstehen gegeben, dass sie bei Steegmann zur Vorsicht riet. Der war ja noch verheiratet und hatte obendrein zwei Kinder im Grundschulalter. Doch letztlich musste natürlich Christine allein entscheiden, wen sie in ihrer Freizeit traf.

»Eher nicht«, antwortete Christine noch vor ihr auf Steegmanns Frage. »Höchstens mit einem Luftröhrenschnitt.«

Gerd Manssen nickte. »Furchtbar. So ein junger Mann.«

Hendrik Siebelt stimmte dem zwar zu, glaubte aber ungeachtet der vielen Fälle, die ihn eigentlich vom Gegenteil hätten überzeugen müssen, immer noch an das Gute im Menschen: »Vielleicht ist der Täter ungewollt in Panik geraten und davongelaufen. Könnte man ja verstehen. Also, zunächst verstehen, im ersten Moment, meine ich. Da streitet man mit jemandem, und plötzlich ist der tot. Kein Wunder, wenn man da die Panik kriegt.«

»Aber Chef!«, entrüstete sich Oda.

Siebelt ignorierte sie und blickte fragend in die Runde. »Bislang hat sich niemand gemeldet, der nach dem ersten Schock zur Besinnung gekommen ist?«

»Nein.« Oda schüttelte den Kopf.

»Mist.«

»Ja, das würde vieles einfacher machen«, sagte Manssen, der sich über seinen bereits ergrauten Oberlippenbart fuhr. »Hinsichtlich des Handys muss ich euch leider auch enttäuschen. Es war weder in unmittelbarer Umgebung der Fundstelle noch bei ihm zu Hause.«

»Das mit dem Handy übernehme ich.« Heiko Lemke hob die Hand und machte sich eine Notiz. Er war der Pedant der Abteilung und kümmerte sich gern akribisch um den Kleinkram, während die anderen persönlich auf Spurensuche gingen. Er übernahm die Telefone und Telefonlisten, koordinierte die Einsätze der zusätzlichen Hilfskräfte und führte Hintergrundrecherchen durch, nur selten ging er selbst los. Dann aber hatte es meistens mit Fotoeinsätzen zu tun, wie im Fall der toten Langeooger Pensionswirtin im vergangenen Juli. »Ich werde mich mit den Eltern in Verbindung setzen, da krieg ich schnell raus, welchen Anbieter Baumann hatte, und mit dem richterlichen Beschluss komme ich auch ohne Handy an seine Telefonverbindungen. Die Festnetzüberprüfung habe ich bereits veranlasst.«

Oda schmunzelte. Beinahe hätte sie »Eins, setzen« gesagt, aber natürlich unterdrückte sie ihre kabarettistische Ader. Die Telefonverbindungen waren immer wichtig, aber vermutlich würden sie schon allein über die Unterlagen, die Manssens Team heute gesichert hatte, einen ersten Einblick in Baumanns Privatleben erhalten. Es war stets aufs Neue faszinierend, aber andererseits auch abstoßend, zu sehen, wie tief sie in das Leben eines Verstorbenen eindringen mussten und auch konnten. Vieles von dem, was Oda in den Jahren ihrer Tätigkeit bei der Kripo hatte erfahren müssen, hätte sie lieber nicht gewusst.

Mit einem bestimmten »Ich bin noch nicht fertig« bat Manssen um weitere Aufmerksamkeit. »Im Zimmer von Fabian Baumann sind wir auf Reste von Substanzen gestoßen, die ich jetzt pauschal mal bewusstseinserweiternd nennen würde.«

»Ach nee.« Oda war baff. »Hasch? Das ist doch nicht nur bei der Marine verboten. Aber da kann man mal sehen, selbst wenn der eigene Vater ein Marine-Obermogul ist, hält es die Sprösslinge nicht davon ab, so'n Zeug zu probieren. Obwohl es mich doch sehr wundert, dass Baumann das zu Hause einfach so rumliegen ließ.«

»Wir müssen es noch genau analysieren«, meinte Manssen. »Ich wollte nur schon mal darauf hinweisen.«

***

Malte Kleen stand an Deck und rauchte. Es war bitterkalt, der Wind pfiff aus Nordost direkt vom Meer. Er blies den blauen Dunst in die eisige Luft. Im diesigen Licht konnte er auf der gegenüberliegenden Seite des Jadebusens die Halbinsel Butjadingen nur erahnen. Malte war besorgt. Er befürchtete, dass bald die Polizei vor seiner Tür stehen und unangenehme Fragen stellen würde. Auf Fabians Handy war alles drauf, was sie wissen mussten, um ihnen auf die Schliche zu kommen. Um ihnen das Leben zur Hölle zu machen. Dass es bisher noch nicht passiert war, konnte nur bedeuten, dass sie Fabians Handy noch gar nicht gefunden hatten. Das wäre gut. Aber sicher konnte er nicht sein.

Er würde Nora anrufen und zu einem Treffen bitten. Vielleicht wusste sie mehr.

***

»Was hältst du von der Einladung zur interforensischen Tagung in Bremen?«, fragte Carsten Steegmann, als er mit Christine den Besprechungsraum verließ. »Es geht um ›Gewalt in der Öffentlichkeit‹. Das wär doch was für uns. Findest du nicht?« Er folgte ihr ins Büro. »Die Vorträge klingen durchaus verlockend. Wär doch nett, wenn wir beide zusammen hinfahren.« Er lehnte sich gegen die Wand und sah sie offen an.

Wieder einmal stellte sie fest, dass er verdammt gut aussah. Er war größer als sie, hatte eine schlanke, aber nicht übermäßig durchtrainierte Figur mit einem kleinen Bauchansatz, der ihm durchaus stand. Seine braunen, etwas längeren Haare trug er nach hinten gekämmt, und wenn er lächelte, bildete sich ein Grübchen auf seinem etwas zu spitzen Kinn. Wie sie selbst legte er Wert auf sein Äußeres. Aber im Gegensatz zu ihr war er immer noch verheiratet, auch wenn er allein in der Einliegerwohnung seines Zweifamilienhauses wohnte.

Nach außen hin hielt Carsten den Eindruck einer intakten Familie aufrecht. Und das passte nicht, zumindest nicht in Christines Bild vom Aufbau einer ernst gemeinten Beziehung.

Als sie Carsten im beruflichen Umfeld kennengelernt hatte, war da gleich etwas gewesen, was zwischen ihnen mitschwang, und aus der anfänglichen Sympathie war mehr geworden. Im Sommer, kurz nachdem sie den Mord an Simone Gerjets, einer Pensionswirtin der Insel Langeoog, aufklären konnten, hatte Christine die erste Nacht mit Carsten an Bord seines Segelschiffes »Henriette« verbracht.

Das war jetzt drei Monate her. In der Zwischenzeit hatte sich ihre Beziehung gefestigt, wenn man das unter den gegebenen Umständen so nennen konnte.

»Ja, das könnte wirklich sehr interessant werden.« Sie legte ihre Tasche auf den Schreibtisch und spürte dabei seinen Atem in ihrem Nacken. »Carsten, bitte. Wenn jemand reinkommt.« Sie drehte sich zu ihm um, und schwups, drückte er ihr einen Kuss auf die Lippen.

»Na und?«, meinte er, »dann kommt eben jemand. Der sieht ja nicht mehr, als dass wir dicht beieinanderstehen.« Er griff mit seiner rechten Hand unter ihr Sakko und wollte schon ihre Bluse aus dem Bund zupfen, als Christine ihm Einhalt gebot.

»Nein, nein, mein Lieber, so geht das nicht.«

»Versprich mir, dass du dich für die Tagung anmeldest und wir uns zwei schöne gemeinsame Tage in Bremen machen, dann verschwinde ich«, sagte er mit einem Zwinkern.

»Ich überleg's mir.« Christine lachte.

»Ich würde mich sehr freuen.« Er gab ihr einen Kuss auf die Wange. »Dann hätten wir mal einen Abend, an dem wir so tun können, als sei es ganz normal, dass wir zusammen essen gehen und hinterher ins Hotel. Ich buch uns ein Doppelzimmer«, flüsterte er ihr ins Ohr, bevor er ihr Büro verließ.

»Es liegt an dir, dass wir das hier nicht können«, sagte Christine leise, ohne dass er es noch hören konnte. Sie setzte sich auf ihren Schreibtisch. »Wir hätten jede Menge solcher Abende, wenn du dich offen zu mir bekennen würdest.«

Immerhin hatte Carsten seine Frau bereits verlassen gehabt, als Christine in seinem Leben eine Rolle zu spielen begann. Derzeit aber spielten sie ein Spiel, in dem Christine die Rolle der Geliebten innehatte, ein Status, der ihr überhaupt nicht gefiel. Wenn sie nach Feierabend mal auf einen Kaffee oder einen Sundowner in der Öffentlichkeit zusammensaßen, geschah das stets unter dem beruflichen Deckmantel. Einmal pro Woche kam Carsten zu ihr, ließ seinen Wagen aber meistens irgendwo in der Nachbarschaft stehen. Als ob die Nachbarn das so nicht spitzkriegten. Christine argwöhnte außerdem, dass ihre Kollegen inzwischen zumindest vermuteten, dass etwas zwischen Carsten und ihr lief, immerhin hatte Oda den anderen gegenüber schon mehrfach Andeutungen gemacht. Nein, befriedigend war diese Situation nicht. Und sie würde das Spiel auf die Dauer so nicht mitspielen. Carsten würde sich entscheiden müssen.

Gudrun, ihre Freundin in Hannover, hatte zwar gesagt, sie solle nicht päpstlicher sein als der Papst und die Affäre genießen, das aber konnte Christine nicht. Sie wollte keine Heimlichkeiten. Vor allem aber wollte sie eines nicht: noch einmal von einem Mann so verletzt werden wie von Frank. Und darum, auch, um sich selbst zu schützen, blieb sie Carsten gegenüber emotional so lange auf Distanz, bis sie ihre Beziehung offiziell machen würden. Zumindest bemühte sie sich darum.

Sie lief um den Schreibtisch, setzte sich und zog den hellblauen Flyer aus ihrem Ablagekorb, der für die Tagung mit hochrangigen Experten aus der Psychologie, der Forensik und der Justiz warb. Ohne dass sie es merkte, kaute Christine auf ihrer Unterlippe herum. Warum eigentlich nicht? Sie griff zum Stift und füllte die Anmeldekarte aus.

***

»Weißt du eigentlich, wie lieb ich dich habe? Bis zum Mond und wieder zurück.«

Dicke Tränen tropften auf das kleine Buch, das Nora Brandis in ihrer Hand hielt. Fabian hatte es ihr zum Geburtstag geschenkt. »Und das bleibt ewig so«, hatte er ihr versprochen. Gerade mal drei Monate war das her. Sie hockte auf dem Fußboden in einer Ecke ihres Zimmers. Wollte sich so klein wie möglich machen. Sich einigeln und doch alles von Fabian in sich aufsaugen. Das Foto, das sie beide vor dem Alten Inselhaus auf Spiekeroog zeigte, stand vor ihr, der kleine Plüschelefant, den er ihr geschenkt hatte, kurz nachdem sie zusammengekommen waren, damit sie einen Beschützer hätte, lag auf ihren Beinen, und ihre Hündin Cora hatte sich, als ob sie wüsste, dass Nora Wärme brauchte, still an ihre Seite gekuschelt. Auf ihrem iPhone schaute sie wie in einer Endlosschleife immer wieder sämtliche Fotos an, die sie von Fabian, die Fabian von ihr und die sie per Selbstauslöser von sich gemeinsam gemacht hatten.

»Weißt du eigentlich, wie lieb ich dich hab?«, flüsterte Nora, legte den Kopf in den Nacken und starrte an die Decke. Wollte ihren Blick hindurchbohren bis in den Himmel, dorthin, wo Fabian jetzt sein musste.

Als ihr Handy heute früh geklingelt hatte, war sie gerade auf dem Weg zur Jade Hochschule gewesen, an der sie Medizintechnik studierte. Fabians Mutter war dran gewesen. Nicht sein Vater, der doch normalerweise alles Wichtige in der Familie übernahm. Wie es Lutz jetzt wohl ging? Wie nahm dieser starke Mann den Tod seines einzigen Sohnes auf?

»Du bist uns jederzeit willkommen.« Ute Baumann hatte geweint, als sie sprach. »Du gehörst doch zur Familie. Kommst du? Ja? Komm bitte.«

»Natürlich.« Nora hatte nicht gewusst, was sie sagen sollte, ihre Antwort war nur ein Flüstern gewesen.

»Heute Morgen habe ich mich noch mit Lutz gestritten, weil Fabi die Nacht nicht nach Hause gekommen ist. Ich war wütend, weil er nicht Bescheid gesagt hat. Lutz meinte, ich solle mich nicht so anstellen, Fabi hätte bestimmt die Nacht bei dir verbracht. Aber zu dem Zeitpunkt war er schon tot.« Ein Weinkrampf hatte Ute geschüttelt. »Er war tot, und ich hab es nicht gespürt. Ich hab es nicht gespürt …«

»Nein«, hatte Nora leise geantwortet, »so etwas kann man wohl nicht spüren.«

»Aber muss man das als Mutter denn nicht? Bin ich eine schlechte Mutter? Ich mach mir solche Vorwürfe!«

»Ute.« Nora hatte sich vollkommen überfordert gefühlt. »Du kannst doch nichts dafür«, hatte sie hilflos geantwortet.

»Kommst du? Nachher? Bitte.«

»Lass mir etwas Zeit.« Wie in Trance hatte sie den Hörer aufgelegt.

Mittlerweile war sie aus ihrer Trance erwacht. Jetzt spürte sie den Schmerz bis in jede Faser ihres Körpers. Fabian war tot. Tot.

***

Als Oda ihren Kopf ins Büro der Kollegen steckte, saß Lemke vor seinem Computer, und Niksteit bearbeitete die Tastatur von Fabian Baumanns Notebook.

»Habt ihr noch was für mich, bevor ich in den wohlverdienten Feierabend gehe?« Sie lehnte sich gegen den Türrahmen und verschränkte die Arme vor ihrer Brust. Dieses Büro war wesentlich größer als Christines oder ihr eigenes, aber zumindest hatten sie beide ihr eigenes Reich, auch wenn's von der Größe her nur einer Pferdebox glich. Zu Besprechungen trafen sie sich eh im großen Raum, und ein wenig Privatsphäre tat Oda zwischendurch ganz gut, zumal sie in ihrer kleinen Bürobutze auch ungestört mit Jürgen telefonieren konnte. Oda schmunzelte. Dass »Butze« ein anderes Wort für Alkoven war, also eine Art »Kleinst-Raum«, der früher zum Schlafen genutzt wurde, hatte sie erst vor Kurzem erfahren, als sie während ihres Urlaubs auf Juist das kleine Büchlein »Juister Märchen – erzählt von Karl-Josef Koch« in die Hände bekommen und begeistert verschlungen hatte.

Nieksteit winkte sie heran. Während Lemke alle anderen technischen Dinge mit Bravour erledigte, war er der Mann für den PC und das Knacken von Passwörtern. »Wirf mal einen Blick auf seine Facebook-Seite.«

Facebook. Natürlich. Sie hatte sich ja schon mit Christine darüber unterhalten.

»Zeig her.« Oda kannte sich weder mit Facebook, Twitter oder anderen sozialen Netzwerken aus; sie wusste, dass das nicht zeitgemäß war, aber ihr reichten die Klatschblätter, wenn sie beim Arzt oder Friseur war. Sie hätte auch überhaupt nicht gewusst, was sie in solchen Foren sollte. Ihren Sohn hatte sie eindringlich gebeten, nichts Privates zu veröffentlichen. Oft genug schon hatte sie im »Wilhelmshavener Kurier« gelesen, dass Einladungen über Facebook versehentlich zu einer Massenveranstaltung mit Ausschreitungen und daraus resultierenden Polizeieinsätzen geführt hatten. Und darauf hatte sie nun gar keinen Bock. Sie setzte sich neben Nieksteit auf die Schreibtischkante.

Auf Anhieb sah sie nur Wirrwarr. Die Seite war in vier

Spalten eingeteilt. Die breiteste enthielt jede Menge kleiner Bilder von Personen, Tieren, Cartoons, fett gedruckte Namen und Kommentare. Oben links lachte sie neben dem großen Bild einer Fregatte ein fröhlicher junger Mann an, dem man ansah, dass er zumindest im Augenblick der Aufnahme mit sich und seinem Leben zufrieden gewesen war. Direkt darunter stand: »In einer Beziehung mit Nora Brandis«. Als Nieksteit mit dem Mauszeiger auf den Namen ging, öffnete sich ein kleiner Ausschnitt mit Foto. Die junge Frau zeigte nur die Hälfte ihres durchaus bezaubernden Gesichtes.

»Scheibenkleister«, entfuhr es Oda. »Wenn man das so sieht, hat man das Gefühl, die stehen mitten im Leben.«

»Tun sie ja auch«, entgegnete Nieksteit lapidar. »Zumindest bis gestern Abend. Aber guck dir mal die Postings an.« Er scrollte über den Bildschirm. Eine Viertelstunde später war Oda baff.

»Meine Güte, wie kann man nur so freigiebig mit privaten Informationen sein?« Sie fasste es nicht. Da gab es »Unterhaltungen« – sie wüsste nicht, wie sie es anders bezeichnen sollte – zwischen Fabian Baumann und seiner Freundin, die für alle Freunde einsehbar waren. Küsschen und Ich-hab-dich-lieb-Einträge, Verabredungen, kurz: Texte, die Oda nie im Leben so öffentlich machen, sondern nur per SMS verschicken würde. Stellte man Beziehungen heute derart für andere zur Schau?

»Machen das alle so?«, fragte Oda, der es hinsichtlich ihrer Überlegung zu Alex' Facebook-Verhalten nun ganz blümerant wurde. Sie fuhr sich durch ihr kurzes dunkles Haar, das erst vor einer Woche geschnitten und mit neuen roten Strähnchen versehen worden war.

»Nee«, sagte Nieksteit.

Oda wandte sich an Lemke. »Bist du auch bei Facebook?« Ihr Kollege war allerdings derart in seine wie auch immer geartete Internetrecherche versunken, dass er zunächst gar nicht reagierte. »Heiko?«

»Ja?« Irritiert sah Lemke auf.

»Bist du auch bei Facebook?«, wiederholte Oda.

»Klar. Warum?«

»Echt? Das hätte ich nicht gedacht.« Oda sah Nieksteit überrascht an. »Dann bin ich wohl das einzige Fossil hier, das nichts damit am Hut hat«, sagte sie und schüttelte verständnislos den Kopf. »Ich weiß gar nicht, was ihr von so was habt.«

»Ach Oda.« Niesteit klang überaus amüsiert. »Heute ist doch jeder in einem sozialen Netzwerk. Ich kann dir ja mal meine Facebook-Seite zeigen, wenn du willst. Bin da auch mit Alex befreundet.«

»Später gern. Aber bleiben wir erst mal bei Baumann.«

»Er gehörte wohl leider zu denen, die keinen Gedanken daran verschwenden, wer alles Zugriff auf die ins Netz gestellten persönlichen Daten haben könnte. Da wehrt sich alle Welt gegen den ›gläsernen Menschen‹, den der Staat mit der Erfassung von Daten angeblich schafft, aber auf Facebook geht man damit hausieren«, sagte Nieksteit.

»Ich hoffe, Alex macht das nicht? So öffentlich, meine ich?«, fragte Oda, nun doch ein wenig alarmiert.

»Nee. Alex ist da ganz zurückhaltend. Das find ich übrigens gut, es zeugt von geistiger Reife.«

»Na ja. Über Alex' geistige Reife ließe sich streiten.« So ganz konnte Oda dem nicht zustimmen. »Das Chaos in seinem Zimmer und sein mangelnder Arbeitseifer, was das Lernen fürs Abi angeht, zeugen jedenfalls nicht davon.« Sie konzentrierte sich wieder auf den Bildschirm und studierte erneut die persönlichen Daten und Unterhaltungen. »Wir sollten mit Nora Brandis reden.«

»Das macht Sinn«, bestätigte Nieksteit, während Lemke längst wieder derart in seine Recherchen versunken war, dass er von dem, was auf dieser Seite des Schreibtisches vor sich ging, nichts mitbekam. »Aber halt dich ein bisschen zurück.« Er sah sie nachsichtig an. »Für Nora Brandis und ganz viele andere ist es normal, sich auf die Art auszutauschen. Die sitzen ja oft zeitgleich vor ihren PCs. Das, was die da schreiben, ist wie ein Chat.«

»Nur dass sie es nicht in abgeschlossenen Chatrooms schreiben, sondern …« Oda stockte und zog fragend die Augenbrauen hoch. »Haben die vielleicht gedacht, dass nur sie beide das lesen können?«

»Nee.« Niekstein lachte. »Die haben sich das gegenseitig an die Pinnwand gepostet. Die wussten, dass zumindest all ihre Freunde das lesen konnten.«

»Ich komm da absolut nicht mit, hilf mir doch mal, das zu verstehen.« Oda musste wirklich unbedingt und unverzüglich mit Alex darüber reden. Hoffentlich wusste er, in was für einer Dimension er sich da bewegte.

»Man kann auch private Nachrichten versenden«, erklärte Niekstein, »die sieht dann außer dem Absender und dem Empfänger kein anderer.«

»Danke. Das ist gut zu wissen.« Sie strich ihm übers wuschelige Haupt. »Hoffentlich ist Alex das alles auch bewusst.«

»Soll ich dir sein Profil zeigen?«, bot Niekstein erneut an.

»Lass mal lieber. Das soll Alex selbst machen. Käm mir sonst wie ein Vertrauensbruch vor.«

Sie stieß sich vom Schreibtisch ab. »Ich werde mir dann mal Baumanns Freundin vorknöpfen. Irgendwas ist da komisch. Wenn man ihre Unterhaltungen hier so sieht, scheinen die schon länger zusammen zu sein. Aber in Baumanns Badezimmer gibt es nichts, was auf eine feste Freundin hinweist. Kein Make-up, keine zweite Zahnbürste, keine Abschmink-Pads, keine Slipeinlagen, gar nichts. Die wird doch nicht jedes Mal, wenn sie bei ihrem Freund übernachtet hat, mit kultiviertem Fluchtgepäck gereist sein.«

»Kultiviertem was?«

»Mensch, mit ’ner Kulturtasche. Die schleppt man doch nicht ständig mit sich rum.«

»Nö. Also ich jedenfalls nicht.« Niekstein lachte und erinnerte Oda dadurch wieder einmal an die Zeichentrickfigur Pumuckl.

»Gut. Ich bin dann weg.« Oda ging zur Tür. »Mal gucken, ob ich das Mädel heute noch erwische. Wenn es was gibt, wisst ihr ja, wie ihr mich erreichen könnt.«

»Ich mach auch nicht mehr lang«, sagte Niekstein. »Wir warten nur noch auf die Auswertung der Spuren, sonst passiert heute Abend nichts Großartiges mehr.« Er sah zu Lemke rüber. »Nicht, Heiko?«

»Wie?« Lemke guckte irritiert hoch.

»Heute Abend passiert nichts Großartiges mehr, oder?«

»Nein. Leider.« Lemke sah unzufrieden aus. »Aber ich würde zu gerne wissen, wer hinter der unbekannten Nummer steckt, von der Baumann in den letzten drei Wochen mit Anrufen bombardiert wurde. Ich hab Fabian Baumanns Handy übrigens anzurufen versucht. Es gibt zwar ein Freizeichen, aber niemand nimmt ab.«

***

»Komm rein.« Volker Wilken schluckte schwer, als er aufs Klingeln hin die Tür seiner kleinen Zwei-Zimmer-Wohnung in der Saarbrücker Straße öffnete. Sofort fiel Nora ihm um den Hals.

»Volker, es ist so furchtbar!« Sie krallte sich an ihm fest.

Am liebsten wäre Volker geflüchtet, wusste aber nicht, wohin. Nein, es war kein guter Vorschlag von Malte gewesen, dass sie drei sich hier trafen.

»Bei Nora geht es nicht, sie wohnt ja noch bei ihren Eltern«, hatte Malte gesagt und Volkers Einwand, das Treffen sei schließlich Maltes Idee, also sollte es auch bei ihm stattfinden, mit dem Einwand vom Tisch gefegt: »Bei mir haben die Wände Ohren.« Malte wohnte in einem großen Appartementhaus.

Obwohl sein Bauchgefühl dagegensprach, hatte Volker nachgegeben und zugestimmt, dass sie sich bei ihm trafen. Er griff nach Noras Händen und zog sie von seinem Hals. »Komm rein. Malte ist schon da.«

Das Wohnzimmer war spartanisch, aber gemütlich eingerichtet; Ikea ließ grüßen. Malte saß auf der Couch, eine Flasche Jever-Pils vor sich. Als Nora und Volker eintraten, stand er auf und wollte sie in den Arm nehmen, aber Nora reichte ihm nur die Hand. Dann ließ sie sich auf den Sessel fallen, der rechts an der Wand stand.

»Was möchtest du trinken?«, fragte Volker unbeholfen.

»Ich nehm auch ein Jever.«

Er blickte sie zweifelnd an. »Aber du trinkst doch sonst kein Bier.«

»Sonst nicht. Aber heute. Bier hat Fabi am liebsten getrunken.« Nora presste die Lippen aufeinander. Schnell verschwand Volker in die Küche. Er hatte die Wohnung direkt nach dem Tod seiner Oma übernommen; aus diesem Grund sah die Küche noch genau so aus, wie er sie von Kindesbeinen an kannte: dunkelbraune Resopal-Hängeschränke, unter dem Fenster die Eckbank in Eiche rustikal, daneben die Tür zum Balkon. Links der Nirosta-Spüle stand die Waschmaschine. Sogar die Wachstuchtischdecke mit dem Blümchenmuster hatte Volker behalten. Auf der Fensterbank erinnerte ein kleiner Schornsteinfeger an seine Oma und ebenso zwei komische Pflanzen, die nicht viel Wasser brauchten, deren Namen er aber nicht kannte. All dies gab Volker das Gefühl von Zuhause, von Heimat. Auch oder gerade weil er mit der Fregatte »Jever« zum Teil monatelang unterwegs war.

Er bückte sich, nahm drei Flaschen aus dem Kühlschrank und kehrte ins Wohnzimmer zurück.

»Brauchst du ein Glas?«, fragte er Nora.

»Nein, ich trink das so wie Fabi.« Sie setzte die Flasche an den Mund und trank, während Volker und Malte ihr wortlos zusahen. Es war eine eigenartige Situation. Malte öffnete sein Bier mit einem Feuerzeug und steckte sich eine Zigarette an.

»Malte!« Volker konnte nicht glauben, dass sein Kumpel so dreist war, hier in der Wohnung zu rauchen.

Der reagierte mit kaltem Blick auf Volkers entsetzten Ausruf. »Mach doch das Fenster auf.« Er wandte sich Nora zu. »Weißt du schon mehr? Was genau passiert ist und so?«

Nora schüttelte den Kopf. »Nein. Und ich hab Schiss davor, zu Fabis Eltern zu gehen. Die müssen doch total fertig sein, da will ich nicht einfach so hin.«

»Einfach so wäre das ja nicht. Immerhin hast du in den letzten fünf Jahren zur Familie gehört.«

Volker verstand überhaupt nicht, was Malte da sagte, und sah von seinem Kumpel zu Nora. »Wieso gehört?«, wollte er wissen. »Du gehörst doch immer noch dazu.«

»Fabi und ich haben uns vorletzte Woche getrennt«, flüsterte Nora.

»Was?« Volker war entsetzt.

»Hast du was an den Ohren? Die haben sich getrennt«, gab Malte in rüdem Ton zurück. »Das ist ja das Problem.«

»Ich versteh überhaupt nicht, wovon du redest«, sagte Volker. »Ich dachte, du hast vorgeschlagen, dass wir uns hier treffen, damit wir Nora beistehen und sie trösten können, ohne dass die halbe Stadt dabei zusieht. Wenn ihr aber gar nicht mehr zusammen gewesen seid ...« Er wusste selbst nicht, was das bedeutete, und hob hilflos die Schultern.

Unten auf der Straße fuhr ein Bus vorbei, ein leichtes Beben war im Haus zu spüren, vielleicht bildete Volker sich das aber auch nur ein.

»Natürlich sind wir hier, weil wir Nora trösten wollen«, sagte Malte mit einem eigenartigen Unterton in der Stimme, bevor er Nora mit seinem Blick fast aufspießte. »Aber vor allem möchte ich wissen, warum du ihn gestern Abend angerufen hast.«

Nora sah ihn mit großen Augen an.

Dienstag

»Bin gespannt, was uns erwartet«, sagte Christine, als sie am nächsten Morgen vom Ölhafendamm aus über den Heppenser Groden auf den Marinestützpunkt zufuhren. Eigentlich hatte Oda zuerst mit Nora Brandis reden wollen, doch die hatte am Telefon darum gebeten, das Gespräch auf mittags zu verschieben. Sie stecke in Klausurvorbereitungen und dürfe derzeit keine Vorlesung versäumen, wo sie eh schon Schwierigkeiten hätte, unter den gegebenen Umständen überhaupt etwas aufzunehmen.

»Bist du noch nie hier gewesen?«, fragte Oda überrascht. Sie war von Christine heute ausnahmsweise zu Hause abgeholt worden, weil der Weg bis raus zum Marinestützpunkt mit dem Rad eine nicht unerhebliche Zeit in Anspruch nahm. »Du hast dir Wilhelmshaven doch sonst bis ins Kleinste angeguckt, als du hergezogen bist.«

»Natürlich bin ich hier schon gewesen«, rechtfertigte Christine sich sofort und ärgerte sich darüber. »Gleich in meinem ersten Jahr. An einem Tag der offenen Tür. Da war ich sehr beeindruckt. Ich weiß noch, dass ich an dem Tag Sandalen anhatte. Das Wetter war phantastisch. Sonne, blauer Himmel.«

»Halt mal hier.« Oda wies auf eine Haltebucht außerhalb des eingezäunten Geländes. Die Straße war auf beiden Fahrbahnseiten mit jeweils einer Schranke versehen, die von einem bewaffneten Wachmann bedient wurde. »Wir müssen an der Pforte unsere Ausweise zeigen. Ist streng kontrollierter Militärbereich, da kannste nicht mal eben so rauffahren.«

Durch ein Tor liefen sie auf ein flaches Gebäude zu, in dem ein Mann hinter einer Glasscheibe saß. Christine beugte sich vor. Als sie zu sprechen begann, bildeten sich kleine Nebelwölkchen vor ihrem Mund.

»Christine Cordes und Oda Wagner. Kripo Wilhelmshaven. Wir möchten gern jemanden sprechen, der für die Fregatte ›Jever‹ zuständig ist.«

»Kripo?« Der Mann sah sie unbeeindruckt an. »Ihre Dienstausweise, bitte. Legen Sie sie in die Drehschale. Ich werd bei der Fregatte anrufen. Was soll ich sagen, weshalb Sie hier sind?« Immer noch schwang nicht einmal ein Hauch von Neugierde in seiner Stimme mit.

»Es geht um Fabian Baumann. Kennen Sie ihn?«, fragte Christine. Sowohl sie als auch Oda legten ihre Ausweise in die Metallschale unter der Trennscheibe, die der Pförtner daraufhin zu sich drehte.

Der Wachhabende schüttelte den Kopf, nahm die Plastikkarten aus der Schale, studierte sie und legte sie zurück. »Nein. Wir haben hier einschließlich der Zivilangestellten knapp neuntausend Leute, da kann ich nicht jeden kennen.« Er betätigte einen Hebel, wodurch die Ausweise wieder zurückgedreht wurden, und griff zum Telefon.

»Behalten Sie die nicht da?«, fragte Christine, während Oda ihren Ausweis schon einsteckte.

»Nein. Sie sind ja nicht privat hier. In Ausübung Ihres Amtes brauchen wir keinen Passwechsel«, klärte er sie auf und bat: »Warten Sie dort an der Seite.« Christine und Oda gingen in die angegebene Richtung.

Christine rieb sich die Hände, die trotz ihrer dünnen Lederhandschuhe kalt geworden waren. »Hier scheint ja alles ziemlich speziell zu sein«, sagte sie.

»Warte ab, bis wir drinnen sind und du mit den Leuten sprichst«, erwiderte Oda heiter. »Die Mariner und wir sind zwei total verschiedene Spezies Mensch.«

Christine legte fragend die Stirn in Falten. Oda lachte. »Allein schon wie die miteinander reden. Wart nur, du wirst es erleben.«

Wenige Minuten später hielt ein gelber Twingo hinter der Schranke, und eine Frau in Uniform mit der »Schiffchen« genannten Kopfbedeckung stieg aus.

»Oberbootsmann Wegner«, stellte sie sich vor. »Es geht um Fabian Baumann? Furchtbar, die Sache. Folgen Sie mir doch bitte. Sie können in Ihrem Wagen hinter mir herfahren, die Fregatte liegt vorn an der Pier.«

Sie liefen zurück zu Christines Auto, der Wachmann ließ sie durch, und wie schon bei ihrem ersten Besichtigungsbesuch war Christine erstaunt von der Größe des Geländes. Damals waren sie zu Fuß durch die dem Publikum zugänglichen Bereiche geschlendert und hatten interessiert alles angesehen, nun betrachtete sie die rot geklinkerten, teilweise dreistöckigen Gebäude im Vorbeifahren.

»Es ist wirklich riesig hier«, sagte sie.

Oda lachte. »Na, die Marine ist einer unserer größten Arbeitgeber. Da braucht man schon Platz, zumal ja nicht alle, die hier arbeiten, eine Wohnung in der Stadt haben. Es gibt etliche, die pendeln und nur an den Wochenenden nach Hause fahren. Da braucht man nicht nur Büros, sondern auch Wohnhäuser.«

»Wie eine kleine Stadt.«

»In der du nur Tempo dreißig fahren darfst«, ergänzte Oda, offensichtlich als kleinen Hinweis darauf, dass Christine fast fünfzig fuhr.

»Die vor mir fährt so schnell.«

»Jaja, schon klar.«

»Warst du schon öfter hier?«

»Logisch. Als Alex kleiner war, sind wir jedes Jahr zum Tag der offenen Tür hergekommen. Alex war immer ganz begeistert. Ist ja auch was Besonderes für kleine Jungen. Und ich selbst war schon als Kind mal hier. Als das damals größte und teuerste Kriegsschiff der Welt, der US-Flugzeugträger ›Nimitz‹, nach Wilhelmshaven kam. Mann, ist das lange her. Ich glaub, das war 1978. Das war irre. Einige tausend Mann Besatzung und sogar ein Kino an Bord. Das hat mich schwer beeindruckt.«

Als sie auf die Pier fuhren, sahen sie mehrere Soldaten in beige gefleckten Tarnanzügen auf dem Rasen Kampfsportübungen machen. Sie versuchten mit angelegten Schutzwesten, einen mit einem Messer bewaffneten Mann abzuwehren.

»Ach«, sagte Christine, »ich wusste gar nicht, dass Marinesoldaten auch Kampfsport betreiben.«

»Tun sie ja auch nicht«, antwortete Oda lax.

»Ach nee. Und was ist das?«

»Das, meine Liebe, wird eine Übung der Marineschutzkräfte sein.«

»Der was bitte?«

»Das ist eine besondere Einheit. Die anderen machen natürlich auch viel Sport, aber eher Ausdauersport, damit sie unter erschwerten klimatischen Bedingungen und unter Schlafmangel lange und anhaltend leistungsfähig sind. Und natürlich muss jeder Besatzungsangehörige fit sein in Bezug auf die Brandabwehr, die Hauptbedrohung für ein Schiff.«

»Du kennst dich aber wirklich gut aus.«

»Na, wo Alex mit dem Gedanken spielt, nach dem Abi dieses Bundesfreiwilligenjahr oder wie das heißt bei der Marine zu absolvieren, hab ich mich natürlich mit allem auseinandergesetzt. Ich will schließlich wissen, was da eventuell auf mein Kind zukommt. Daher weiß ich, dass die meisten Soldaten vorwiegend Ausdauersport betreiben. Nur die Marineschutzkräfte und die, die sich privat dafür interessieren, machen Kampfsport.«

Der gelbe Twingo quetschte sich zwischen zwei dicht nebeneinander stehende Autos. Christine musste einige Meter weiterfahren, bevor auch sie eine Parklücke fand. Oberbootsmann Wegner lächelte, als sie nach dem Aussteigen Christines verwunderten Blick auf all die unterschiedlichen Kfz-Kennzeichen sah, und erklärte: »Die ›Jever‹ liegt derzeit zwar in Wilhelmshaven, aber ihre Besatzung kommt aus ganz Deutschland. Wenn Sie mir bitte folgen wollen.«

Während Oda der Frau Oberbootsmann hinterherstiefelte, blieb Christine einen Moment stehen, um die Eindrücke in sich aufzunehmen. Da stand sie an einem feuchten Novembertag, der jedes Klischee von nasskaltem Herbst erfüllte, inmitten eines normalerweise abgeschirmten Bereichs der Marine und sah nur wenige Meter vor sich ein Kriegsschiff, das im Grau des frühen Tages kaum auszumachen war. Und gleich würde sie an Bord dieses Kriegsschiffes Gespräche führen. So etwas hätte sie zu ihren Hannoveraner Zeiten nie für möglich gehalten.

»Kommst du, oder geht das mit deinen Schuhen nicht?« Oda lachte sie übermütig von Bord des Schiffes an.

Christine schüttelte sich. Da hatte sie ihren Gedanken nachgehangen, während Oda und Oberbootsmann Wegner schon die Gangway hochgelaufen waren. Aber bestimmt nannte man das bei der Marine anders.

»*Stelling* sagen wir dazu«, erklärte die Frau Oberbootsmann auf Christines Frage hin, und Christine wunderte sich, dass es »Frau Oberbootsmann« hieß und nicht einfach »Oberbootsfrau«.

Oberbootsmann Wegner trug etwas in ein Buch bei der Wache ein. Dann sagte sie: »Folgen Sie mir, ich bringe Sie zum Kommandanten.«

Vom H-Deck, dem Helikopter-Deck, wie sie erklärte, über dem eine Deutschlandflagge mit Bundesadler wehte, liefen sie durch eine Art großer Halle, in der Paletten mit Kisten, Lebensmitteln und anderen Dingen gestapelt waren, die Christine so schnell nicht erkennen konnte. Die metallgrauen Wände hingen voller Schläuche, und es herrschte geschäftiges Treiben. Oberbootsmann Wegner öffnete eine schwere metallene Tür, sie folgten ihr in einen kleinen fensterlosen Raum, worauf die Soldatin die Schottverriegelung betätigte, die die schwere Metalltür verschloss.

»Auf dem Schiff haben wir einen Überdruck«, erklärte sie beiläufig, während sie an der gegenüberliegenden Tür den Weg ins Schiffsinnere freigab. »Den brauchen wir, damit von außen keine schädlichen Wirkstoffe ins Innere dringen können. Im Ernstfall, etwa wenn chemische und biologische Kampfmittel eingesetzt werden, können wir diesen Angriffen mit dem Überdruck weitestgehend entgegenwirken. Im Frieden sichert er mit dem dazugehörigen Verschlusszustand die Funktionalität der Klimaanlagen. Und deshalb müssen wir hier durch die Schleuse.«

Christine staunte.

»So ein Kriegsschiff ist eine kleine Stadt für sich«, fuhr Oberbootsmann Wegner fort, während sie ihr durch schmale Flure und über steile Metallleitern folgten, die *Niedergänge* hießen, wie sie erklärte. »Im Einsatz steigt die Anzahl der Besatzungsmitglieder. Wir sind dann so zwischen zweihundertzehn und zweihundertdreißig Personen. Dazu kommen noch circa fünfundzwanzig Helikopterpiloten und Helikoptertechniker, circa dreißig Marinesicherer und Boarding-Truppen. Ach ja, und eine

Handvoll Feldjäger, Rechtsberater, Fachärzte und Aufklärungsverantwortliche. Außerdem fährt quasi ein ganzer Baumarkt mit, denn wir müssen in jedem Fall für alles gerüstet sein. Von der fehlenden Glühbirne bis zum Motorersatzteil, denn wenn unsere Schiffe auf See und im Einsatz sind, können wir nicht einfach irgendwo einkaufen. Wir haben gut sechzigtausend Ersatzteile an Bord und können einundzwanzig Tage lang autark sein.«

Sie stiegen den letzten Niedergang hoch – was für ein Paradoxon, dachte Christine –, dann klopfte Oberbootsmann Wegner an eine Tür.

»Herein«, hörten sie eine männliche Stimme rufen. Oberbootsmann Wegner drückte die Klinke, setzte einen Fuß in den Raum und sagte: »In die Kammer, Herr Kapitän, Ihr Besuch.«

Kurz darauf hatte sie sich verabschiedet, und Oda und Christine saßen mit dem sichtlich erschütterten Fregattenkapitän an einem Tisch.

»Sie gehen von einem Verbrechen aus, wenn ich das richtig verstanden habe?«, fragte Kommandant Tieden.

»Es kann alles Mögliche sein, derzeit sieht es nach Totschlag aus.«

»Was kann ich tun, um Sie bei Ihren Ermittlungen zu unterstützen?«

»Wir möchten wissen, was Sie und die Kameraden, also alle, die mit Baumann zusammenarbeiteten, über ihn sagen können.«

»Und wie er hier an Bord gelebt hat, ob und, wenn ja, mit wem er eine Kammer teilte«, ergänzte Oda, »lauter solche Dinge. Denn der Job an Bord eines Schiffes schafft ja doch besondere kollegiale Beziehungen, vor allem im Laufe eines Einsatzes.«

Der Kommandant lächelte Oda an. »Sie scheinen sich ja auszukennen. Ist Ihr Mann auch bei der Marine?«

»Nö«, gab Oda vergnügt zurück, »aber ich bin hier geboren. Und in über vierzig Jahren kann man ja gar nicht anders, als 'ne Menge rund um die Marine mitzukriegen.«

»Jaja, das, was man sich gemeinhin erzählt, ohne wirklich Ahnung zu haben«, sagte Tieden mit leichtem Bedauern in der Stimme. »Ich glaube, Sie sollten ein wenig mehr darüber erfahren, wie es bei uns abläuft. Baumann war Decksoffizier.

Ein Decksoffizier ist ein a-wertiger Offizier. Das heißt, dass er sich in seiner ersten Bordverwendung befindet und vor allem Schifffahren lernen soll. Normalerweise teilt sich jemand in seiner Position eine Doppelkammer mit einem anderen Offizier, aber in diesem Fall gab es eine Ausnahmesituation. Die Position des Zwo SVO* ist leider nicht besetzt, sodass wir dessen Aufgaben auf andere Offiziere verteilen mussten. Einen Teil, das Personalgeschäft, hat Baumann übernommen und bekam deshalb eine eigene Kammer. Er hat sich bewährt.«

»Also würden Sie ihn als verantwortungsbewussten und zuverlässigen jungen Mann bezeichnen?«

»Auf jeden Fall. Er war ein ausnehmend leistungsfähiger und vor allem unglaublich ehrgeiziger Offizier. Denn den Aufgabenbereich des Personal- und Schriftoffiziers zusätzlich zu den Aufgaben eines DO zu bewältigen, ist verdammt viel.

»Dürfen wir uns seine Kammer einmal ansehen?«

»Selbstverständlich.«

***

Als Nieksteit aus der Personalküche kam, in jeder Hand einen Becher dampfenden Kaffees, läutete das Telefon auf seinem Schreibtisch.

»Soll ich?«, bot Lemke an und beugte sich schon rüber, aber Nieksteit schüttelte den Kopf.

»Lass mal.« Er stellte seinem Kollegen den Becher vor die Nase und griff zum Hörer. »Nieksteit.«

»Hier Manssen. Ist Oda da?«

»Nö.«

»Christine?«

»Nö.«

»Meine Güte, Nieksteit, sag doch gleich, dass die nicht da sind, und lass dir nicht alles aus der Nase ziehen«, polterte Manssen verärgert.

»Tu ich ja gar nicht. Aber du machst hier derart einen auf

* Schiffsversorgungsoffizier

oberwichtig, das kann man ja nicht aushalten. Lemke und ich arbeiten schließlich ebenso an dem Fall.«

»Nun mach dir mal nicht ins Hemd, ich wollt's Christine und Oda einfach nur selbst sagen. Aber wenn sie nicht da sind ...«

»Wenn du meinst, dass ich nicht kompetent genug bin, dann leg auf.« Niekstein spürte, wie er anfing zu kochen.

»Mensch, nun stell dich nicht so an. Also. Wir haben die Spuren in Baumanns Zimmer ausgewertet, und wie ich schon vermutet hab, war da Cannabis. Aber es gab auch Reste von Psilos.«

»Psilos.« Niekstein, der sich immer über die ziemlich angespannte Beziehung zwischen Oda und dem Rechtsmediziner Krüger amüsiert hatte, bekam schlagartig einen Eindruck davon, wie Oda sich fühlte, wenn Krüger mit seinem Fachchinesisch um sich warf.

»Psilos sind psilocybinhaltige Pilze«, erklärte Manssen. »Eine bewusstseinserweiternde Droge. Wirkt wie ein Vulkan, der aufbricht. Dagegen ist jeder andere Trip höchstens ein Maulwurfhäufchen.«

»Also früher war so'n Zeug beim Bund verboten«, sagte Niekstein nüchtern. »Wehe, wenn einer damit erwischt worden wäre.«

»Das ist heute immer noch so«, bestätigte Manssen. »Und Baumanns Vater ist Kapitän zur See. Ich denke, da wird es auch zu Hause strenge Regeln gegeben haben.«

»Sicher hat er das Zeug außerhalb seiner Dienstzeiten und Einsätze genommen und gehofft, das kriegt keiner mit.« Niekstein fiel es relativ leicht, sich das schwerelose Wohlbefinden vorzustellen, das durch den Körper des jungen Mannes geströmt sein musste, wenn der einen Joint geraucht hatte. Das hatte Niekstein früher auch getan. Obwohl er keinen Militärzwängen und auch keinem strengen Vater hatte entfliehen müssen. Irgendwie hatte es in seiner Clique dazugehört, billigen Rotwein zu trinken und einen Joint zu rauchen. Alle waren damals ökomäßig angehaucht gewesen: selbst gedrehte Zigaretten, selbst gestrickte Pullover und Socken. Und es war egal gewesen, ob sie das Gras zu Hause oder in Discos und Kneipen geraucht hatten.

Die Sofas im »Palazzo« und den anderen Szenekneipen waren verschlissen gewesen, die Beleuchtung schummrig, der Fußboden verklebt von verschüttetem Bier oder Cola oder was auch immer. Der Qualm unzähliger Zigaretten war wie Nebel durch die Räume gewabert. Joints hatten zum Lebensgefühl gehört, zu einer Generation, die anders hatte sein wollen als die Eltern mit ihren strengen Normen. War auch Fabian Baumann einer derjenigen gewesen, für die bewusstseinserweiternde Drogen eine kurze Flucht aus dem soldatischen Berufsalltag bedeuteten? Die Ansprüche an ihn waren bei einem Marineangehörigen als Vater sicher auch von Haus aus hoch gewesen. Oder gehörte der Konsum dieser Drogen lediglich zu einer der aktuellen Modeerscheinungen?

Manssens Antwort riss Nieksteit aus seinen Gedanken.

»Ja, davon gehe ich auch aus«, sagte er. »Zumindest die Eltern werden keine Ahnung gehabt haben. Aber es wäre sicher interessant, sie damit zu konfrontieren und herauszufinden, was Baumanns Freunde zu den Drogen sagen. Ob sie überhaupt davon gewusst haben.«

***

Volker Wilken saß in der PUO-Messe, vor sich einen Becher Kaffee, der längst nicht mehr dampfte. An den übrigen Tischen, die um diese Zeit nicht voll besetzt waren, verliefen die Unterhaltungen anders als gewöhnlich. Die Nachricht von Fabians Tod hatte sich wie ein Lauffeuer an Bord herumgesprochen und überschattete die Vorfreude auf ihren nächsten Einsatz. Wie hatten sie sich darauf gefreut, er, Malte und Fabian genau wie die anderen Kameraden. Denn so schwer es einerseits fiel, sich für mehrere Monate von Freunden, Frauen und Familien zu trennen, so sehr freuten sie sich auf das Teamerlebnis, die Auslandshäfen und waren natürlich auch von Abenteuerlust und Ehrgeiz getrieben. Das Bewusstsein, dass der Einsatz in der Bevölkerung ein fast ungeteiltes positives Echo genoss – im Gegensatz zu den Einsätzen in Afghanistan und im Kosovo –, trug natürlich ebenfalls zur Motivation bei. Und nicht zuletzt spielte auch die finanzielle Seite bei diesen Einsätzen eine beflügelnde Rolle.

Volker hatte am Horn von Afrika viele Situationen erlebt, deren emotionale Wirkung er seinen hiesigen Freunden nie würde begreifbar machen können. Niemand konnte sich vorstellen, was es bedeutete, tagelang Vorbereitungen für die Befreiung eines Schiffes zu treffen, um dann gesagt zu bekommen, dass die Befreiungsoperation nicht stattfand. Wie im Fall der »Fortuna Oslo«. Die Spezialkräfte waren abgezogen worden, und es hatte Monate gedauert, bis das Schiff nach einer Lösegeldübergabe schließlich freigekommen war. Volker war einer der Ersten gewesen, der die »Fortuna Oslo« betreten hatte, nachdem sie von den Piraten verlassen worden war. Er hatte in ängstliche und teilweise erloschene Augen geblickt. Ein junger Auszubildender, er mochte siebzehn oder achtzehn Jahre alt gewesen sein, hatte das Sprechen völlig eingestellt. Das ganze Schiff war eine Müllhalde gewesen, mit zerstörten Geräten, Unmengen von Unrat und dem stetigen Geruch von Notdurft.

Der Kapitän hatte ihn damals gefragt: »Wo wart ihr denn? Wo wart ihr, als uns diese Dreckskerle die Pistolen an die Köpfe gehalten haben? Wo wart ihr, als man uns an Land schleppte? Wo wart ihr, als wir vor Vernachlässigung fast verhungerten?«

Volker war ihm die Antwort schuldig geblieben.

Hier zu Hause durfte er diese Dinge noch nicht einmal jemandem erzählen, denn wie alle, die mit solchen Vorgängen befasst waren, hatte auch er eine Verschwiegenheitserklärung unterschrieben, die es unter Strafe stellte, Einzelheiten der Operation weiterzugeben. Damals hatte sich Volker geschworen, dass ihm so etwas nicht noch einmal passieren würde. Natürlich hatte er wegen der Befehlshierarchie bei der Marine nicht unbedingt Einfluss darauf. Doch er hoffte, dass sich beim nächsten Mal alle politischen und juristischen Berufsbedenkenträger einfach raushalten und sie ihren Job machen lassen würden.

»Kann ich mich zu dir setzen?«

Volker sah auf. Katharina Arends stand vor ihm. Sie war Zweiter Schiffssicherungsmeister an Bord, und eigentlich hatte er von Berufs wegen nicht wirklich viel mit ihr zu tun. Unter normalen Umständen würde sie sich als PUO-Meister nie einfach so zu ihm, einem Offizier, setzen. Unter normalen Umständen wären sie aber ja auch nicht in einer Messe, und wenn doch, wurde es automatisch *ihre* Messe, und sie müsste *ihn* einladen, sich zu ihr zu setzen. Doch die Umstände waren eben nicht normal.

»Gern.« Er zog seinen Kaffeebecher näher und trank einen Schluck, nur um den Becher gleich wieder abzusetzen. Kalter Kaffee hatte ihm noch nie geschmeckt.

»Ist schlimm. Das mit Fabian.«

Es klang so unwirklich, Fabis Namen vollständig ausgesprochen zu hören. Das war etwas, was ihm in den letzten Stunden aufgefallen war: Fabi war in den Stunden nach seinem Tod zu Fabian geworden, als müsste man ihm Respekt zollen.

»Ja.«

Katharina hielt sich an ihrer Cola fest, und Volker wusste nicht, was er sagen sollte. Es gab ja auch nichts zu sagen, was über Oberflächlichkeiten hinausging. Beim letzten Einsatz hatten sie einige gute Gespräche geführt. Er mochte sie, kannte sie aber nicht gut genug, als dass er ihr seine Gefühle anvertrauen würde. Er hatte zudem immer noch an dem zu kauen, was Nora gestern Abend gesagt hatte: dass Fabian und sie sich vor Kurzem getrennt hatten. Dabei hatte Volker gedacht, die beiden seien der Inbegriff eines Vorzeigepaars. Es nagte an ihm, dass dem offenbar doch nicht so gewesen war, und er schob sämtliche Gedanken an das beiseite, was sich ihm in den letzten Stunden als Schlussfolgerung aufgedrängt hatte.

»Wie geht es dir denn?«

Katharinas sanfter Tonfall schreckte ihn auf.

»Wie meinst du das?« Er betrachtete sie argwöhnisch. Konnte er ihr vertrauen?

Sie sah ihn offen an. Katharina wirkte stets unauffällig, fast ein wenig unscheinbar, wenn man nicht genau hinsah und ihr süßes, ungeschminktes Gesicht bemerkte. Sie war ein Kumpeltyp, spielte Karten wie ein Kerl und wäre als »Karl« unter den ganzen Jungs an Bord überhaupt nicht aufgefallen. Volker mochte ihren trockenen Humor. Katharina war jede Zickigkeit, die viele der Mädels, die er kannte, pflegten, fremd. Sie stand ihren Mann, nahm ihr Leben selbst in die Hand und wartete nicht darauf, geheiratet und versorgt zu werden.

»Na, ihr wart doch enge Freunde.« Katharinas Gesichtsausdruck war freundlich, Volker las ein wenig Mitleid darin. Er entspannte sich.

»Eng ist ein bisschen übertrieben, aber ich bin schon ziemlich fertig. Und da ist ja dieses große Fragezeichen: War es nun ein Unfall oder nicht?«

»Wie?« Katharinas Augen weiteten sich. »Ich dachte …«

»Die von der Kripo scheinen davon auszugehen, dass jemand nachgeholfen hat«, fiel Volker ihr ins Wort. »Glaub ich zumindest, denn jetzt gerade sind zwei Kommissarinnen an Bord.« Er zog die Schultern hoch. »Mal ehrlich, was sollen die sonst hier wollen? Garantiert überprüfen die alles, was Fabis Umfeld betrifft. Ich wette, wir alle, die wir mit ihm zu tun gehabt haben, werden vernommen.«

»Glaubst du wirklich?« Der Zweifel in Katharinas Stimme war unüberhörbar.

»Klar. Ich guck schließlich jeden Sonntag den Tatort. Das machen die von der Kripo so.« Ein Rülpser stieg in Volker hoch. Er schaffte es nicht, ihn zu unterdrücken, und senkte verlegen den Blick, als er bemerkte, dass die Freundlichkeit aus Katharinas Gesicht verschwunden war.

***

Diesmal brauchten sie keinen Niedergang hinauf- oder hinabzulaufen, sondern blieben auf der Ebene, auf der sich die Kammer des Kommandanten befand. Die Flure waren schmal; die »Jever« zählte zu den dienstältesten Fregatten der Klasse 122 in der Flotte. Die neuen Fregatten seien wesentlich komfortabler, erklärte Tieden.

»Dennoch«, sagte er mit Stolz, »können wir mit Fug und Recht behaupten, dass unsere ›Jever‹ sich verdammt gut gehalten hat. Schauen Sie sich allein die Waschräume an.« Er betrat einen sehr engen Seitengang, von dem auf beiden Seiten je drei schmale Türen abgingen. Eine davon öffnete er. Oda sah in einen Raum, der mit Edelstahl ausgekleidet war und dessen Wände ebenso blitzten wie das Waschbecken an der Seite.

»Wow.« Diesen Ausruf konnte sie nicht unterdrücken. Ein Duschvorhang trennte die Nasszelle vom Rest des Raumes, und für einen Moment war Oda direkt neidisch. So würde sie ihr Badezimmer auch gern blinken sehen. Da aber Alex später als sie duschte und hinterher höchstens mit einem Abzieher die Duschtrennwand auf dem Badewannenrand säuberte, waren Kalkflecken auf dem Plexiglas unabsichtlich zum zusätzlichen Sichtschutz geworden. Tieden schmunzelte traurig.

»Tja, das geht nur mit eiserner Disziplin, glauben Sie mir. Wenn wir nicht jeden Nachmittag Reinschiff machen würden und jeden Donnerstag Großreinschiff, würde es hier nicht so aussehen. Und vergleichen Sie mal unsere alte Dame mit italienischen Fregatten gleichen Alters. Da werden Sie staunen, was für Unterschiede Sie sehen. Aber Sie sind ja nicht hier, damit wir uns über die Disziplin an Bord unterhalten«, fuhr Tieden fort. »Sie wollen Baumanns Kammer sehen. Kommen Sie, sie liegt auf der gegenüberliegenden Seite. Das hier war der Waschraum, den er sich mit seinen Kameraden teilte.«

Sie traten wieder auf den engen Flur, und Tieden öffnete eine weitere Tür, die den Blick in einen kleinen Raum freigab.

»Treten Sie ruhig ein«, forderte er Oda und Christine auf.

Es war ein karger Raum, der unpersönlich wirkte. Zwei übereinander angeordnete Kojen machten die gesamte linke Seite aus. Decken lagen sauber ausgerichtet auf den engen Schlafplätzen. Die rechte Seite säumte eine Reihe enger Spinde. An der Stirnseite stand eine Art Sekretär mit heruntergeklappter Schreibtischplatte. Ein Kalender, eine Tasse mit Stiften und ein Locher wurden in kleinen Fächern über der Schreibtischplatte aufbewahrt. Alles schien transportsicher »verpackt«. Der vor der Schreibtischplatte stehende Lehnstuhl reduzierte die Bewegungsfreiheit in diesem Raum auf fast null. Badelatschen hingen in einem Netz an einem der Spinde, alles war penibel aufgeräumt.

»Der Zustand dieser Kammer widerspricht ja vollkommen

dem von Baumanns privaten Räumen«, stellte Christine überrascht fest.

»Wie es bei den Soldaten zu Hause aussieht, kann ich natürlich nicht beurteilen, aber hier an Bord funktioniert alles nur mit Disziplin und Ordnung. Stellen Sie sich vor, Sie geraten in schwere See, da würden sämtliche Gegenstände, die nicht gesichert sind, durch die Gegend fliegen. Das können wir uns an Bord einer Fregatte nicht erlauben. Da muss jedes Ding an seinen Platz«, erklärte der Kommandant ernst.

»Ich glaub, ich schicke meinen Sohn doch zu Ihnen«, sagte Oda, »vielleicht überträgt der die Ordnung hier im Gegensatz zu Baumann auch auf sein Zimmer zu Hause.« Sie lächelte Tieden an und äußerte gleich darauf die Bitte: »Wenn es möglich ist, würden wir gern die Kollegen der Kriminaltechnik diesen Raum untersuchen lassen. So ungern ich es zugebe, aber derzeit schwimmen wir noch etwas, was die Hintergründe und Umstände von Baumanns Tod betrifft. Da sind wir für jeden noch so kleinen Hinweis dankbar. Und vielleicht finden die Kollegen trotz der peinlichen Ordnung etwas, was für den Fall relevant ist. Baumann hat ja sehr viel Zeit an Bord verbracht. Möglicherweise war er im Spind und in den Schubladen nicht ganz so ordentlich, wie es uns jetzt vorkommt.«

»Selbstverständlich. Was immer wir tun können, um zur Aufklärung beizutragen, machen wir gern«, stimmte Tieden sofort zu.

»Dann lassen Sie uns lieber wieder rausgehen«, schlug Oda vor. »Haben Sie ein Absperrband oder Ähnliches, damit keiner mehr reingehen und eventuelle Spuren vernichten oder ungewollt neue legen kann?«

»Natürlich.« Tieden wies einen vorbeilaufenden Soldaten an: »Sperren Sie Baumanns Kammer ab. Niemand außer der Polizei bekommt mehr Zutritt.«

»Jawohl, Herr Kapitän.«

»Kann ich sonst noch etwas für Sie tun?«, fragte Tieden und machte Anstalten, Oda und Christine durch die schmalen Gänge hinauszubegleiten.

»Och, wo Sie schon fragen«, sagte Oda vergnügt, »sofern es

denn geht und Sie damit kein militärisches Geheimnis verletzen, würde ich zu gern mal auf die Brücke gehen.«

»Wenn's weiter nichts ist … Folgen Sie mir.« Tieden ging voraus, und Oda fühlte sich verdammt gut, als sie wenig später hinter ihm den Bereich betraten, in dem der Kurs des Schiffes bestimmt wurde.

***

»Manfred? Lutz hier.« Baumann lehnte sich in seinem schwarzen Ledersessel zurück. Er saß in seinem Büro, den Blick durchs Fenster in den Garten gerichtet, in dem Ute mit ihrer stilsicheren Art zu dekorieren große weiße Kugeln verteilt hatte, die aber erst im Dunklen zu leuchten begannen. Im Sommer bot das Grundstück zu jeder Jahreszeit blühende Glanzpunkte. Es war eine Oase für die Seele. Ute hatte an verschiedenen Stellen Sitzgelegenheiten geschaffen, vor fremden Blicken geschützt, und es war für ihn zur Gewohnheit geworden, sich mit einem guten Buch dorthin zurückzuziehen. Lutz zwang seine Gedanken wieder auf das zurück, was zu erledigen war. Wie im Dienst hatte er eine To-do-Liste erstellt, die er Punkt für Punkt abarbeitete. Das Telefonat mit Manfred Tieden, dem Kommandanten der »Jever«, stand an oberster Stelle.

Falls Tieden überrascht war, Baumanns Stimme zu hören, ließ er sich das nicht anmerken.

»Lutz. Es tut mir leid. Wir sind hier auch alle fassungslos. Ich hatte gerade ein Gespräch mit den ermittelnden Kommissarinnen, die Fabians Kammer sehen wollten. Die schicken gleich noch die Spurensicherung.«

»Genau darum geht es, Manfred.«

***

Oda und Christine kamen ein paar Minuten verspätet zur Verabredung mit Nora Brandis. Sie bogen auf den großen Parkplatz an der Jade Hochschule; ein böiger Wind wehte, der die tatsächlichen Temperaturen gefühlt um sicher drei Grad drückte. Die Feuchtigkeit des sich auflösenden Nebels hing immer noch in der Luft. Odas Haarspitzen waren nass, als sie am Hauptgebäude der Fachhochschule ankamen, wo Nora Brandis unter dem überdachten Eingang wartete. Sie wirkte an diesem Ort, der aus verschiedenen mehrstöckigen, im nüchternen Stil moderner Architektur erbauten Gebäuden bestand, ein wenig fehl am Platz. Glas, Weiß und Beton herrschten vor. Im Frühjahr und Sommer würden die jetzt kahlen Bäume für mehr Leben, mehr Farbe sorgen.

Nora Brandis hätte eher in ein Hochglanzmagazin über Landlust gepasst. Der dicke gestrickte schwarze Schal passte ebenso perfekt zu ihrer hellen Daunenjacke wie zu ihren blonden Haaren, die am Hinterkopf zu einem Zopf zusammengefasst waren. An ihrer Seite saß, nahezu majestätisch anzuschauen, ein großer grauer Hund mit bernsteinfarbenen Augen. Oda sah, wie Christine zurückzuckte, sie selbst aber beugte sich, die Handfläche nach oben gerichtet, zu dem Hund runter.

»Na, du bist aber ein Schöner«, sagte sie und bedauerte, kein Leckerli in der Tasche zu haben. Doch der Hund beschnüffelte sie auch ohne eine solche Belohnung erfreut und wedelte mit seinem kupierten Schwanz, der in Odas Augen immer noch eine beachtliche Länge hatte.

»Er ist eine Sie und heißt Cora«, sagte Nora Brandis lächelnd. »Sie stammt aus einem C-Wurf, und irgendwie haben wir es lustig gefunden, zu Nora eine Cora zu gesellen. Fabian hat gesagt, dann sei ich nicht so allein, wenn er auf See ist.«

»Ist Ihre Cora ein Weimaraner?«, hörte Oda Christine fragen, die immer noch auf Abstand blieb. Nora Brandis nickte.

»Ja.«

»Dann ist Ihr Freund Jäger?«

Oda wunderte sich, dass Christine so etwas einfiel, und blickte aus ihrer gebückten Haltung fragend zu ihrer Kollegin hoch, während sie Cora hinter den Ohren kraulte.

»Weimaraner werden eigentlich nur an Jäger abgegeben«, erklärte Christine.

Oda war beeindruckt. Sie selbst hätte zwar die Rasse gewusst, mehr aber auch nicht.

»Fabian? Nein.« Nora Brandis lächelte, als sei die Frage an sich völlig utopisch. »Das ist meiner. Also, ich meine, ich hab einen Jagdschein. Schon seitdem ich sechzehn bin. Mein Vater ist Jäger, ich bin schon als kleiner Zwerg begeistert mit ihm losgezogen. Und so logisch, wie für andere der Führerschein ist, war für mich der Jagdschein.«

Oda riss sich vom Hund los, richtete sich auf und konnte beim Anblick von Christine und Nora Brandis ein Grienen nicht vermeiden.

Vorzeigemädels waren sie, alle beide. Christine hatte ihren beigen Schal ebenso kunstvoll um den Hals geschlungen wie die junge Brandis, während Oda sich das Ungetüm, das Alex vor ein paar Jahren mit mehr Liebe als Talent für sie gestrickt hatte, einfach irgendwie umgewickelt hatte. Ohne sich einem Vergleich unterziehen zu wollen, stellte Oda fest, dass sie die Außenseiterrolle dieser Frauen-Troika bildete: Gegenüber den beiden anderen konnte sie modemäßig nicht punkten. Aber gottlob wollte sie das auch gar nicht, hatte so etwas noch nie gewollt.

Oda und Mode, das waren zwei völlig konträre Welten. Vielleicht lag es daran, dass ihre Figur seit jeher nicht ins Modelraster à la Heidi Klum passte. Aber Oda wollte auch nicht durch Äußerlichkeiten überzeugen, ihr reichte ihr Verstand, mit dem sie schon so manche Schlacht für sich entschieden hatte. Gemeinsam mit ihrem phänomenalen Gedächtnis, auf das nicht nur Christine, Niksteit und Lemke, sondern auch ihr Chef Hendrik Siebelt richtiggehend neidisch waren. Wo die anderen sich Notizen machen mussten, speicherte Oda alles direkt im Gespräch auf der Festplatte ihres Gehirns ab.

»Danke, dass wir uns hier treffen können.« Nora Brandis trat fröstelnd von einem Fuß auf den anderen. »Zu Hause … hier kann ich besser reden.«

»Kein Problem«, erwiderte Oda.

»Wir könnten in die Cafeteria gehen«, schlug die junge Frau vor. »Da ist jetzt nicht mehr viel los, und wir kriegen dort einen vernünftigen Kaffee. Aber wir können auch spazieren gehen, der Stadtpark ist ja direkt um die Ecke.«

»Was Ihnen lieber ist«, sagte Oda mit einem Blick auf Cora. Nora Brandis atmete durch.

»Dann lassen Sie uns ein wenig laufen. Ich hab das Gefühl, mich bewegen zu müssen, seit ... seit ich das von Fabi erfahren hab.«

Oda und Christine nahmen die Studentin, die strammen Schrittes den Weg in den Stadtpark einschlug, in die Mitte. Über den Totenweg kamen sie zu einem Teil der Teichanlage, die sich durch den gesamten Park zog. Noch war die Oberfläche nur an manchen Stellen hauchdünn gefroren, die Enten paddelten fröhlich umher und gründelten, als ob der nahende Winter ihren Lebensraum nicht beschneiden würde.

»Ich habe Ihre Facebook-Unterhaltungen mit Fabian Baumann gelesen«, begann Oda. »Also das, was Sie an seine Pinnwand gepostet haben. Der Tonfall hat sich verändert. Warum?«

»Was meinen Sie?« Falls Nora Brandis von dieser Frage überrascht war, zeigte sie es nicht. Sie lief weiter, ganz so, als unternähme sie einen harmlosen Spaziergang mit ihrem Hund. Die Schritte knirschten leicht auf den Muschelsplittern des Weges. Links standen kahle Bäume, rechts öffnete sich ein Feld, abgemäht und darauf wartend, im Frühjahr wieder Gras zur Heuproduktion wachsen zu lassen. Oda drehte mit Jürgen gern mal eine Joggingrunde im Stadtpark, ebenso wie viele andere Wilhelmshavener, obwohl man das Areal eher als kleinen Wald mit Wiesenflächen bezeichnen musste denn als eine gepflegte Parkanlage. Schon als Kind war Oda gern hier gewesen. Sie hatte Winter erlebt, in denen sie auf dem großen Teich Schlittschuh fahren konnte, und Sommer, in denen sie mit einer Freundin Tretboot gefahren war. Heute liebte sie es, zu Beginn der Rosenblüte ins benachbarte Rosarium zu gehen, das sich im Juni in ein regelrechtes Paradies verwandelte. Am Eingang des Stadtparks, im Restaurant »Bootshaus«, feierte ihre Großtante gern die Geburtstage.

»Ich glaube nicht, dass ich das erklären muss, Sie sind ja ein intelligenter Mensch«, sagte sie gelassen. »In den letzten Tagen gab es kein Liebesgesäusel mehr. Wir fragen uns einfach, was der Auslöser für diesen Gefühlsumschwung war.«

»Der Auslöser.« Ein knapper Lacher entfuhr der jungen Frau. »Würden Sie eine Trennung als Auslöser für einen Gefühlsumschwung akzeptieren?«

***

Christine legte Krügers Protokoll beiseite. Sie warf einen Blick auf die Uhr. Es war schon kurz vor sechs. Längst Feierabend, aber das interessierte in solchen Fällen keinen. Auch Niesteit, Lemke und Oda waren noch da und versuchten, Licht in den Fall zu bringen. Erfreulicherweise hatte der Kommandant der Fregatte »Jever« ihnen jegliche Unterstützung nicht nur zugesagt, sondern half mit seiner Besatzung, wo er konnte. Damit revidierte er automatisch Christines Einstellung zur Marine. Immer hatte sie gedacht, es mit einem in sich abgeschlossenen Zirkel zu tun zu haben. Die Offenheit und das Entgegenkommen des Kommandanten hatten sie dementsprechend überrascht und erfreut, und nur kurz nachdem Tieden Fabian Baumanns Kammer hatte absperren lassen, war Manssen mit seinem Team angerückt, um den Raum im wahrsten Sinne des Wortes unter die Lupe zu nehmen. Was die KT wohl alles zutage fördern würde? Gab es Spuren dieser Drogen auch an Bord? In oder an den Kleidungsstücken, die ordentlich im Spind hingen? Die große Frage war, wann und ob Baumann das Zeug überhaupt selbst konsumiert hatte. Natürlich mussten auch die anderen Untersuchungsergebnisse abgewartet werden, das dauerte immer ein wenig.

Derweil stand nach wie vor Baumanns Laptop auf dem Prüfstand. Niesteit versuchte, in die Tiefen dessen zu gelangen, was der junge Oberleutnant hinter Passwörtern versteckt hatte. Christine wusste, wenn es einer schaffte, sie zu knacken, dann er.

Es klopfte. Noch bevor Christine »Herein« rufen konnte, stand Oda vor ihrem Schreibtisch.

»Und, was meinste?« Oda hielt ein paar Zettel in der Hand, die unschwer als Obduktionsbefund zu erkennen waren.

Christine lehnte sich zurück. »Es muss ganz schön viel Wut im Spiel gewesen sein. Da hat jemand heftig zugeschlagen.«

»Und das vermutlich sogar gezielt. Ich wette, derjenige betreibt Kampfsport«, sagte Oda lässig. »So ein Handkantenschlag gegen den Kehlkopf ist zwar verboten, aber eine gute Methode zur Selbstverteidigung.«

»Jedenfalls war es kein Unfall. Davon war ja eigentlich schon nach Krügers erster Einschätzung auszugehen. Und du hast recht, was den Kampfsport angeht. Ich glaube auch, wir haben es mit jemandem zu tun, der sich auf dem Gebiet gut auskennen muss. Denn nach dem Schlag gegen den Kehlkopf hat man dem bewusstlosen Baumann ja wohl zusätzlich beidseitig mit hohler Hand auf die Ohren geschlagen.«

»Was auch zu den verbotenen Kampftechniken gehört. Baumann hatte keine Chance. Und unser Täter kann sich nicht mit einem Streit rausreden oder damit, aus Versehen den Kehlkopf getroffen zu haben. Die Schläge gegen die Ohren sprechen eindeutig für Vorsatz.« Oda lehnte sich gegenüber von Christines Schreibtisch an die Wand des kleinen Raumes.

»Was uns zu der Frage führt, wer über solche Techniken verfügt.«

»In der Tat. Denn Kampfsport steht für die Durchschnittsbesatzung nicht auf dem Stundenplan. Es sind also nur wenige Experten an Bord. Rauszubekommen, wer dazugehört, dürfte nicht so schwer sein. Bei Marinesicherern und Kampfschwimmern ist das anders. Für die gehört der Kampfsport zum Job. Aber das hab ich ja schon erzählt. Oder?«

Christine nickte. »Dann werden wir uns morgen die Mannschaft auf der Suche nach diesen Experten vornehmen«, sagte sie, worauf Oda schallend lachte und Christine errötete.

»Nee, meine Liebe, das sind um die hundertsechzig. So viele müssen wir nicht befragen. Kannst also wieder durchatmen. Baumann hatte als Offizier natürlich nicht zu allen Verbindung, obwohl er es im Decksabschnitt fast ausschließlich mit Mannschaftsgraden zu tun hatte.«

»Das meine ich doch«, sagte Christine angefasst. »Leg doch nicht jedes meiner Worte auf die Goldwaage.«

»Ach Süße, manchmal bist du wirklich schwierig.«

***

Malte Kleen war nervös. Irgendetwas stimmte nicht, stank ganz gewaltig zum Himmel. Natürlich konnte es Unfälle geben. Auseinandersetzungen, die eskalierten. So was kam vor, überall und jederzeit. Doch etwas an Fabians Tod war ihm nicht geheuer. Er hätte schwören können, dass Nora die Anruferin gewesen war, die Fabian am Vorabend seines Todes angerufen und mit der er sich noch verabredet hatte. Nora jedoch hatte es abgestritten, und etwas an der Art, wie sie gesprochen hatte, hatte ihn unsicher werden lassen. Dennoch glaubte er ihr nicht. Fabian hatte beim Telefonieren genervt geklungen, und immer wenn Malte ihn auf diese Art hatte telefonieren hören, waren Frauen am anderen Ende der Leitung gewesen. Oder nicht?

Er saß an seinem Schreibtisch. Als Schiffsversorgungsmeister war er zuständig für seinen »kleinen Baumarkt«, wie er das liebevoll nannte. In Kürze würden sie wieder ans Horn von Afrika fahren, und eigentlich hatte er schon alles auf Vordermann gebracht. Trotzdem gab es noch eine Menge Dinge zu überprüfen, das fing bei der Haltbarkeitsdauer der gelagerten Batterien an.

Aber vielleicht hatte er das Telefonat nur falsch interpretiert. Malte hatte Fabian in dieser überheblichen Art auch schon mit Saskia und seiner Mutter reden hören. Doch das machte ja nun gar keinen Sinn, wenn Saskia oder Ute Baumann die Anruferin gewesen wäre. Mit denen hätte Fabian sich garantiert zu Hause getroffen und nicht am Molenfeuer. Nein, Malte glaubte Nora einfach nicht.

Er zog sein Handy aus der Hosentasche und rief das Adressbuch auf. Das Telefonnetz der Marine war innerhalb der Bundeswehr so konzipiert, dass sich jeder Anruf überprüfen und mithören ließ. Da wollte er mit einem Anruf über den Festnetzapparat keine »Footprints«, oder wie immer man das heutzutage auch nannte, hinterlassen. Er tippte auf den Eintrag, und nur wenig später hörte er es läuten.

»Nora Brandis.«

»Nora, meine Liebe. Du klingst so außer Atem. Wobei habe ich dich denn gestört?« Er legte eine gewisse Süffisanz in seine Stimme, die auf der anderen Seite garantiert einen Rechtfertigungsreflex auslöste. Das hatte er sich bei Fabian abgeguckt. Und tatsächlich reagierte Nora wie erwartet.

»Überhaupt nicht. Ich bin nur gerade dabei, mich zum Sport umzuziehen. Was gibt's denn?«

»Zum Sport ...« Bewusst ließ Malte diese Worte im Äther nachhallen. »Ich würd auch gern mal mit dir Sport treiben. Da kämen wir beide ganz schön ins Schwitzen, das kann ich dir versprechen.« Er lachte kurz.

»Wenn du mit deinen dreckigen Phantasien fertig bist, kannst du mir ja verraten, weshalb du anrufst«, forderte Nora. »Ich bin spät dran und hab für so 'nen Kinderkram keine Zeit.«

»Gut, dann reden wir eben auf die uncharmante Art«, antwortete Malte ebenso knapp. »Die Polizei scheint Fabis Handy nicht gefunden zu haben. Weißt du, wo es ist?«

»Ich? Wieso soll ich das denn wissen? Ich hab ihn zwei Tage vor seinem Tod das letzte Mal gesehen. Aber er hat es ja immer bei sich gehabt, bestimmt liegt es bei der Polizei. Die untersuchen das doch, hab ich jedenfalls in Filmen gesehen.«

»Ich glaub, die haben es nicht. Und da sind noch Sachen drauf, die Fabi für mich fotografiert hat, weil mein Akku wieder mal leer war. Kannst du, wenn du bei Baumanns bist, in seinem Zimmer mal gucken?«

»Warum sollte ich das tun?«

»Weil es wichtig ist.« Malte hörte Geräusche im Hintergrund, jemand rief: »Nora, kommst du?«

»Ja, gut, ich guck mal. Jetzt muss ich aber Schluss machen, der Unterricht geht gleich los.«

»Na, dann viel Spaß beim Tanzen«, feixte Malte.

»Tanzen? Wie kommst du denn darauf?«, entgegnete Nora erstaunt. »Ich bin beim Judo.«

Bevor er sich von seiner Überraschung erholt hatte, legte sie auf.

***

Nora Brandis stieg vom Fahrrad ab. Bis auf die schwache Beleuchtung durch die Straßenlaternen war es inzwischen stockdunkel. Hinter den Fenstern der Häuser suggerierten brennende Lampen wohlige Gemütlichkeit. Nora aber wusste, dass das im wahrsten Sinne oft mehr Schein als Sein war. Sie zog ihre dicken Lammfellfäustlinge aus. Nachdem sie sich selbst schon beim Sport verausgabt hatte, hatte sie sich Cora geschnappt, die ebenfalls täglich eine Menge Bewegung brauchte. Cora war auch artig neben dem Rad hergelaufen, ein rotes Blinklicht am neonfarbenen Halsband, das Nora ihrer Hündin nur in der Dunkelheit umband oder wenn Cora sich auf ungewohntem Terrain bewegte. Einmal hatte sie den Terrier ihrer Freundin zu Besuch gehabt, und der war einfach ausgebüxt. Die Angst, die sie in dieser Nacht ausgestanden hatte, wollte sie um Cora nicht erleben. Darum stand auf dem Halsband ihre Handynummer, nur für den Fall.

Vom Bürgersteig aus blickte Nora auf das Haus, in dem sie die letzten fünf Jahre ein und aus gegangen war. Undamenhaft zog sie die Nase hoch, beugte sich zu ihrer Hündin hinunter und sagte: »Es nützt nichts, wir müssen da jetzt durch.«

Cora sah sie aus ihren bernsteinfarbenen Augen an, und ein Lächeln schlich sich auf Noras Gesicht. »Klar, wir packen das«, sagte sie zuversichtlich, schob das Rad aufs Grundstück, schloss es vor der Garage ab, atmete noch einmal tief durch und drückte den Klingelknopf.

Kurze Zeit später saß sie im Esszimmer, blickte auf die weiß gestrichene Wand, an der Original-Ölgemälde des verstorbenen Malers Heinz Sauermann hingen, von dem sie wusste, dass er der Lehrer von Fabians Mutter im Kunst- und Biologieunterricht an der Wilhelmshavener Cäcilienschule gewesen war.

»Warum bist du letzte Woche nicht hier gewesen?«, fragte Ute. Ihr sonst so sorgsam geschminktes Gesicht war farblos und von Tränen verquollen. »Hattet ihr euch mal wieder gestritten?«

Nora zog hilflos die Schultern nach oben. Was sollte sie darauf schon sagen? Die Wahrheit war gänzlich undenkbar. Schlimm genug, dass Ute und Lutz den Tod ihres Sohnes verkraften mussten, da würde sie sich hüten, ihnen zu erzählen, wozu Fabian sie hatte drängen wollen, was der Auslöser für den Streit gewesen war, der letztlich zu ihrer Trennung geführt hatte.

Ute Baumann beugte sich vor und streichelte sacht Noras Hand. »Ich weiß, wie emotional Fabi war. Aber ich dachte, daran hättest du dich in den ganzen Jahren gewöhnt. Fabi ist wie sein Vater. Egal, was er gerade fühlt, alles ist wie aus einem Füllhorn gegossen. Im Überschwang. Da darfst du ihm doch nicht so böse sein, dass du dich eine Woche lang nicht blicken lässt.« Der Vorwurf in Utes Stimme war unüberhörbar.

»Wir haben uns ja gesehen«, verteidigte sich Nora. »Ich war nur nicht hier.«

»Dann ist es ja gut.« Erleichterung klang aus Utes Stimme. »Es wäre kaum auszuhalten, wenn er unversöhnt gestorben wäre.«

Nora räusperte sich.

»Ja?«

»Nichts. Entschuldige. Es ist auch für mich sehr schwer. Darf ich gleich noch mal in sein Zimmer gehen?« Nora schniefte, atmete kurz und unkontrolliert. Ein Füllhorn, ja, das war wohl die richtige Bezeichnung. Sie selbst würde ›alles oder nichts‹ dazu sagen, ›entweder-oder‹. Aber sie würde Ute nichts von der Art Füllhorn erzählen, das Fabian in der letzten Zeit über ihr ausgeschüttet hatte. Es war doch jetzt sowieso egal. Fabian war tot.

»Natürlich darfst du. Möchtest du heute bei uns bleiben?«, fragte Ute. »In Fabis Zimmer? Dann bist du ganz nah bei ihm. Und bei uns natürlich auch. Daran ändert sich nichts, verstehst du? Du gehörst nach wie vor zur Familie.«

»Danke. Aber … das kann ich nicht.« Abrupt stand Nora auf. Hatte Ute denn gar nicht bemerkt, dass ihre persönlichen Dinge nicht mehr in Fabians Badezimmer standen? Am Tag nach dem furchtbaren Streit hatte er kurzerhand einen Müllsack mit ihren Sachen vor die Tür ihres Elternhauses geschmissen. Sie sah Ute um Verständnis bittend an. »Cora. Du verstehst … Ich habe hier kein Futter für sie.«

Und außerdem brauche ich mein eigenes Bett, um mich zu vergraben. Ich glaube, ich würde es nicht aushalten, Fabians Geruch in den Kissen zu riechen. Das aber sagte sie nicht laut.

***

Harte Bässe und laute Musik empfingen Volker, als er gemeinsam mit Malte den Musikclub »Kling Klang« betrat. Ingo Insterburg und Helge Schneider waren hier schon aufgetreten, ebenso Nachwuchsbands wie »20 for the first«. Unter den Gästen gab es Urgesteine, die quasi seit der Eröffnung ihre Abende hier verbrachten. Der eine oder andere von ihnen konnte selbst auf eine erfolgreiche Musikkarriere zurückblicken.

»Ich weiß nicht, was wir hier sollen«, beschwerte sich Volker, als Malte ihn mitten in das Getümmel schob. Für einen Dienstagabend war es erstaunlich voll. Er war hungrig, aber für ein frisch zubereitetes Baguette, wie es auf der Speisekarte stand, wäre aufgrund des Andrangs eine ziemliche Wartezeit einzuplanen, und eigentlich wollte Volker auch nur nach Hause, in sein Bett, und das vergessen, was in den letzten zwei Tagen geschehen war.

»Hier kann uns keiner belauschen«, konterte Malte schroff und schob Volker an einen Tisch in der Ecke. Ein Anflug von Wut stieg in Volker auf.

»Verdammt, wir können uns doch auch normal unterhalten. An Bord oder bei dir oder bei mir, ich jedenfalls hab keine Abhörwanzen in meiner Wohnung. Auch keine eingebildeten. Außerdem kann ich überhaupt nicht verstehen, dass du in einer solchen Situation ausgerechnet in einen Musikschuppen gehen willst.« Volker hatte die Faxen dicke. Er nahm sich vor, sich künftig nicht mehr so von Malte lenken zu lassen. Als Fabian noch lebte, war alles gemäßigter und irgendwie ruhiger abgelaufen, obwohl auch bei ihm immer die Post abging. Volker stockte. Als Fabian noch lebte, hatte er gerade gedacht. Das war nur zwei Tage her.

»Es geht um Fabis Handy«, sagte Malte und bestellte zwei frisch gezapfte Jever bei der Bedienung. »Weißt du, wo es ist?«

Volker spürte, wie ihn für einen Augenblick Panik packte. »Nein.« Die Gedanken in seinem Kopf überschlugen sich. »Meinst du, dass die Polizei es hat?«

»Das glaub ich nicht. Die hätten es garantiert schon untersucht und was gesagt.«

»Vielleicht hat Fabi ja auch alles gelöscht«, sagte Volker hoffnungsvoll. Malte lachte.

»Das glaubst du doch selbst nicht. *Du* hättest alles gelöscht, aber Fabi doch nicht.« Malte wurde ernst. »Und genau deswegen sind wir hier. Wir müssen rauskriegen, wo Fabis Handy ist. Ob die SD-Karte noch drin ist oder ob er sie rausgenommen und irgendwo deponiert hat. Ich hab schon mit Nora telefoniert, sie soll in Fabis Zimmer mal danach suchen.«

»Und wenn die Polizei das Handy doch hat? Das dauert doch, bis die alles, was da drauf ist, durchgeguckt haben.«

»Mann, du bist aber auch naiv.« Malte machte sich nicht einmal die Mühe, seinen Unmut zu unterdrücken. »Klar dauert es, sämtliche Nachrichten durchzulesen, aber als Erstes gucken die sich doch die Fotos und Videos an. Da wäre die Katze längst aus dem Sack. Wenn die das Handy überhaupt haben, haben sie nichts drauf gefunden. Das hieße dann, er hat die SD-Karte rausgenommen und anderswo deponiert.«

»Wo denn? Auf seiner Kammer?«

»Nee, da nicht. Da bin ich heute früh gleich gewesen. Ich hab natürlich nicht in jedem Winkel nachsehen können, wäre ja aufgefallen, wenn ich alles durchwühlt hätte, aber ich hab in den Schubladen geguckt und unter seinem Laptop – da zumindest hätte ich die Karte versteckt, aber ich hab nichts gefunden. Ich kann mir allerdings nicht vorstellen, dass er so megavorsichtig gewesen ist, denn, hey, der hat doch nicht im Ansatz damit gerechnet, dass er sterben würde.«

»Du glaubst also, die Polizei hat das Handy nicht. Aber er hat noch damit telefoniert, als wir vorm Seglerheim standen. Irgendwo muss es doch sein.«

»Manchmal stellst du dich dümmer an, als du bist«, sagte Malte kopfschüttelnd und trank einen großen Schluck Bier.

***

Schon merkwürdig, wie schnell Gefühle sich ändern können, dachte Christine, als sie am späteren Abend in der Küche ihres Hauses saß und Carsten Steegmann dabei zusah, wie er eine weitere Scheibe des aktuell in Mode gekommenen Eiweißbrotes mit Paprikafrischkäse und Tomate belegte.

War sie im Büro noch bedrückt gewesen angesichts der Heftigkeit, die zu Baumanns Tod geführt hatte, so fühlte sie sich jetzt in Carstens Anwesenheit einfach nur rundherum wohl.

»Soll ich noch etwas Brot aufschneiden? Enthält ja immerhin sehr viel Eiweiß.« Christine schmunzelte angesichts Carstens gutem Appetit.

»Jaja, veräppel mich ruhig«, sagte er gespielt gekränkt. »Ich weiß, dass du auf meine Plauze anspielst. Aber ich darf das jetzt, immerhin habe ich gerade zwei Stunden Tennis gespielt.«

»Natürlich.« Christine schmunzelte noch mehr.

»Nach der ›Schlank-im-Schlaf-Methode‹ *soll* man abends Eiweiß essen, um in der Nacht Gewicht zu verlieren. Also ist so ein Brot genau das Richtige für mich.« Carsten mimte derart den überzeugten Werbekunden, dass Christine laut loslachte.

»Klar, ich versteh schon. Da schneide ich dir gerne noch eine Scheibe ab.« Sie stand auf.

»Gib mir lieber einen Kuss.« Er zog sie an sich, und sie beugte sich zu ihm hinunter. Sofort fuhr seine Hand unter ihre Bluse und streichelte ihren Rücken. Sie richtete sich auf.

»Also. Möchtest du noch eine Scheibe?«

»Eine Scheibe von dir.«

»Nimm die Gläser und mach uns drüben ein wenig Musik an.«

Als Carsten aufstand, räumte sie den Tisch ab. Was für ein wunderbarer Ausklang des Tages. Carsten, das gemeinsame Abendbrot, dazu ein Glas Wein. Christine seufzte zufrieden. Heute würde Carsten nicht in die Einliegerwohnung seines Hauses fahren, heute war einer jener leider viel zu seltenen Abende, an denen er bei ihr übernachtete.

Leider hatte Christine Carstens Kinder bislang nicht kennengelernt. Aber darüber wollte sie jetzt nicht nachdenken. Es würde sich sicher bald ergeben. In wenigen Wochen war Weihnachten, so kurz davor war nicht die richtige Zeit für familiäre Einschnitte. Für Marie und Carl war es ohnehin schwierig genug zu verstehen, dass ihre Eltern nicht mehr in einer Wohnung wohnten, da brauchte kurz vor Weihnachten nicht noch eine andere Frau aufzutauchen, die ihnen den Papa streitig machte. Aber auch wenn sie Carstens Kinder noch nicht kennengelernt hatte, sie hatte Fotos der beiden gesehen und sich sogleich ein wenig in die Kleinen verliebt.

Aus dem Wohnzimmer erscholl leise Barmusik. Der Geruch von angezündeten und wieder ausgepusteten Streichhölzern hing im Raum, als Christine ins Wohnzimmer trat. Carstens Schuhe lagen quer neben dem Sofa, er selbst wie hingegossen darauf. Kerzen brannten auf dem Tisch und den Fensterbänken. Carsten setzte sich auf, als er sie sah, und zog sie in seinen Arm.

Als Christine eine Stunde später aus dem Badezimmer ins Schlafzimmer trat, saß er lesend im T-Shirt auf dem Bett. Sie lächelte, als sie seine Lektüre sah: »Ostfriesenangst« von Klaus-Peter Wolf.

»Dass du von Kriminalfällen auch zur Schlafenszeit nicht genug kriegen kannst, verstehe ich nicht«, sagte sie, »immer nur Mord und Totschlag.«

»Sicher. Aber damit kann ich etwas anfangen. Hier geht es unter anderem darum, wie Polizeibeamte sich fühlen, wenn sie einen Sexualstraftäter nach Verbüßung seiner Gefängnisstrafe im normalen Leben begleiten müssen.«

»Wo wir schon beim Thema sind ...«, ein wenig bedauernd blickte Christine zu ihrer eigenen Lektüre auf dem Nachttisch. »Die Mondspielerin« hieß das zauberhafte Buch von Nina George. »Hast du dich schon mal näher mit diesen bewusstseinserweiternden Drogen auseinandergesetzt, die Manssen bei Baumann gefunden hat?«

Sie hob die Bettdecke an und schlüpfte darunter.

»Ich hab natürlich schon damit zu tun gehabt«, sagte Carsten, legte sein Buch beiseite und wandte sich ihr zu. »Was genau meinst du denn?«

Auch Christine lehnte sich an das Kopfende des Bettes und rückte ihr Kissen zurecht. »Ich krieg das nicht so wirklich auf die Reihe. Wir haben es mit einem ehrgeizigen jungen Offizier zu tun, dessen Vater ein hohes Tier bei der Marine ist. Wir haben mit den Eltern gesprochen, dem Kommandanten der ›Jever‹, wir haben Fotos gesehen – alles deutet darauf hin, dass Baumann ein erfolgreicher, in sich gefestigter junger Mann war, den Drogen nicht locken konnten. Mit seiner Freundin haben Oda und ich uns heute auch unterhalten. Das ist eine ganz famose junge Frau, die augenscheinlich aus gutem Haus kommt und bestens mit Baumanns Eltern auskam. Ein Vorzeigepärchen par excellence. Wenn er aber mit Drogen zu tun hatte, muss da doch etwas ganz gewaltig schief gewesen sein.«

»Du sagtest, Baumann und seine Freundin haben sich getrennt. Waren sie lange zusammen?«

»Fünf Jahre.«

»Das könnte doch der Grund für den Wandel in seinem Verhalten sein. Da kippt seine private Zukunft, vielleicht gab es sogar Druck vonseiten der Eltern. Habt ihr da schon nachgehakt?«

»Nein«, gab Christine zu. »Wir haben heute nicht noch mal mit den Eltern gesprochen.«

»Dann fragt doch bei Gelegenheit mal nach«, schlug Carsten vor. »Vielleicht hat er ja nach der Trennung angefangen, die Drogen zu nehmen. Hat die KT in Baumanns Kammer auf der Fregatte auch was von dem Zeug gefunden?«

»Nein. Also, bislang hat Manssen noch nichts geschickt. Das, was wir bis jetzt haben, stammt allein aus Baumanns Zimmer in seinem Elternhaus.«

»Und was sagt die Freundin zu den Drogen?«

»Wir haben sie nicht drauf angesprochen.«

»Warum nicht?«

»Keine Ahnung. Ich glaub, das war intuitiv. Oda und ich wollten wohl abwarten, es lagen ja noch keine genauen Untersuchungsergebnisse vor.«

»Gut.« Carsten klang zufrieden. »Vertagen wir also alles, was den Tod des jungen Baumann angeht, auf die Zeit nach den Ergebnissen der KT und konzentrieren uns jetzt schwerpunktmäßig auf uns. Ich garantiere dir, da gibt es auch jede Menge zu entdecken.«

***

Nun sind schon zwei Tage verstrichen seit Fabians Tod. Ich merke, dass Malte unsicher ist, weil ihn noch niemand auf die Fotos angesprochen hat. Interessant zu beobachten, wie er dadurch auf der einen Seite alarmiert ist, sich auf der anderen Seite aber mit jeder Stunde, die vergeht, sicherer fühlt. Ich sehe förmlich, wie er größer werden will, wie er versucht, in Fabians Rolle hineinzuwachsen.

Aber er ist nicht sicher.

Auch Fabian war es nicht.

Es ist ein unglaublich gutes Gefühl, zu wissen, dass ICH *alle Trümpfe in der Hand halte. Dass das Spiel nach meinen Regeln gespielt wird. Ich werde Malte Zeichen geben. Auch Fabian hat Zeichen erhalten. Wie bei einer Schnitzeljagd. Er hat sie nicht verstanden. Hat keine Schlüsse daraus gezogen.*

Ob Malte schlauer ist? Ob er merkt, dass er noch lange nicht aufatmen kann? Fast schon ist es erregend, dieses Gefühl von Macht. Er ahnt nicht einmal, dass er an den Fäden meiner Willkür hängt. Noch glaubt er, sich frei bewegen zu können.

Schlaf gut, Malte.

Viele Nächte werden es nicht mehr sein.

Mittwoch

Der Wecker klingelte um sechs Uhr fünfzehn. Es war stockdunkel, im November gab es um diese Uhrzeit nicht einmal einen Ansatz Tageslicht, lediglich der schwache Schein der Straßenlaterne drang durch die halb heruntergelassenen Jalousien. Schläfrig drückte Christine die Snooze-Taste des Weckers, das ließ ihr vier Minuten Zeit, bevor er ein zweites Mal klingelte. Sie tastete auf die andere Seite des Bettes hinüber, fühlte Carstens Bauch und rutschte näher an ihn heran.

Auch Carsten hatte den Wecker gehört, er streckte den Arm aus und sagte: »Komm kuscheln.«

Sie schmiegte sich an ihn, als wollte sie mit ihm verschmelzen, ließ ihre Hand zärtlich über seinen Bauch wandern und fühlte seine an ihrem Rücken, bis der Wecker sie erneut daran erinnerte, dass heute kein Wochenende war, sondern Alltag. Die Pflicht rief.

»Ich koch uns 'nen Kaffee.« Christine warf die Beine aus dem Bett. »Dann kannst du schon unter die Dusche hüpfen.« Sie wollte aufstehen, aber Carsten zog sie noch einmal an sich.

»Ich liebe dich. Hab ich dir das in der letzten Zeit eigentlich gesagt?«

»Das hast du mir noch nie gesagt«, erwiderte Christine. Mit einem eigenartigen Gefühl im Bauch löste sie sich von Carsten und stand auf. Für diesen Satz hätte sie sich eine romantischere Situation gewünscht als den Moment zwischen zwei Weckrufen.

»Hab ich was Falsches gesagt?«, fragte Carsten irritiert.

»Nein.« Seine Frage brachte sie unwillkürlich zum Lachen. Sie lief auf seine Seite des Bettes, drückte ihm einen dicken Kuss auf den Mund und sagte: »Und nun steh gefälligst auf, Herr Staatsanwalt. Nicht dass du zu spät zum Dienst kommst.«

Nur mit ihrem Bademantel bekleidet, den sie sich übergeworfen hatte, weil die Heizung das Haus nach der Nachtabsenkung noch nicht auf Wohlfühltemperatur gewärmt hatte, lief Christine nach unten, goss das Wasser, das sich noch vom Vortag in der

Kaffeemaschine befand, auf die Blumen im Wohnzimmer und füllte gerade frisches in den Behälter, als sie oben Carstens Handy klingeln hörte. Für einen Moment war sie versucht, wieder hochzulaufen; er hatte es auf seinem Nachttisch abgelegt. Doch sofort sagte sie sich, dass sein Handy sie nichts anging. Sie nahm die Dose mit dem Kaffeemehl aus dem Schrank, setzte den Papierfilter ein und begann, die Kaffeelöffel abzuzählen. Nach ›zwei‹ piepte Carstens Handy, und nach ›fünf‹ klingelte es ein zweites Mal. Ob das beruflich war? Oder doch Silvia? Christine atmete durch. Es wurde Zeit, dass diese Heimlichtuerei ein Ende hatte. Sie war frei, und Carsten war frei. Er musste einfach Stellung beziehen. Das war er ihr, sich selbst und auch seinen Kindern schuldig.

Während der Kaffee durchlief, holte sie den »Wilhelmshavener Kurier« aus dem Briefkasten und las erfreut die Schlagzeile. »JadeWeserPort: ein Erfolg auf ganzer Linie.« Jürgen Töpfer, Odas Lebensgefährte, hatte den Leitartikel verfasst. Sie war gerade mittendrin, als Carsten in Anzug und Straßenschuhen die Treppe heruntereilte, in voller Montur sozusagen. Sie warf ihm einen fragenden Blick zu.

»Hab leider keine Zeit zum Frühstücken«, sagte er und angelte sich schon seinen Mantel von der Garderobe. »Die Kinder haben angerufen. Es scheint Silvia nicht gut zu gehen, Marie war ganz aufgeregt, ich muss sofort hin.«

Mit den Worten »Wir sehen uns nachher« drückte er ihr beiläufig einen Kuss auf die Stirn und eilte hinaus. Die Haustür fiel hinter ihm ins Schloss, bevor Christine antworten konnte.

Sie schluckte ihre Enttäuschung hinunter. So war das wohl, wenn man sich in einen Mann verliebte, der mit seiner Noch-nicht-ganz-Exfrau kleinere Kinder hatte.

Als Christine eine gute Stunde später das Haus verließ, präsentierte sich der Tag mit vorwinterlichem Bilderbuchwetter. Die Temperaturen lagen knapp unter dem Gefrierpunkt, die Luft war kristallklar, und die Sonne schob langsam die Wolken beiseite. Als Christine im Polizeigebäude ankam, hörte sie aus den Büros der Kollegen geschäftiges Treiben. Kaffeeduft wehte verlockend von der Personalküche her durch den Flur.

»Einen wunderschönen guten Morgen.« Sie steckte den Kopf in Lemkes und Nieksteits Büro, in dem sie erstaunlicherweise auch Oda vorfand, die alles andere als eine Frühaufsteherin war. Lemke saß genau wie Nieksteit an seinem Schreibtisch, war jedoch nicht mit seinem PC beschäftigt, Oda stand an das Sideboard gelehnt, in dem die Aktenordner aufbewahrt wurden und auf dem das Faxgerät der Abteilung stand. Die Blicke der drei wandten sich ihr zu.

»Hab ich was verpasst?«, fragte Christine und fühlte sich einen Moment lang unsicher. Sie trat ganz in den Raum, zog ihren Mantel aus, warf ihn aufs Sideboard und sah ihre Kollegen an.

»Nieksteit hat einen Teil von Fabian Baumanns Passwörtern geknackt«, erklärte Oda. »Und auf dessen PC Anleitungen zur Herstellung von chemischen Drogen gefunden.«

Christine blieb vor Überraschung der Mund offen stehen. »Das ist jetzt nicht euer Ernst«, sagte sie. »Der hat Drogen nicht nur genommen oder verkauft, sondern sie gleich selbst hergestellt? Seid ihr sicher?«

»Nein.«

Verblüfft sah Christine Oda an. »Nein?«

»Genau. Nein. Nieksteit hat lediglich die Anleitungen gefunden. Mehr nicht.«

»Ihr meint, er hat nur mal recherchiert, wie man so etwas machen könnte?« Das schien Christine doch etwas unlogisch. »Hört mal, wir haben Cannabis und psychedelische Pilze in seinem Zimmer gefunden. Und jetzt glaubt ihr allen Ernstes, dass der sich die Anleitungen zum Basteln synthetischer Drogen nur aus Spaß angeguckt hat?«

»Was wir glauben oder nicht«, mischte sich Nieksteit ein, »steht auf einem ganz anderen Blatt. Hier geht es um Beweise. Und bislang haben wir keine, die belegen, dass er Drogen hergestellt hat. Bring uns welche, und schon haben wir uns alle wieder lieb.«

»Wo soll ich denn solche Beweise hernehmen?«, wollte Christine wissen, ohne wirklich eine Antwort zu erwarten.

»Knöpf dir doch Nora Brandis noch mal vor«, sagte Oda. »Ich glaub, du und sie, ihr seid auf einer Wellenlänge. Vielleicht verrät sie dir ja was. Womöglich sind die Zutaten für die Drogen bei ihr gelagert.«

Christine zuckte mit den Schultern und nickte. »Hat Manssen sich schon gemeldet? Wegen der Untersuchung von Baumanns Kammer auf der Fregatte?«

»Guck mal auf die Uhr«, empfahl Oda.

»Kurz nach halb neun. Wieso?«

»Hast du von Manssen jemals vor halb elf eine verwertbare Auskunft über eine Untersuchung bekommen?«

Christine schüttelte den Kopf. »Stimmt. Das habe ich nicht.«

***

Volker Wilken war mit einem Kater erwacht. Normalerweise trank er unter der Woche nicht so viel, es musste der »Flying Hirsch« gewesen sein, diese Mischung aus Energydrink und Jägermeister. Beziehungsweise die Menge davon. Seit einer halben Stunde bereitete er sich nun schon auf das anstehende Gespräch mit seinem Kommandanten vor, bei dem es um eine Übungsfahrt durch die Kaiser-Wilhelm-Brücke in den Großen Hafen ging. Was einfach aussah, war eine bis ins letzte Detail durchgeplante und haargenau koordinierte Aktion. Denn das Verlegen der »Jever« durch die KW-Brücke, wie sie von den Wilhelmshavenern liebevoll abgekürzt wurde, war Millimeterarbeit. Da spielte besonders der Wind eine entscheidende Rolle, der nicht von querab aus Südsüdost oder von Nordnordwest kommen und weniger als dreißig Knoten schnell sein sollte. Denn selbst wenn sie vorn und achtern einen Schlepper hatten, konnte der Seitenwind derart heftig auf den Hubschrauberhangar des Schiffes drücken, dass die Krafteinwirkung nicht auszugleichen war, wie die Fregatte »Emden« 1998 am eigenen Leib hatte erfahren müssen.

Die letzte Übungsfahrt war aufgrund der schlechten Wetterprognosen absagt worden. Etwas, was nicht jedem an Bord gefiel. Doch Sicherheit war das höchste Prinzip, hier im Heimathafen und unterwegs: Sicherheit für die Besatzung und das Schiff.

Volker studierte den Seewetterbericht. Der Wind würde morgen in Böen aus Nordnordwest kommen. Also sah es schlecht aus für die Übung. Er warf einen Blick auf die Uhr. Kurz nach halb neun. Da blieb ihm noch etwas Zeit, bis er zusammen mit dem Alten die Entscheidung für oder gegen die Übung fällen musste. Er grübelte. Die Situation würde grenzwertig sein. Ein mutiger Kommandant würde die Übung fahren, ein weniger mutiger nicht. Tieden galt als sehr besonnen. Wofür würde er sich entscheiden? Bevor Volker auf den »Aktualisieren«-Button des Seewetterberichtes klickte, klingelte das Telefon auf seinem Schreibtisch. »Zwo NO«, meldete er sich.

»Ich bin's, Malte.«

Am liebsten hätte Volker sofort wieder aufgelegt.

»Was gibt's?«, fragte er knapp. Malte sollte merken, dass er nicht einfach über jede Minute seines Lebens bestimmen konnte. Dennoch wollte er vorsichtig sein, schließlich wusste Malte mehr über ihn, als ihm lieb war.

»Hast du schon neue Infos?«

»Über Fabis Tod? Nein.« Er versuchte, sich auf den Seewetterbericht zu konzentrieren.

»Idiot. Ich meine das Handy.«

Jetzt reichte es Volker. Er ließ die Maus des Computers los, wandte den Blick vom Bildschirm ab und sagte, jetzt ganz Offizier und Führungsperson: »Übertreib es nicht, Malte. Und überleg dir genau, wie du mit mir sprichst.«

Malte wollte etwas entgegnen, doch Volker ließ ihn gar nicht erst zu Wort kommen: »Das Musketier-Prinzip gilt nicht nur in eine Richtung.« Als er auflegte, spürte er dennoch, dass seine Handflächen feucht waren.

***

»Um es gleich vorwegzunehmen: Neuigkeiten hinsichtlich irgendwelcher Drogen haben wir nach der Untersuchung von Baumanns Kammer nicht zu vermelden.« Manssens Start in die Besprechung war ein massiver Dämpfer. »Auch sonst kann ich euch derzeit nichts präsentieren, was einen echten Knaller darstellt. Sorry.«

»Du willst uns doch nicht erzählen, dass Baumanns Kammer jungfräulich wie eine Novizin war?« Odas Stirn kräuselte sich wie das Watt bei ablaufendem Wasser.

»Das nun nicht gerade, aber wir haben keinerlei Anzeichen für Drogen gefunden. Und glaub mir, wir haben sehr genau gesucht. Mehr als sehr genau, da wir durch den Fund in seinem Elternhaus vorgewarnt waren. Doch in seinem Zimmer an Bord …«

»Auf seiner Kammer«, unterbrach ihn Christine und erntete irritierte Blicke von ihren Kollegen. »Entschuldigung, ich wollte nicht unterbrechen«, rechtfertigte sie sich sofort, »das war automatisch. Es heißt ›auf der Kammer‹ an Bord einer Fregatte, nicht ›in seinem Zimmer‹.«

Oda überging Christines Einwand. »Nicht einmal den Ansatz von Spuren? Keine Partikel, nichts?«

»Nein. Alles sauber. Wie geleckt. Wäre das keine Fregatte der Marine, würde ich sagen, jemand hat gewusst, dass wir kommen. Es gab Wischspuren an den eingebauten Spinden. Doch die könnten natürlich auch im Rahmen des Reinschiffmachens entstanden sein. Dann hat Baumann danach aber nicht mehr viel Zeit in seiner Kammer …«

»Auf«, warf Christine ein.

»Auf … ist mir eigentlich auch wurscht. Jedenfalls war der danach nicht mehr oft oder lange da.« Manssens Blick traf den von Christine, begleitet von einem amüsierten Lächeln. »Denn offensichtliche Spuren, die auf ein Fehlverhalten des Decksoffiziers Fabian Baumann hinweisen, haben wir nicht gefunden. Ich halte es durchaus nicht für ausgeschlossen, dass der das Zeug gar nicht an Bord gelagert hat.«

»Klar. Das ist natürlich möglich. So viel also zum Offensichtlichen. Kommen wir zum Nichtoffensichtlichen«, sagte Oda. »Was gab's da? Fotos von der Freundin? Von Freundinnen? E-Mails? Habt ihr das Handy gefunden? Er besaß so ein Smartphone, das wissen wir von seinen Eltern. Irgendwo muss das Ding doch sein, wenn es weder am Leichenfundort noch in Baumanns Kleidung war und ihr es auch nicht in der Umgebung oder bei ihm zu Hause gefunden habt.«

Manssen schüttelte bedauernd den Kopf.

»Was nichts heißen muss«, warf Christine ein, »denn die Leiche wurde ja seitlich des Molenfeuers gefunden. Beim Sturz könnte das Telefon Baumann aus der Tasche und ins Meer gefallen sein. Aber durch den Gezeitenstrom wäre es kaum zu finden.«

»Wie gut, dass es noch andere Möglichkeiten gibt, Telefonverbindungen zurückzuverfolgen, als nur die Liste der geführten Telefonate direkt am Gerät«, sagte Niiksteit, »Lemke hat ja den Verbindungsnachweis schon beantragt. Wenn wir den haben, sind wir schlauer.«

***

Erneut waren Christine und Oda auf das Gelände der Marine gefahren, hatten bei der Hauptwache ihren Dienstausweis vorgezeigt, waren von einem Marinesoldaten in Empfang genommen und an Bord der Fregatte gebracht worden. Es kam Christine fast schon vertraut vor, die Stelling der »Jever« zu erklimmen, durch die Schleuse ins Innere zu gelangen und die Niedergänge hinaufzusteigen. Anders als bei ihrem ersten Besuch stand die Tür zur Kammer des Kommandanten heute jedoch offen. Tieden begrüßte sie freundlich und schlug auf ihre Bitte, all jene Besatzungsmitglieder zu sprechen, mit denen Fabian Baumann enger zu tun hatte, vor, diese Gespräche in der PUO-Messe zu führen: Da würden sie unter sich sein.

Er führte sie persönlich in den gemütlich eingerichteten Bereich für die Offiziere, der sich »zugegebenermaßen« von denen der Mannschaftsgrade abgrenzte, wie Tieden bemerkte. Ein Kellner, der sogenannte Pantry, stand hinter einer Art Theke und nahm ihre Getränkewünsche entgegen: zwei Kaffee mit Milch und Zucker.

Tieden durchquerte zügig den mit rot gepolsterten Sitzgelegenheiten ausgestatteten Raum und öffnete eine gläserne Schiebetür, hinter der ein langer Tisch mit gepolsterter Bank und Stühlen stand. »Hier können Sie in Ruhe alle Gespräche führen, die Sie für notwendig erachten«, sagte er. »Ich werde die Kameraden, mit denen Herr Baumann zu tun hatte, informieren und zu Ihnen schicken. Mich selbst entschuldigen Sie bitte, ich muss mich mit dem Zwo NO zur Besprechung unserer morgigen Übung treffen.«

Kaum war er verschwunden, öffnete sich die Schiebetür fast geräuschlos, und der Kellner brachte die beiden Kaffees. Bevor er ebenso lautlos wieder verschwand, sprach Oda ihn an. »Sagen Sie, wenn Sie für die Versorgung der Portepeeunteroffiziere zuständig sind, kannten Sie doch garantiert auch Fabian Baumann.«

Der Angesprochene nickte. »Ja.«

»Was war das denn für ein Typ?«

Der Gesichtsausdruck des Pantrys war ein einziges Fragezeichen. »Wie meinen Sie das?«

»Na, Sie werden doch eine Meinung über die Leutchen haben, denen Sie hier hin und wieder einen Kaffee oder sonst was kredenzen. Und ich würd gern von Ihnen wissen, was für ein Typ der Baumann Ihrer Meinung nach war.«

»Darüber kann ich nicht viel sagen. Er war immer aufgeschlossen und nett.«

Christine spürte, wie unwohl sich der junge Mann fühlte. »Danke«, sagte sie, und sichtlich erleichtert verließ der Soldat den kleinen Raum. Oda sah sie fragend an.

»Was sollte das denn jetzt?«, beschwerte sie sich. »Da bin ich mittendrin, und du schickst den weg?«

»Oda.« Christine konnte den leichten Tadel in ihrer Stimme nicht verbergen, weshalb Oda sofort das Gesicht verzog. »So viel hab selbst ich mittlerweile über die Marine mitbekommen, dass hier alles nach eigenen Gesetzmäßigkeiten abläuft. Und der Typ, der uns gerade den Kaffee gebracht hat, ist kein Offizier, sondern wohl eher einer der Mannschaftsgrade. Darum wird der einen Teufel tun und sich mit uns offen über einen Offizier unterhalten. Hier an Bord schon mal gar nicht. Wir müssen mit denen sprechen, die auf Augenhöhe mit Baumann zu tun hatten oder von denen wir wissen, dass sie auch privat miteinander verkehrten.«

Die Schiebetür öffnete sich, kaum dass Christine die letzten Worte ausgesprochen hatte.

»Verzeihen Sie, dass ich Ihren letzten Satz mithörte, aber die Scheiben sind nicht wirklich schalldicht.« Der junge Mann trat ein und reichte ihnen die Hand. »Zwo SVM Malte Kleen«, stellte er sich vor. »Käpten Tieden bat mich, zu Ihnen zu kommen. Auch wenn der DO Baumann und ich rein dienstlich nicht viel miteinander zu schaffen hatten, so waren wir privat doch gute Kameraden.«

»Nehmen Sie bitte Platz«, forderte Christine ihn auf. Als kurz darauf der Pantry mit einer Cola für Kleen eintrat, registrierte sie, was für eine Autorität dieser junge Soldat ausstrahlte.

»Sie waren also mit Herrn Baumann befreundet. Erzählen Sie uns von ihm«, bat Christine, nachdem die Schiebetür wieder geschlossen war.

»Befreundet …« Kleen ließ dieses Wort ein wenig nachklingen. »Das ist dann vielleicht doch ein wenig zu viel. Wie gesagt, gute Kameraden würde es eher treffen.«

»Das haben Sie sehr diplomatisch ausgedrückt, aber Sie verstehen sicher, dass wir uns nicht mit Diplomatie aufhalten wollen. Waren Sie nun mit Fabian Baumann befreundet oder nicht?«

»Na gut, wir waren zwar keine engen Freunde, aber ja, das könnte man so sagen.«

»Sie sind kein Offizier?«

»Nein. Ich bin Zweiter Schiffsversorgungsmeister und habe den Dienstgrad Oberbootsmann.«

»Inwieweit hatten Sie dienstlich mit Baumann zu tun?«

»Als SVM bin ich für die interne Administration und die logistische Nachversorgung verantwortlich. Das kreuzt sich dann schon mit den Aufgabenbereichen eines Deckoffiziers.«

»Haben Sie etwas mitbekommen über irgendwelchen Ärger, den Baumann in der letzten Zeit hatte? Gab es Streit an Bord?«

Das Nein des Oberbootsmanns kam wie aus der Pistole geschossen.

»Nein?«, hakte Oda nach. »Haben Sie nichts mitbekommen, oder gab es keinen Ärger?«

»Sowohl als auch.« Kleen griff ganz entspannt zu seiner Cola und trank einen Schluck. »Wenn es Ärger gibt, kriegen wir das mit. Alle. Unsere Welt an Bord der Fregatte ist klein. Wir gehören noch zur Klasse 122, die neueren Fregatten sind wesentlich moderner und größer. Glauben Sie mir, wir haben unsere eigene kleine Welt, da bleibt nichts wirklich verborgen.« Selbstsicher lehnte Kleen sich zurück.

»Dann wissen Sie sicherlich auch, dass Ihr Kamerad mit Drogen zu tun hatte«, sagte Christine lapidar und hob beiläufig ihre Tasse an den Mund.

»Drogen?« Kleens Lächeln wirkte für einen kurzen Moment unsicher.

»Ja. Cannabis, psilocybinhaltige Pilze und so etwas.« Es machte Christine beinahe Spaß, die Reaktion dieses gerade noch so selbstbewussten Marinesoldaten zu beobachten, dessen an Arroganz grenzende Selbstsicherheit lawinenartig den Bach runterging.

***

Malte kehrte nach seinem Gespräch mit den beiden Kommissarinnen aufgewühlt in sein Büro zurück. Er ließ sich auf seinen Schreibtischstuhl fallen. Wie hatte Fabian nur so unvorsichtig sein können, das Cannabis und die Psilos bei sich zu Hause aufzubewahren? Von anderen Dingen, die die Kripo bislang Gott sei Dank nicht erwähnt hatte, ganz zu schweigen. Verdammt! Er hieb mit der Faust auf den Tisch. Das altmodische Telefon wackelte ebenso, wie der Kugelschreiber einen kurzen Hüpfer tat.

Wer von den Kameraden an Bord hatte von den Drogen gewusst? Abstreiten würden es sicher alle. So was gab man nicht ohne Beweise zu, keiner von ihnen. Die berufliche Laufbahn war von einer sauberen Weste abhängig. Bei einigen von ihnen stand jetzt die Entscheidung an, ob dem Antrag auf Wechsel vom Zeitsoldaten zum Berufssoldaten stattgegeben wurde. Das war nicht ohne Schwierigkeiten zu erreichen, denn im Zuge der Bundeswehrreform wurden Stellen abgebaut, nicht aufgerüstet. Da musste man sich in den zwei Jahren an Bord bewähren, konnte frühestens nach einem Jahr den Antrag auf Berufssoldat stellen und brauchte eine verdammt gute Beurteilung. Und die setzte keiner aufs Spiel. Nicht für einen toten Kameraden. Auch wenn das sogar in Maltes Ohren bitter klang, war es doch die Wahrheit. Wer lebt, hat recht. Den Toten konnte man nur ein ehrendes Andenken bewahren.

Malte stützte den Kopf auf beide Hände. »So haben wir uns das nicht gedacht, Fabian«, murmelte er fast lautlos.

***

»Da haben wir ja einiges an Informationen über Baumann bekommen«, sagte Oda, als sie wieder in Christines geschlossenem Cabrio saßen – das Stoffverdeck war der Jahreszeit entsprechend einem Hard-Top, oder wie man so was nannte, gewichen – und den Marinestützpunkt verließen.

»Und der Tenor war überall gleich. Netter Typ, kameradschaftlich, alles gut.«

Sie hatten mit insgesamt sechs Kameraden und Kameradinnen gesprochen, die alle über eine Spezialausbildung im Nahkampfbereich verfügten, und auch wenn die Gespräche inhaltlich unterschiedlich verlaufen waren, blieb die Tendenz eindeutig: Fabian Baumann galt zwar bei manchen als kleiner Aufschneider, konnte einigen auch durchaus auf die Nerven gehen mit seiner Überheblichkeit, aber niemand wollte von Drogen gewusst haben. Und niemand hatte eine Ahnung, mit wem Baumann eine derart heftige Auseinandersetzung gehabt haben könnte.

»Ich kann mir nicht vorstellen, dass das mit Fabians Leben innerhalb der Marine in Verbindung steht«, hatte Malte Kleen gesagt. Und auch die anderen Kameraden wollten einen Konflikt höchstens in Fabian Baumanns Privatleben für möglich erachten.

Oda warf einen Blick auf die Uhr. »Mittagszeit. Was hältst du von einer Pause außerhalb der Polizeiinspektion?«

»Gern«, stimmte Christine sofort zu. »Wo denn?«

»Och, mir reicht der Bäcker neben Aldi, ein belegtes Brötchen und 'n Kaffee. Dann können wir auch ein bisschen klönen.«

»Ist 'ne gute Idee.« Christine bog vom Mühlenweg in die Gökerstraße ein, passierte den COMBI, eine Deichmann-Filiale, und stellte den Wagen auf dem weitläufigen Parkplatz ab.

Kurz darauf saßen sie an einem kleinen Tischchen am Fenster.

Der Kaffee dampfte aus Keramikbechern, auf ihren Tellern lag je ein Brötchen, wobei Christines Bestellung – sie achtete ja immer auf ihre schlanke Linie – gelautet hatte: »Nur mit einem Hauch von Butter, Salat und etwas Kochschinken, bitte.«

Oda nahm das volle Programm: Remoulade, Salat, Gurke, Tomate und Käse. Wenn schon, denn schon. Aber ein Körnerbrötchen musste es natürlich sein, allein schon der Verdauung zuliebe.

»Was macht denn Laura?«, fragte Christine. Laura war die uneheliche fünfzehnjährige Tochter von Odas Freund Jürgen. Im Sommer war sie überraschend in Wilhelmshaven aufgetaucht. Genau zu der Zeit, als Oda und Alex mit Jürgen zusammenziehen wollten. Laura hatte sich mit ihrer Mutter überworfen, war zwischenzeitlich in einem Wohnheim gewesen, hatte Jürgen als ihren Vater ausfindig gemacht und von jetzt auf gleich vor seiner Tür gestanden. Das hatte die Beziehung hart auf die Probe gestellt, denn Oda hatte nichts von Jürgens Tochter gewusst und sah das Vertrauen, das für sie innerhalb einer Partnerschaft unerlässlich war, zutiefst verletzt. Deshalb hatte sie für sich und Alex entschieden, vorerst nicht mit Jürgen zusammenzuziehen, zumal die neue Wohnung nicht auf zwei Erwachsene und zwei kaum miteinander vertraute junge Menschen ausgelegt war. Jürgen war schweren Herzens allein mit seiner Tochter in die Räume gezogen, die Oda und er in Eigenarbeit und mit viel Liebe als gemeinsames Nest hergerichtet hatten, während Oda und Alex in ihrer alten Wohnung in der Holtermannstraße geblieben waren.

»Ach, hör bloß auf. Wir haben ja gedacht, Laura fängt sich, wenn sie hier lebt, weil in Wilhelmshaven alles etwas ruhiger zugeht als in der Großstadt und sie in Jürgen einen besonnenen Vater hat, auf dessen Meinung sie Wert legt. Aber da war wohl der Wunsch der Vater des Gedankens. Laura geht nicht regelmäßig zur Schule, findet Jürgen spießig, kommt am Wochenende teilweise gar nicht nach Hause und bricht regelmäßig einen Streit vom Zaun, wenn Jürgen ihr deswegen eine Standpauke hält. Er hat jetzt mit Martha gesprochen. Immerhin hat sie das Sorgerecht. Ich finde es überhaupt ganz großartig, dass Jürgen sich so um Laura bemüht, wo Martha doch all die Jahre über verhindert hat, dass er Kontakt zu seiner Tochter aufnimmt.« Oda biss in ihr Brötchen. Etwas Remoulade lief am Rand heraus, aber das war egal. Es schmeckte köstlich.

»Und was hat Martha gesagt?«, fragte Christine, die ihr Schinkenbrötchen natürlich ausgesprochen damenhaft aß, aber da konnte ja auch keine Remoulade rauströpfeln.

»Martha sagt, dass Laura dann wieder in so eine Institution für schwer erziehbare Jugendliche ziehen muss, weil sie eben auch nicht mit ihr klarkommt. Ganz schön beschissen, das alles. Man kann Martha ja nicht mal Vorwürfe machen. Also, so wirkliche, meine ich. Denn wir haben natürlich keinen blassen Schimmer, wie es bei ihr gelaufen ist.«

»Aber du bist doch auch alleinerziehend und hast Alex zu einem Prachtkerl erzogen«, gab Christine zu bedenken.

»Danke.« Oda nahm das erfreut als Kompliment auf.

Es stimmte ja auch. Ihr gerade volljährig gewordener Sohn hatte die Schule trotz der Trennung seiner Eltern gut durchlaufen und sich zu einem recht verantwortungsbewussten jungen Mann entwickelt. Zwar gab es mit ihm immer mal wieder den einen oder anderen Disput, aber niemals wirkliche Schwierigkeiten. Allerdings musste sie zugeben, dass sie sich auch immer an Thorsten hatte wenden können, wenn es schwierig geworden war. Das war zwar nur ein- oder zweimal der Fall gewesen, aber immerhin waren Thorsten und sie sich stets einig gewesen über das, was Alex betraf. Allerdings auch wirklich nur über das, was Alex betraf.

»Na, jedenfalls ist da derzeit ganz schön Dampf auf dem Kessel«, sagte Oda. »Selbst Alex stößt bei Laura auf taube Ohren. Dabei sah es zu Anfang ganz danach aus, dass Laura zumindest ihn respektieren würde.« Sie trank einen Schluck Kaffee. »Aber lass uns mal nicht von mir reden. Wie sieht's denn bei dir aus? Das mit Steegmann ist ernster geworden, oder?«

Bei diesen Worten breitete sich ein fast schon glückliches Lächeln auf Christines Gesicht aus. Oda hätte sich zu gern darüber gefreut, wären da nicht ihre Zweifel, was den Staatsanwalt betraf.

»Na ja.« Christine versuchte augenscheinlich, ihr Strahlen zu überspielen, »wir verstehen uns immer besser.«

Oda konnte nicht anders. Allein schon aus Sorge darüber, dass Christine wieder von einem Mann gelinkt werden könnte, fragte sie: »Hat er denn mittlerweile mal gesagt, wann er das mit der Trennung von seiner Frau offiziell machen will? Oder hat er das schon? Zu mir ist bislang jedenfalls nichts durchgedrungen, und normalerweise ist das Kollegium ja sehr schnell, was solche Sachen betrifft.« Sie warf einen Blick auf die Brot- und Kuchentheke und überlegte kurz, ob sie sich noch einen Nachtisch in Form eines kleinen Joghurt-Törtchens holen sollte, doch sie verwarf diesen Gedanken sofort wieder. Das würde den Unterhaltungsfluss mit Christine unterbrechen und sich trotz Joghurt auf ihre ohnehin nicht gerade schmalen Hüften setzen.

Das Strahlen verschwand abrupt aus Christines Gesicht. »Nein, du hast nichts überhört«, sagte sie knapp. »Die Gerüchteküche hat noch nicht zu brodeln begonnen, weil noch kein Feuer entfacht wurde.«

»Also ist noch alles beim Alten.«

»Wenn du es so siehst ...«

»Mensch, Christine.« Oda konnte nicht anders, als ihrer Kollegin ins Gewissen zu reden. »So geht das doch nicht! Du bist doch keine Frau, die man nebenherlaufen lässt. Wenn er mit seiner Frau nicht mehr zusammenleben kann, dann soll er das gefälligst auch offiziell machen. Stell dir mal vor, man sieht euch beide irgendwo. Turtelnd auf dem Segelboot, Händchen haltend im Restaurant oder so. Dann stehst du als die Geliebte da, das heimliche Verhältnis. Das hast du doch überhaupt nicht nötig. Wenn es darum geht, die Kinder zu schützen, klar, da ist ganz viel erlaubt. Aber wenn es denn stimmt, was er sagt, und er seit einem Jahr in der Einliegerwohnung im eigenen Haus wohnt, müssten sich die Kinder inzwischen daran gewöhnt haben. Und sowohl Mama als auch Papa müssen ein Eigenleben führen dürfen.«

»Oda. Das geht dich nichts an«, protestierte Christine.

»Natürlich geht es mich nichts an. Einerseits. Andrerseits aber doch. Denn du bist meine Kollegin, und ich mag dich. Und ich finde, dass du viel zu wertvoll bist, um dich von so jemandem wie Steegmann als zweite Geige behandeln zu lassen. Prost.« Sie hob ihren Kaffeebecher.

»Das hast du lieb gesagt«, sagte Christine und stieß mit ihr an.

Oda kräuselte die Stirn, als sie ihrer Kollegin ins Gesicht sah. Deren Augen waren tatsächlich ein wenig feucht geworden.

★★★

Normalerweise liebte Nora das Judotraining, aber drei Mal pro Woche war ihr momentan eigentlich zu viel. Doch sie arbeiteten auf die deutschen Meisterschaften hin, und man rechnete Nora durchaus eine Chance auf eine der Medaillen aus. Da wollte sie ihren Trainer nicht enttäuschen und nutzte die Möglichkeiten an der Jade Hochschule, um zusätzlich mit anderen ihres Jahrgangs zu trainieren. Außerdem spürte sie, dass ihr diese Ablenkung gerade jetzt guttat. Verschwitzt vom Sport – das Duschen in den Waschräumen der Turnhalle löste rein gedanklich schon einen Herpes bei ihr aus –, schloss Nora die Haustür ihres Elternhauses auf, hörte Frauenstimmen aus der Küche und stutzte. Hatte ihre Mutter Besuch? Sie warf einen Blick auf die Uhr. Halb drei. Das war keine Zeit, zu der hier Besuch empfangen wurde, und ihre Mutter würde auch nie mit ihren Freundinnen in der gemütlichen Wohnküche sitzen. Wenn es Besuch gab, dann doch bitte im repräsentablen Wohn- und Esszimmer, das ihre Eltern im letzten Jahr für ein kleines Vermögen umgebaut hatten. Sie zog ihre Daunenjacke aus und warf sie über einen Haken an der großzügigen Flurgarderobe. Die Sporttasche schob sie darunter. Im Gehen zog sie sich das Haargummi aus dem Zopf und betrat die Küche. Überrascht sah sie die beiden Kommissarinnen, mit denen sie bereits über Fabian gesprochen hatte, in einem angeregten Plausch mit ihrer Mutter.

»Moin«, grüßte Nora, und sofort kam Cora, die unter dem breiten Küchentisch aus gelaugter Kiefer gelegen hatte, schwanzwedelnd angelaufen. »Na, meine Süße, geht's dir gut?«, fragte sie ihre Hündin und knuddelte sie. Cora versuchte spielerisch, ihr in die Hand zu beißen, was sie mit einem strengen »Aus« sofort unterband. Dem Befehl »Hundeplatz« folgte die Weimaranerin umgehend.

»Ey, das ist ja cool«, sagte die Dunkelhaarige, als Cora sich auf eine geblümte Fleecedecke an der Terrassentür legte. »Wie funktioniert das denn?«

»Erziehung und Disziplin«, erklärte Nora, wusch sich die Hände und begrüßte anschließend die Kommissarinnen. »Ich nehme an, Sie sind nicht hier, um mit meiner Mutter oder mir über meinen Hund zu sprechen?«

Damit stellte sie sofort klar, dass sie keineswegs die Absicht hatte, eine heitere Small-Talk-Runde einzuläuten.

Augenblicklich erstarrte ihre Mutter, streckte den Rücken durch und fragte steif: »Möchtest du auch einen Kaffee? Die Kommissarinnen haben nur auf dich gewartet. Ich lasse euch dann allein.«

»Ist schon gut, Mama.« Nora konnte einen leicht genervten Unterton nicht verhindern, denn sie konnte es partout nicht ab, dass ihre Mutter immer so schnell einschnappte und beleidigt war. Es lag doch wohl auf der Hand, dass die Kommissarinnen gekommen waren, um Fragen zu Fabian zu stellen.

In diesem Moment war sie froh, dass sie ihrer Familie gegenüber stets zurückhaltend mit persönlichen Gefühlen war, denn Noras Mutter redete gern. Und viel, wenn sie die Gelegenheit hatte. Aber selbst wenn diese beiden Polizistinnen es geschickt angestellt hatten, viel konnte Noras Mutter ihnen gar nicht verraten haben. Denn sie wurde weder von ihr noch von ihrem Bruder oder ihrem Vater in das eingeweiht, was wirklich wichtig war. Das besprachen die drei bei der Jagd. Beim anschließenden »Tottrinken« kamen die bedeutenden Themen auf den Tisch. Noras Mutter hatte nie an einer dieser Runden teilgenommen.

»Was kann ich denn für Sie tun?«, fragte Nora, als sie sich – noch im Judoanzug – auf den Stuhl gegenüber den Polizistinnen fallen ließ. Sie musste dringend unter die heiße Dusche, spürte, wie kalt sie geworden war, immerhin herrschten draußen Temperaturen unter zehn Grad, und das bei kaltem Wind aus Nordwest.

»Wir wussten gar nicht, dass Sie Kampfsport betreiben«, stellte die Blonde, Christine Cordes, überrascht fest. »Gehört das mit zum Studium?«

»Nein. In meinem Bereich nicht.« Nora lächelte. »Judo begleitet mich seit meiner Schulzeit. Sie meinen mit Kampfsport sicher das Jiu-Jitsu. Judo ist eine verwandte Form, allerdings ohne die gefährlichen Techniken wie Schläge und Tritte.«

»Also würden Sie Judo als harmlos einstufen?«, fragte die andere argwöhnisch.

Nora Brandis lachte auf. »Auf gar keinen Fall. Judo kann genauso gefährlich sein. Aber Judo bedeutet so viel wie ›sanfter Weg, Weg des Nachgebens‹. Man soll miteinander kämpfen, ohne sich gegenseitig wehzutun. Eine Art freundschaftliche Form der körperlichen Auseinandersetzung mit vorgegebenen Regeln, wenn Sie so wollen.«

»Und das klappt? Sie kämpfen, keiner tut sich weh, und alle haben sich lieb?« Das fragte die Dunkelhaarige, die, wie Nora sich jetzt erinnerte, Oda Wagner hieß.

»Nein. Das klappt im Turnier natürlich nicht. Da gibt es durchaus mal Verletzungen. Aber das liegt nicht an den Kampftechniken«, betonte sie noch einmal. »Warum interessieren Sie sich überhaupt dafür?« Beunruhigt sah sie die beiden Frauen an. »Hängt es mit Fabians Tod zusammen?«

Christine Cordes ignorierte Noras Frage. »Sie sagten, Sie betreiben Judo seit Ihrer Schulzeit. Das ist ja schon ein paar Jahre her. Welchen Gurt tragen Sie denn? Oder nennt man das Gürtel?«

»Man nennt es Gürtel oder Kyu. Das sind die sogenannten Schülergürtel. Ich trage einen der Meistergürtel, die DAN genannt werden.«

»Dementsprechend wissen Sie eine Menge über Kampftechniken und können sich bestimmt auch selbst verteidigen.« Das war keine Frage, sondern eine Feststellung.

»Ja«, stimmte Nora zurückhaltend zu.

»Wir haben inzwischen die Ergebnisse der Obduktion. Fabian Baumann ist zweifelsfrei durch Schlagtechniken zu Tode gekommen, die hierzulande verboten sind.«

***

Feierabend. Der Tag an Bord der Fregatte war Malte endlos vorgekommen. Wie schon lange nicht mehr hatte er den Dienstschluss herbeigesehnt. Eigentlich kannte er ein solches Gefühl nur, wenn sie nach Monaten auf See dem Heimathafen näher kamen. Dann wuchs das Bedürfnis nach einem Rückzugsraum von Stunde zu Stunde, auch wenn er das natürlich nie offen zugeben würde. Doch dieses Gefühl war irgendwie auch zweischneidig. Einerseits bedauerte er, dass das intensive Zusammenleben zu Ende ging, das alle an Bord wie eine Großfamilie zwangsläufig zusammenschweißte, aber gleichzeitig konnte er es kaum abwarten, über die Stelling zu laufen, alle und alles hinter sich zu lassen und allein zu sein. Seine bisherigen Beziehungen waren an diesem Punkt gescheitert. Keines der Mädels hatte sein Bedürfnis nach Ruhe verstanden, jede wollte ihn sofort nach seiner Rückkehr ins Partyleben mitziehen, fühlte sich vernachlässigt, wenn er nicht jubelnd zustimmte. Bockmist. Die konnten gar nicht so schnell gucken, wie er Schluss machte. Er hatte sich lange genug zurückgenommen und andere im Mittelpunkt stehen lassen. Nun war er selbst dran. Er war derjenige, der wichtig war. Um den er sich als Allererstes kümmern musste. Erst dann kam der Rest.

Malte stellte seinen Audi auf dem Parkplatz hinter dem großen Mehrfamilienkomplex ab, in dem er ein Einzimmer-Appartement bewohnte. Er war ja ohnehin die meiste Zeit an Bord, da musste er nicht unnötig Geld für Miete ausgeben. Bis auf Fabian und Volker, mit denen er ab und zu Skat spielte, hatte er hierher noch niemanden eingeladen, und das würde er auch nicht, denn das Appartement war mehr als spärlich eingerichtet. Dass er überhaupt über eine kleine Küche verfügte, war dem Vermieter zu verdanken, der eine Küchenzeile mit Mikrowelle und kleinem Kühlschrank eingebaut hatte. Auch das Badezimmer war vorzeigbar. Den Wohnraum, den er selbst hatte einrichten müssen, konnte man nur als zusammengestückeltes Chaos bezeichnen. Seine Wäsche stapelte sich in einem Billig-Regal, auf dem Fußboden stand ein großer Fernseher. Ein kleiner Tisch mit drei Stühlen und das Bett mit dem Kopfende an der Wand vervollständigten das Mobiliar. Ärmlich, traurig, scheißegal.

Eigentlich hatte er auch seine Skatkumpels nicht hier haben wollen, aber Fabian hatte darauf bestanden. »Wenn wir wirklich Freunde sind, weiß man, wie die anderen wohnen«, hatte er gesagt, und Malte hatte unbehaglich geantwortet, er wolle die Wohnung nicht zum Repräsentieren nutzen, sie sei lediglich ein Übergang. Er wisse genau, wie die Räumlichkeiten aussehen sollten, in denen er später residieren würde. Fabian hatte das mit einem beiläufigen Winken abgetan. So hatten sie reihum bei jedem von ihnen gespielt. Und es waren nette Abende geworden.

Malte nahm die Plastiktüte mit den Einkäufen aus dem Kofferraum und lief auf die Tür aus dunklem Holz zu, durch die die Mieter das Haus auch von der Rückseite betreten konnten. Er schloss auf, ging durch den Fahrradkeller ins Treppenhaus, öffnete den zu seinem Appartement gehörenden Briefkasten, fischte Post und Werbung heraus und lief in den vierten Stock hinauf. Es roch nach frisch gebratenen Frikadellen und Rotkohl. Darauf hätte er auch mal wieder Appetit. Er selbst kochte zwar nicht, ihm reichten Mikrowellenfertiggerichte, doch seine Mutter konnte das ganz prima. Nur mit Soßen stand sie auf Kriegsfuß, aber Malte aß Frikadellen auch gern mit Senf und mischte Kartoffeln und Rotkohl durcheinander. Während er den Gang zu seiner Wohnungstür hinunterlief, nahm er sich vor, am kommenden Wochenende nach Hause zu fahren. Seine Mutter würde sich bestimmt freuen und gern für ihn kochen. Ja, das war eine gute Idee. Er sperrte seine Wohnungstür auf, warf die Post auf den kleinen Esstisch und holte aus der Plastiktüte eine Packung Chips und eine lauwarme Flasche Bier. Dann ließ er sich auf einen Stuhl plumpsen.

Gemessen an den engen Verhältnissen an Bord, war diese Wohnung das Paradies. Nebenan hörte er das Radio seiner betagten Nachbarin dudeln, aber im Vergleich zu den Geräuschen auf der »Jever« entsprach das Radioquieken einem leisen Streicheln seiner Gehörknöchelchen.

Die Flasche war nach wenigen Zügen leer. Malte entschloss sich, die Post bei einem zweiten Bier durchzugehen, zuvor jedoch eine Ladung Wäsche anzustellen. Eine eigene Waschmaschine war das Einzige, worauf er bei seinem Einzug Wert gelegt hatte. Allein der Gedanke, seine Sachen außerhalb der Einsätze in einem öffentlichen Salon oder gar einer allen Mietern zugänglichen Waschküche waschen zu müssen, war ihm zuwider.

Die Waschmaschine im Badezimmer begann zu arbeiten, er öffnete das zweite Bierchen und sah beiläufig durch, was er aus dem Briefkasten geholt hatte. Viel Post bekam er ohnehin nicht, heutzutage lief die persönliche Kontaktpflege fast ausschließlich über E-Mail, Facebook und WhatsApp. Normalerweise bestand seine Briefpost aus Infobriefen von irgendwelchen Firmen, bei denen er mal etwas bestellt hatte, oder aus Rechnungen von seinem Telefonanbieter.

Umso verblüffter war Malte, dass sich zwischen den Postwurfsendungen ein Umschlag befand, der zwar an ihn adressiert war, aber keinen Absender trug. Der Brief war mit einem maschinell erstellen Aufkleber beschriftet, die Briefmarke vorgestern abgestempelt. Er drehte das Kuvert um. Tatsächlich: Kein Absender. Er trank noch einen Schluck, dann riss er den Umschlag auf.

Eine kleine Plastikkarte mit Metallchip purzelte auf den Tisch. Eine SD-Karte. Malte schluckte. Seine Hände wurden feucht. Was hatte das zu bedeuten? Er warf einen Blick in den Umschlag. Nichts weiter. Kein Hinweis, kein Zettel. Was, verdammt noch mal, sollte das? War das die Karte aus Fabians Handy? Wer hatte ihm die geschickt? Es musste jemand sein, der über alles Bescheid wusste. Weil er sich die auf Fabians Handy gespeicherten Fotos angesehen hatte. Und es gab nur einen Menschen, der dazu Gelegenheit gehabt hatte.

Bei diesem Gedanken packte ihn Angst.

Zitternd griff er nach seinem Notebook. Es dauerte einige Minuten, bis der PC hochgefahren war. Endlich konnte er die Karte in die entsprechende Vorrichtung stecken. Ein Fenster öffnete sich. Er klickte auf »Ordner öffnen«.

Malte blinzelte ungläubig, als er sah, dass sich auf der Karte nur eine einzige Datei befand. Ein Dokument. Keine Videos, keine Fotos. Lediglich ein Dokument. »Für Malte«, hieß es.

Und es enthielt nur einen einzigen Satz: »Drei Mal werden wir noch wach …«

***

Malte muss die Karte inzwischen erhalten haben. Er kann jedem etwas vormachen, mir nicht. Er ist ein Feigling, der sich an den Erfolg von anderen hängt, der sich in deren Ruhm sonnt, der selbst nichts auf die Reihe bekommt.

Was er wohl gedacht hat, als er die Nachricht sah? Diesen einen, diesen einzigen Satz, der seine Zukunft, seine ach so kurze Zukunft voraussagt. Ob er meine Botschaft verstanden hat? Ich glaube nicht. So wie ich ihn kenne, bekam er nur Angst, alles würde auffliegen. Ich sehe ihn förmlich vor mir, als sein beschränktes Hirn zu denken begann. Natürlich wird er zu keinem Ergebnis gekommen sein, wie auch? Es amüsiert mich, daran zu denken. Auch Fabian hat nicht kapiert, was ihm bevorstand. Auch er war zu sehr von sich selbst überzeugt, um damit zu rechnen, dass jemand an seinem Supermann-Image kratzen, ihn demontieren könnte. Fabian hat erst direkt vor seinem Tod erkannt, dass man mich nicht unterschätzen darf.

Malte lasse ich noch zwei Tage.

Es ist ein schönes Gefühl, zu wissen, dass ich sein Leben in der Hand halte. »Drei Mal werden wir noch wach …« Malte wird auf das Datum des Poststempels geschaut und nachgerechnet haben. Drei Mal, das ist morgen um. Ich bin gespannt. Werde ihn beobachten. Garantiert wird er ängstlich sein, er ist nicht der Obermacho, den er gern herauskehrt. Übermorgen wird seine Überheblichkeit seine Angst besiegen. Er wird alle Befürchtungen über Bord werfen und sich vorkommen wie ein gestärkter Phoenix aus der Asche. Seine Überheblichkeit wird keine Grenzen mehr kennen. Bis er am dritten Tag erkennt, dass er sich geirrt hat. In dem Augenblick, in dem er stirbt.

Donnerstag

Volker Wilken saß am Schreibtisch auf seiner Kammer, die er sich mit einem Kameraden teilte, als Malte Kleen die Tür öffnete. »Wir müssen reden.«

»Lass uns in die Messe gehen«, schlug Volker vor, doch Malte lehnte das brüsk ab.

»Wir bleiben hier.« Er schloss die Tür des kleinen Raumes, an dessen rechter Seite sich eine Art Etagenbett befand. Übereck zur linken Seite hin stand die schmale Schreibtischkonstruktion, und von dort bis zurück zur Tür waren zwei Spinde installiert. Der Abstand zwischen diesen Spinden und dem gegenüberliegenden Etagenbett betrug gerade mal einen guten Meter.

»Was gibt's?«, fragte Volker.

»Das hier war in meiner Post.« Malte zog etwas aus seiner Hosentasche und schmiss es vor Volker auf den Schreibtisch. Der warf nur kurz einen Blick darauf.

»Eine SIM-Karte?«

»Das ist eine SD-Karte, du Vollidiot. So eine Karte wie in Fabians Handy.«

»Ist sie das?« Panisch sah Volker Malte an. Gleich darauf glättete sich sein Blick und wich Erleichterung. »Na Gott sei Dank! Dann können wir uns ja entspannen. Wo hast du sie gefunden?«

Malte verdrehte die Augen. »Sag mal, bist du so naiv oder tust du nur so? Das ist nicht Fabis Karte. Ich hab's dir doch grad gesagt: Sie war in meiner Post. Und auf diesem verdammten Ding ist außer einem einzigen Satz nichts drauf: ›Drei Mal werden wir noch wach.‹«

»Drei Mal werden wir noch wach? Was soll denn der Schwachsinn?« Volker schüttelte den Kopf. »Das stammt doch aus einem Weihnachtslied, oder?«

»Schlaues Kerlchen. Ja. Weiter heißt es: ›Heißa, dann ist Weihnachtstag‹ oder so.«

»Ja, und was soll das heißen?«

»Genau das ist die Frage. Ich hab erst gedacht, da will mich jemand veräppeln. Es ist ja kein Geheimnis, dass Fabi ständig alles mit dem Handy aufgenommen hat und wir drei so manchen Unsinn zusammen angestellt haben. Was also wäre, wenn jemand Fabians Handy in die Finger bekommen hat …« Malte ließ den Satz in der Luft hängen, aber Volker hatte ihn auch so kapiert.

»Dann könnte er sich alles angesehen haben. Das ist 'ne Drohung, oder?«

»Möglich wär's.«

»Aber Fabi hat es dabeigehabt und damit telefoniert, als wir am Nassauhafen waren. Dann kann doch nur …« Volker stockte.

»Genau. Wenn man eins und eins zusammenzählt, hat derjenige, den Fabi nach unserem Abendessen getroffen hat, das Handy.«

»Scheiße. Mensch, Malte, das ist ganz große Scheiße!«

»Ja, das kannst du laut sagen.«

»Und da war kein Brief dabei? Nur dieses Ding, auf dem weiter nichts drauf war als dieser komische Satz? Was soll das?«

»Was löst es in dir aus?«, konterte Malte.

»Angst. Und ein ganz dickes Fragezeichen. Wenn derjenige uns an den Karren fahren will, warum zieht er dann so ein Spiel ab? Mensch … Wenn das auffliegt …« Volker spürte, wie sein Herz immer schneller schlug. »Meinst du, er hat die Polizei benachrichtigt? Hast du schon was von denen gehört?«

»Nee.«

»Das ist ja immerhin schon mal was.«

»Wenn der Absender der SD-Karte tatsächlich Fabians Handy hat, will er uns vielleicht erpressen. Und uns zuallererst mal ordentlich Angst machen.«

»Was ihm durchaus gelungen ist.« Volker stoppte. »Aber ich hab keine Karte bekommen.« Fragend zog er die Stirn in Falten.

»Merkwürdig.«

»Ja. In der Tat. Sehr merkwürdig.« Volker verzog kurz die Nasenspitze nach links, eine Eigenart, die auch schon sein Opa immer dann an den Tag gelegt hatte, wenn ihm irgendetwas nicht gefiel. Er blickte erst auf die Plastikkarte auf seinem Schreibtisch, dann zu Malte. »Darf ich?«

»Unbedingt«, erwiderte Malte. »Vielleicht entdeckst du was, was ich übersehen habe.«

»Versuchen wir's.« Volker steckte die Karte in den entsprechenden Port seines PCs.

Ein paar Minuten darauf schüttelte er den Kopf. »Nein, darauf kann ich mir keinen Reim machen«, sagte er.

***

Die Stimmung zu Beginn der Konferenz in der Polizeiinspektion wurde nicht gerade von Euphorie getragen. Irgendwie war jeder ein wenig frustriert, weil es so langsam voranging, weil es keine konkreten Spuren und auch keine Zeugen gab, und auch, weil der Tote so jung gewesen war.

»Also, wenn es in Baumanns Spind keine Spuren der Drogenpilze oder anderer derartiger Substanzen gab, stellt sich die Frage, wo er das Zeug gelagert hat, für das wir in seinem Elternhaus Hinweise gefunden haben«, warf Oda in die Runde.

»Wieso das Zeug?«, fragte Siebelt. »Manssen hat doch nur von Resten gesprochen.«

»Och Chef.« Oda verdrehte die Augen. Manchmal verstand sie nicht, wie Siebelt so schusselig sein konnte. »Krüger geht anhand der Urin- und Haaranalysen davon aus, dass Baumann diese Pilze seit einiger Zeit genommen hat. Also wird er irgendwo einen Vorrat gehabt haben. Als Raucher hast du doch auch immer irgendwo Zigaretten. Und da würde ich natürlich gern wissen, wo.«

»Außerdem müssen wir herausfinden, wo Baumann diese Substanzen herhatte«, ergänzte Christine.

»Einen Teil zumindest hat er übers Internet bezogen«, führte Nieksteit an. »In seinem Postfach war noch eine Versandmitteilung.«

»Tatsächlich?« Christine war verblüfft. »Das kann man übers Internet bestellen?«

Nieksteit nickte. »Klar. Ganz einfach. Gibst du bei Google ein, und schon kommst du auf Seiten, wo du die Dinger kaufen kannst. Die werden da angeboten, als ob's 'ne Gesichtscreme oder so was wäre. Irre, dass so was erlaubt ist. Und die sind gar nicht mal so teuer. Ich hab mich gewundert.«

»Von wann ist denn die Versandbestätigung?«, fragte Christine.

»Wieso? Ist das wichtig?«, wollte Oda wissen.

»Na ja, es könnte doch sein, dass die Trennung von Nora Brandis der Auslöser dafür war.«

»Auslöser für den Drogenkonsum? Kann ich mir nicht vorstellen. Dann hätte doch einer der Kollegen oder seine Eltern gesagt, dass er total von der Rolle war wegen der Trennung. Aber von denen kam nur, er sei so wie immer gewesen. Nee, ich geh jede Wette ein, dass die Drogen für ihn Spielerei waren«, sagte Oda im Brustton der Überzeugung.

»Die Versandbestätigung ist auf Mittwoch vor zwei Wochen datiert«, sagte Niecksteit.

»Und steht da auch, welche Mengen versandt wurden?«

»Ja. Er scheint ein bisschen was auf Vorrat gekauft zu haben, zumindest sind es keine Kleinstmengen.«

»Oder er hat tatsächlich damit gehandelt.«

»Was noch zu beweisen wäre.«

Es war kühl im Raum, wahrscheinlich hatte Christine kurz vor der Besprechung wieder mal die Fenster aufgerissen. Auch der Duft von Kaffee, der über allem lag, konnte keinen Eindruck von Wärme vermitteln. Alles kalter Kaffee, dachte Oda ein wenig bitter, forderte jedoch an Steegmann gewandt: »Ich möchte einen Durchsuchungsbeschluss für die Wohnung von Nora Brandis. Wenn wir in Baumanns Räumen zu Hause und auf der Fregatte nichts gefunden haben, liegt es nahe, dass er die Zauberpilze und das andere Zeug bei seiner Zaubermaus aufbewahrt hat. Der würde man das doch im Leben nicht zutrauen.«

»Aber die beiden waren doch getrennt«, wandte Christine ein. »Würde Nora Brandis solche Dinge auch nach dem Ende der Beziehung bei sich aufbewahren?«

»Ach Christine.« Oda sah ihre Kollegin nachsichtig an. Manchmal war Christine so was von naiv, dass in Oda automatisch die beschützende mütterliche Seite zum Vorschein kam.

»Nora Brandis und Fabian Baumann waren mehrere Jahre liiert. Er war wohl ihr erster richtiger, also ihr erster intimer Freund. Und so, wie sie es formuliert hat«, Oda sah die dicke fragende Falte auf Christines Stirn und korrigierte sich augenblicklich, »oder wie ich es verstanden habe, ging die Trennung nicht von dem Mädel aus. Wenn ich also meine Lebenserfahrung zugrunde lege, stelle ich die Behauptung auf, dass Nora Brandis nicht alles, was mit Fabian Baumann zu tun hatte, gleich in den Müll geschmissen hat. In der Hoffnung, dass sie wieder zusammenkommen.«

»Also Durchsuchung bei Brandis«, stimmte Christine zu. Auch Niekstеit, Siebelt und Lemke nickten.

»Dann wollen wir hoffen, dass euch eure weibliche Intuition nicht trügt«, sagte Steegmann mit einem Unterton, für den Oda ihm am liebsten einen Tritt gegens Schienbein gegeben hätte. Musste der immer so auf überheblich machen? Was fand Christine nur an dem? Sie zwang sich, zurück zum Thema zu kommen.

»Liegen uns inzwischen die Listen seiner letzten Gespräche vor?«

»Ja.« Logisch, etwas anderes hätte sie auf diese Frage auch nicht erwartet, immerhin kümmerte sich Lemke um solche Dinge. »Der letzte Standort, an dem Fabian Baumann einen Anruf erhielt, liegt im Bereich des Nassauhafens. Das Gespräch dauerte knapp drei Minuten.«

»Wer war der Gesprächspartner, und um welche Uhrzeit wurde er angerufen?«

»Den Anrufer kann man nicht ausfindig machen. Eine Prepaid-Karte, angemeldet auf einen nicht existenten Namen. Die Uhrzeit: am Abend seines Todes um kurz vor zehn. Er ist im Seglerheim gewesen.« Lemke griente. »Ich bin mit dem Chef des Seglerheims zur Schule gegangen und hab ihn einfach angerufen, als ich die Telefondaten hatte.«

Augenblicklich sahen alle Anwesenden Lemke überrascht an. Denn es kam äußerst selten vor, dass er selbst aktiv wurde.

»Werner erinnert sich noch an den Abend, weil außer einer Gruppe Segler, die schon ihre Weihnachtsfeier im hinteren

Bereich abhielt, nicht viel los war. Fabian Baumann war mit zwei anderen Männern da.«

»Und das weiß er so genau?«, zweifelte Oda.

»Fabian Baumann war seit seiner Kindheit Segler und gehört dem Verein an. Klar kennt er den. Außerdem wurde am nächsten Morgen seine Leiche praktisch bei ihm um die Ecke gefunden.«

»Ach so. Weiß dein Kumpel denn auch, wer Baumanns Begleitung war?«, fragte Siebelt.

»Er sprach von zwei Freunden.«

»Kennt dein Schulfreund die?«, fragte Christine.

»Segler waren es nicht.«

»Vielleicht Kameraden vom Schiff?«, vermutete Oda.

»Konnte er nicht sagen. Die waren nicht in Uniform da, sondern haben zu dritt dort gegessen und ein paar Bierchen getrunken.«

»Würde dein Freund die beiden anderen Männer auf Fotos wiedererkennen?«

»Hab ich ihn jetzt nicht gefragt, müsste man versuchen.«

***

»Darf ich mich zu dir setzen?« Als Volker in der Mittagspause die Messe betrat, saß Katharina allein an einem der nicht gerade üppig bemessenen Tische. Sie sah zu ihm auf.

»Ähm … ja?« Das klang eher wie: »Was ist denn jetzt los?«, und augenblicklich bereute Volker, gefragt zu haben. Er blickte sich beiläufig um, aber die Kameraden am Nebentisch schienen ihnen keine Bedeutung beizumessen. Schnell setzte er sich, bevor er doch noch komisch auffiel. Die Schüsseln auf dem Tisch dampften, der Pantry hatte die Kartoffeln, den Brokkoli, eine Platte mit Schweinebraten und eine Sauciere bereits hingestellt.

»Entschuldige«, sagte er in dem Versuch, alles normal aussehen zu lassen, und zog die Kartoffeln zu sich heran.

Katharina nickte wortlos.

»Ich hab gedacht … aber das war wohl falsch.«

»Was hast du gedacht?«

Am Nebentisch wurde gelacht. Volker bemühte sich, nicht hinzuhören. Er konnte nicht begreifen, wie schnell sich die anderen dem Alltag zuwandten, anscheinend kaum betroffen von dem, was Fabian zugestoßen war. Wie, um alles in der Welt, konnten sie derart ausgelassen sein? Verdammt! Sie waren hier an Bord doch alle ein Team! Eine Mannschaft, eine Familie! Gerade wenn es auf Einsätze am Horn von Afrika ging. Wie konnten die so ausgelassen sein?

Volker versuchte sich auf Katharina zu konzentrieren, die schweigend auf ihren Teller stierte und dabei aß. Er mochte Katharina. Mit ihr konnte man reden, ohne in Oberflächlichkeiten zu verfallen, das gefiel ihm. Sie war selbst schon bei drei Einsätzen am Horn von Afrika dabei gewesen. Kannte die Anspannung, wenn die Sensoren der »Jever« ein verdächtiges Schiff ausgemacht hatten. Wenn aus den Bordlautsprechern die Befehle kamen, das bordeigene Speedboat und den Hubschrauber vorzubereiten, und das Boarding-Team sich bereit machte, sich im Schutz der Fregatte der Dau anzunähern. Einen *friendly approach* durchzuführen, wie es so schön hieß. Das war Adrenalin pur. Und Katharina kannte die Erleichterung, wenn es sich tatsächlich um Fischer und nicht um Piraten handelte. Das alles konnte in der Heimat niemand wirklich nachvollziehen. Diese Erfahrungen schweißten zusammen. Er räusperte sich. »Na ja, ich dachte irgendwie, dass wir jetzt zusammenhalten müssen.«

Katharinas Antwort bestand in einem fragenden Blick.

***

Noras Herz schlug schnell. Lutz' Auto stand vor dem Haus. Was wollte er hier? Sie bückte sich zu Cora hinunter, die neben ihr Platz gemacht hatte und sie aufmerksam ansah. »Ja, meine Süße, ist gut. Ist alles gut«, sagte sie und knuddelte ihre Hündin. Es tat wirklich gut, Cora in diesen Tagen an ihrer Seite zu haben, sie gab ihr so etwas wie Sicherheit.

»Na, dann wollen wir mal«, sagte Nora laut und lief die letzten Meter bis zum Hauseingang. »Ich bin wieder da«, rief sie, als sie die Haustür hinter sich zuzog.

Ihre Mutter saß mit Lutz in der Küche. Nora registrierte, dass das Glas, das eine Latte macchiato enthalten hatte, fast geleert war, Lutz musste also schon länger da sein.

»Ich lass euch dann allein«, sagte ihre Mutter und stand auf. »Aber komm bitte noch kurz mit raus.« Sie sah Nora mit einem merkwürdigen Blick an. Ohne zu fragen, folgte Nora ihr und schloss die Tür.

»Was geht hier vor?«, fragte sie draußen. Normalerweise blieb ihre Mutter dabei, wenn Ute oder Lutz vorbeikamen, was allerdings sehr selten der Fall war.

»Was Lutz von dir will, weiß ich nicht. Aber die Kripo war hier. Kam heute früh, kurz nachdem du aus dem Haus warst. Sie sind vorhin erst wieder weg.«

Nora fiel fast die Kinnlade herunter. »Wie bitte?«

»Die hatten einen Durchsuchungsbeschluss. Und haben alles auf den Kopf gestellt.«

»Haben sie was mitgenommen?«

»Nein.«

»Haben Sie dir denn gesagt, wonach sie gesucht haben?«

»Auch nicht. Ich wollt's dir nur sagen, bevor du mit Lutz sprichst. Wer weiß, in was Fabian verwickelt war. Also sei auf der Hut, mein Schatz.«

»Danke, Mama. Ist lieb von dir.« Nora atmete tief ein, drehte sich um und betrat die Küche.

»Haben wir neuerdings Geheimnisse, dass meine Mutter uns allein lassen muss?«, fragte Nora Lutz, der aufgestanden war und sie mit einem Küsschen auf die Wange begrüßte.

»Ich denke, es ist besser, wenn wir unter vier Augen reden.« Lutz setzte sich wieder und sah Nora zu, die gierig ein großes Glas Leitungswasser trank.

»Machen die Dinger so durstig?«

Nora verstand nicht, was Lutz meinte.

»Bitte?«

Lutz drehte sich um, zog aus der Hasentasche seiner über die Stuhllehne gehängten Wachsjacke einen Beutel und warf ihn auf den Tisch. »Das hier meine ich.«

Nora wurde blass.

»Ich hab im Internet nachgeguckt, denn dass das keine chinesischen Morcheln sind, hab selbst ich erkannt«, sagte Lutz. »Und was ist das andere hier für'n Zeug?«

»Wo hast du das her?« Langsam ging Nora auf den Tisch zu und ließ sich Lutz gegenüber auf den Stuhl fallen. Cora, die inzwischen auch genug Wasser aus ihrem Chromnapf geschlabbert hatte, legte sich zufrieden auf dem Fleecetuch an der Wintergartentür ab.

»Das spielt jetzt keine Rolle. Ich will wissen, was es damit auf sich hat.«

Fieberhaft überlegte Nora. Was sollte sie Lutz sagen? Und vor allem, wie viel sollte sie ihm erzählen? Sie hatte sich schon durch ihre spontane Reaktion verraten, konnte jetzt nicht mehr so tun, als ob sie keine Ahnung hatte, was das in dem Tütchen für Pilze waren. Sie beschloss, das Ganze als einmaligen Dummejungenstreich abzutun.

»Fabi hat gesagt, dass er was besorgen will. Was, das weiß ich nicht. Er meinte, das käme total super, Kumpels hätten ihm davon erzählt, und er wollte es auch mal ausprobieren.« Sie räusperte sich, sah Lutz an, doch der blickte stumm zurück. »Man soll wohl schöne Wachträume davon bekommen«, versuchte sie sich an einer Erklärung, warf einen kurzen Blick auf die Tüte, senkte den Kopf und sah Lutz von unten her an.

»Du lügst.« Seine Stimme klang wie ein Peitschenknall.

Freitag

»Es ist zum Mäusemelken«, sagte Christine wütend und schmiss die Handakte mit den Ergebnissen der Durchsuchung von Nora Brandis' Räumen auf Nieksteits Schreibtisch. »Wieder nichts. Das kann doch nicht angehen. Irgendwo müssen diese bescheuerten Pilze und das andere Zeug sein, das er vor Kurzem erst geliefert bekam!«

Nieksteit, Oda und Lemke sahen sie verdutzt an, denn es kam äußerst selten vor, dass Christine sich gehen ließ.

Oda saß auf der Kante von Nieksteits Schreibtisch, Christine lehnte am Sideboard, beide hatten einen Becher Kaffee in der Hand. Christine trank entkoffeiniert; sie hatte erst kürzlich eine dieser Kaffeepad-Maschinen mit in die Küche der Polizeiinspektion gebracht, weil sie den Kaffee, den die Kollegen kochten, einfach nicht vertrug. »Herzhüpferkaffee«, sagte Nieksteit immer dazu, und ihm schien es nichts auszumachen. Bei Christine allerdings reichten zwei Becher der Mixtur, um ihren Herzschlag auf Höchstfrequenz zu bringen. Das war ihr nicht mal nach dem Genuss eines Kaffees auf einem türkischen Basar so ergangen, dabei hieß es doch in einem alten Kinderlied von Carl Gottlieb Hering: »C A F F E E, trink nicht so viel Kaffee. Nicht für Kinder ist der Türkentrank, schwächt die Nerven, macht dich blass und krank. Sei doch kein Muselmann, der das nicht lassen kann.«

Ein Muselmann oder eine Muselfrau war Christine in diesem Sinne sicher nicht, sie trank zwar gern Kaffee, aber eben doch lieber ohne Koffein.

Als nun alle drei Kollegen Christine verdutzt anguckten, sagte sie nur: »Ach, ist doch wahr.«

Sie hatten sich viel von der Durchsuchung bei Nora Brandis versprochen, wo doch die Spurensicherung auf der »Jever« nichts gefunden hatte. Der Kommandant war sehr hilfsbereit gewesen und hatte darauf hingewiesen, dass Baumann als DO nicht nur die eigene Kammer, sondern noch weitere Räume als Versteck zur Verfügung standen: die Vorpiek, die RAS-Last, die Tau-Last, die Farb-Last, der Kettenkasten und einige mehr. Zwar hatte Baumann in keinem dieser Räume ein alleiniges Aufenthaltsrecht, aber sie seien voll von Verstecken, hatte Tieden gesagt. Der Vorteil sei, dass die meisten dieser Räume derartig voller »Fremdgerüche« waren, dass selbst Drogenhunde nicht fündig würden. Deshalb setzten die Feldjäger sie an Bord nicht ein. Doch auch dort hatten Manssen und sein Team vergeblich gesucht.

»Da mauert jemand«, vermutete Oda.

»Aber warum?«, fragte Christine. »Das ergibt doch alles keinen Sinn. Krüger hat Pilze und andere Substanzen im Urin und bei der Haaranalyse nachgewiesen und geht davon aus, dass Baumann sich schon länger an derartigen Dingen erfreute. Um es positiv auszudrücken.« Christine griff sich in die offenen Haare und fasste sie am Hinterkopf zu einem Zopf zusammen, um sie gleich darauf wieder loszulassen; ein Zopfband hatte sie gerade nicht am Handgelenk. »Ich frag mich, warum wir nur Reste davon gefunden haben, wo wir doch wissen, dass er es öfter genommen hat.«

»Ich hab mal im Netz recherchiert«, sagte Oda, und nun richteten sich die überraschten Blicke ihrer Kollegen auf sie. Denn so berühmt Oda für ihr phänomenales Gedächtnis war, so berüchtigt war ihr Platz auf der Rangliste derer, die mehr oder minder geschickt Informationen aus dem Internet bezogen: Hier hinkte sie auf dem mindestens vorletzten Platz allen anderen hinterher. Der letzte gehörte ganz eindeutig dem Chef. Aber er war ja eben auch Chef und konnte delegieren. Solange er manchmal ein Trumpf-Ass aus dem Ärmel zog, tolerierte man seine vermeintlichen geistigen Abwesenheiten und seine ständigen Termine außer Haus. Siebelt hatte sich ein Netzwerk aufgebaut, an das keiner von ihnen herankam. Und allein schon deshalb war er auf dem Chefsessel richtig. »Baumann muss in gewisser Weise abhängig von diesem Zeug gewesen sein. Ich hab seine Erfahrungsberichte auf der Internetseite des Anbieters gefunden.«

»*Du* hast die gefunden?«, fragte Niekstei t spottend.

»Ja. Auch ich bin schließlich lernfähig«, sagte Oda stolz. Die anderen drei lachten. »Aber ich hab Alex zwischendurch kurz telefonisch um Hilfe gebeten«, gab sie zu.

»Hat er die Berichte denn unter seinem Namen gepostet?«, fragte Niksteit verwundert.

»Nee«, sagte Oda. »Unter dem Nickname ›JeverFabi‹. Da bin ich natürlich gleich drauf gekommen, dass sich Fabian Baumann dahinter verbirgt. Garantiert hat der sich kolossal darüber amüsiert, dass diejenigen, die ihn im normalen Leben kennen und wissen, dass er das Zeug nimmt, ihn dort auch identifizieren können. Vielleicht waren die Postings auch eine Art versteckte Werbekampagne und für potenzielle Käufer aus seinem direkten Umfeld gedacht. Wäre doch plausibel. Finde ich. Oder wollte er seine Kollegen auf der Fregatte zu einem gemeinsamen Trip animieren?«

Christine stellte ihren Becher neben sich ab und verschränkte die Arme vor der Brust. »So oder so müsste er die Dinger irgendwo lagern, um sie anderen verkaufen oder zum gemeinsamen Rauchen anbieten zu können.«

»Oder zum Kauen«, warf Nieksteit ein.

»Zum Kauen?« Christine sah ihn mit großen Augen an.

»Zum Kauen. Die Pilze jedenfalls. Soll zwar ekelig schmecken, bringt aber wohl am ehesten die gewünschte Wirkung. Man kann daraus auch einen Tee zubereiten und trinken, aber dann verlieren sie an Wirkung, und du musst mehr davon nehmen.«

»Wie viel nimmt man denn überhaupt?«

Nieksteit zuckte mit den Schultern. »Na ja. Bei sechs bis neun Gramm soll es ein leichter bis mittlerer Trip, bei fünfzehn Gramm ziemlich heftig sein. Das versprechen zumindest die Verkäufer.«

»Und wie viel Gramm hat ›Jever-Fabi‹ genommen?« Christine konnte das Ganze noch immer nicht nachvollziehen.

»Ich hab seine Einträge in eine Datei kopiert und schick euch die per Mail«, sagte Oda. »Lest das einfach mal durch. Fabian Baumann schreibt schon seit drei Jahren Erfahrungsberichte in diesem Forum.«

»Wenn er auf diesem Sektor schon so lange aktiv war, aber weder die Kameraden noch die Freundin oder die Familie andeuten, dass er Drogenprobleme hatte, kann er die Sache im Griff gehabt haben. Es könnte auch einen Komplizen geben, bei dem das Zeug gelagert wird. Oder Baumann kauft es zwar auf seinen Namen, handelt den Kram aber sofort durch und behält nur das, was er selbst konsumiert«, sagte Siebelt.

»Möglich«, stimmte Oda zu.

»Na dann … sollten wir es herausfinden.« Christine griff nach ihrem Kaffeebecher, um ihn in die Geschirrspülmaschine der Teeküche zu stellen.

»Nimmst du meinen mit?« Nieksteit drückte ihr seinen Becher in die Hand.

»Ich hab noch«, sagte Oda ungefragt. »Und ich werd gleich wohl besser noch Kaffee nachfüllen. Der Tag wird sicher lang.«

Sie wollten das Büro schon verlassen, als Lemke, der sich nur selten an Diskussionen beteiligte, weil er wie ein kleiner Maulwurf lieber im Hintergrund wühlte, fragte: »Habt ihr mal daran gedacht, dass es auch einen anderen Grund geben könnte als den, dass Baumann seine Bestellungen umgehend an andere weiterverkauft oder bei einem geheimnisvollen Komplizen zwischengelagert hat?«

»Wie meinst du das?«, fragte Christine. Lemkes verschmitztes Lächeln erinnerte sie für einen Moment an das von Nieksteit, wenn diesem mal wieder ein genialer Gedanke gekommen war.

»Baumann könnte dieses Zeug doch ebenso gut einfach nur bestellt und aufgebraucht haben? Vielleicht gibt es keine Vorräte, weil Baumann gar keine braucht. Könnte doch sein, dass ihr euch mit euren Drogen-Überlegungen in diesem Fall total vergaloppiert habt.«

Einen kurzen Moment lang schwiegen die anderen verdutzt.

»Dann müssten wir noch einmal komplett neu ansetzen«, sagte Christine schließlich nachdenklich. »Der Einwand lässt sich jedenfalls nicht so einfach von der Hand weisen.«

***

Die einfachste Art, an eine Personenidentifikation zu kommen, war durch ein Foto. Praktischerweise hatte die für die Presse zuständige Frau Oberbootsmann des Marinestützpunktes von den Besatzungen der meisten Schiffe Mannschaftsfotos. Auf Lemkes Anfrage hin hatte sie ihnen gestern Abend noch einige Fotos zukommen lassen. So konnten Oda und Christine nun mit einem Farbausdruck der Besatzung der Fregatte »Jever« zum Seglerheim am Nassauhafen fahren.

Es regnete. Oda kam es vor, als ob der Novemberregen in diesem Jahr nur dann eine Pause einlegte, wenn sich Nebel über dem Jadebusen ausbreitete. Normalerweise war sie überhaupt nicht wetterfühlig, zurzeit aber zogen das Grau und der Regen ihre Stimmung nach unten und machten sie depressiv.

»Du musst mal zum Frauenarzt und deine Hormone überprüfen lassen«, hatte Jürgen neulich vorgeschlagen, »vielleicht kommst du ja in die Wechseljahre. Ich hab gelesen, dass Frauen dann zu Depressionen neigen.« Sicher hatte er es gut gemeint, aber hätte Oda in dem Augenblick über eine Handtasche verfügt, so eine, wie Christine sie ständig mit sich rumschleppte, hätte sie ausgeholt und Jürgen damit voll eine verpasst. Wechseljahre! Was bildete der sich ein? Dass sie manchmal so traurig war, hing *nur* mit dem Wetter zusammen. Sie bekam schließlich auch noch keine grauen Haare.

Nee, nee. Es ging ihr gut, und alles war okay so, wie es war. Sie und Jürgen sahen sich am Wochenende, meistens auch einen Abend in der Woche, und irgendwann würde sich eine für alle Seiten befriedigende Lösung ergeben. Oda gab unumwunden zu, dass sie nicht wirklich scharf darauf war, die Querulantin Laura tagtäglich um sich zu haben. Denn das Leben mit Alex war angenehm, natürlich auch nicht immer eitel Sonnenschein, aber im Großen und Ganzen prima.

»Liegt das Boot von Steegmann eigentlich noch hier?«, fragte sie, als Christine durch das Deichtor in den Hafenbereich einfuhr. Hätte Oda selbst am Steuer gesessen, hätte sie einen Parkplatz direkt unterhalb des Deiches gewählt. Christine aber raste auf die Kante zu, nach der nur noch die abschüssige Basaltsteinmauer des Hafenbeckens kam.

»Bremsen!«, brüllte Oda und atmete auf, als der Wagen rechtzeitig zum Stehen kam. Ihre nassen Hände wischte sie an der Jeans ab. »Was sollte das denn jetzt?« Sie spürte Wut in sich aufsteigen. Christine war doch sonst so bedächtig, was sollte denn jetzt der Schwachsinn? Oder hing Christines plötzlicher Energieschub mit Odas Frage zusammen?

Christine lachte, als sie die Handbremse zog und den Rückwärtsgang einlegte, damit ihr Cabrio auch wirklich nicht ins Hafenbecken rollen konnte. »Ist alles gut, ich bin einfach nur ein bisschen zügig gefahren. Und nein, Carstens Boot liegt im Winter in der Halle.«

Wie eine gesengte Sau bist du gefahren, dachte Oda, sagte aber lieber nur: »Na denn.«

Das Mannschaftsfoto der »Jever« befand sich in Christines überdimensionaler Tasche, die neuerdings aus cognacfarbenem Kroko-Leder war. Sah echt schick aus, das musste Oda zugeben. Schön wäre es natürlich auch, wenn Lemkes Schulfreund zumindest einen der beiden Typen, mit denen Baumann an seinem letzten Abend hier gegessen hatte, wiedererkennen würde. Sie stiegen aus.

Es war Ebbe. Die Nassaubrücke, die das Festland mit dem schwimmenden Ponton verband, neigte sich abwärts. Mit zunehmender Flut würde sie sich fast bis zur Waagerechten erheben, ein ständiger Wechsel zwischen Auf und Ab. Nur wenige Segelboote lagen noch draußen, viele Segler hatten ihre Boote für die typischen Winterarbeiten bereits in die Hallen gebracht. Das Salzwasser der Nordsee war aggressiv, und so wurde in der kalten Jahreszeit nicht nur der Bewuchs entfernt, der sich in den Sommermonaten bildete, sondern auch das Unterwasserschiff geschliffen und mit Antifouling gestrichen.

Sie liefen die wenigen Stufen auf die Terrasse hinauf, die das Seglerheim umgab. Oda kam im Sommer gern mit Jürgen her, sie genossen es, bei einem richtig dicken und leckeren Milchkaffee oder einem Weizenbier im Abendsonnenlicht zu sitzen und eine Kleinigkeit zu essen.

Jetzt saß niemand draußen. Dazu war es zu kalt und zu

feucht. Sie traten in den vorderen Schankraum, der auch als Raucherraum fungierte. Die dunkelhaarige Bedienung hinter dem Tresen war gerade dabei, Gläser abzutrocknen, und sah sie freundlich an. »Was kann ich für Sie tun?«, fragte sie.

»Oda Wagner und Christine Cordes von der Kripo Wilhelmshaven«, sagte Oda und fügte erklärend hinzu: »Wir würden gern Ihren Chef sprechen. Es geht um den Toten, der am Molenfeuer gefunden wurde. Aber zwei Cappuccino können Sie uns schon mal bringen.«

»Für mich lieber einen Milchkaffee«, sagte Christine.

Oda sah sie überrascht an.

»Hab heute nicht wirklich gut gefrühstückt und jetzt ziemlichen Hunger. Da sättigt der Milchkaffee besser«, erklärte ihre Kollegin.

»Na dann … einen Cappuccino und einen Milchkaffee«, korrigierte Oda.

Kaum standen die Getränke vor ihnen – sie hatten sich an die Theke gesetzt –, tauchte der Wirt auf.

»Werner Hanneken«, stellte er sich vor. »Sie wollten mich sprechen?«

»Gib mal her«, bat Oda Christine, die gleich das Bild aus ihrer Tasche zog. »Es geht um den vergangenen Sonntagabend, mein Kollege hat darüber ja schon mit Ihnen gesprochen. Können Sie mal gucken, ob Sie auf diesem Mannschaftsfoto jemanden erkennen? Vielleicht waren die anderen beiden ja Kameraden des Verstorbenen.«

»Moment. Ich hole nur schnell meine Brille«, sagte Hanneken. Kurz darauf studierte er aufmerksam die Riegen der Soldaten. »Da sind einige, die schon öfter als Gäste hier waren. Wilhelmshaven ist ja nicht so groß, und unser Seglerheim ist für viele ein Ziel.«

»Das hier ist derjenige, der beim Molenfeuer tot aufgefunden wurde.« Sie zeigte auf Fabian Baumann.

»Ja, den kenne ich. Er und seine Familie gehören zum Segelclub. Der war hier. Er ist ein ziemlich dominanter Typ. Die beiden anderen waren eher klein. Also nicht körperlich«, korrigierte er sich sofort, »nur so von der Art her.«

»Können Sie die beiden auf dem Bild ausmachen?«, fragte Christine.

»Lassen Sie mir einen Moment Zeit.«

Oda und Christine tranken in Ruhe, während Hanneken das Bild betrachtete.

Nach ein paar Minuten richtete er sich auf. »Also ich möchte das jetzt nicht beschwören, denn ich hab die drei ja nur als Gäste gesehen, so wie ich jeden Abend Gäste sehe, die kann ich mir gar nicht alle merken, aber ich glaube, es waren diese beiden.«

Oda und Christine beugten sich ebenfalls über das Foto. Einen der Männer, auf die der Wirt zeigte, kannten sie, mit dem hatten sie bei ihrem letzten Besuch auf der Fregatte bereits gesprochen. Der andere war ihnen fremd.

***

»Was hältst du davon, wenn wir uns heute mal so richtig die Kante geben? Uns einfach vollaufen lassen und alles vergessen?« Volker gab es nur ungern zu, aber heute Abend brauchte er Gesellschaft. Auch wenn Malte nicht unbedingt auf der Top-Ten-Liste seiner Freunde stand, fühlte er sich ihm nach Fabians Tod verbunden. Sie hatten während der letzten Monate so viel Zeit zusammen verbracht. »Wir können ins ›Fun‹ gehen oder ins ›Twister‹ und ein paar Mädels angraben.«

Sie saßen bei einer Cola in der Messe zusammen, der Feierabend nahte. Dass er nichts dagegen hätte, eins der Mädels für einen One-Night-Stand abzuschleppen, was normalerweise überhaupt nicht sein Ding war, sagte Volker lieber nicht. Es hatte ihn ein wenig getroffen, dass Katharina ihn gestern in der Messe zwar höflich, aber bestimmt abgewimmelt hatte. Denn da gab es etwas, was ihn zu ihr hinzog. Während des letzten Einsatzes am Horn von Afrika hatte er gedacht, ihr ginge es ähnlich. Als sie Piraten, die gerade ihre Waffen über Bord geschmissen hatten und ihnen voller Häme ins Gesicht lachten, gehen lassen mussten. Da hatten sie über ihre Wut und Frustration darüber gesprochen, dass man im Einsatz vielfach zwar handeln konnte, politische und juristische Vorgaben aber die Handlungsfreiheit einschränkten und Effektivität verhinderten. Dabei hatte Volker eine große Nähe zu Katharina gespürt. Doch Katharina ließ diese Nähe nun nicht mehr zu. Er hatte sogar den Eindruck, als wollte sie nicht einmal mehr die Gespräche. Das tat weh.

Volker riss sich zusammen, konzentrierte sich auf die Unterhaltung mit Malte. »Also, was ist?«

»Geht leider nicht.«

»Wieso nicht? Nun stell dich bloß nicht so an. Gerade du. Fabi wird nicht wieder lebendig, wenn wir Trübsal blasen. Lass uns einen auf ihn heben. Wir müssen außerdem noch drüber reden, ob wir bei der Trauerfeier was sagen. Und wegen Nora und so.«

»Ich fahr nach Dienstschluss heim. Hab ich mir spontan überlegt. Muss mal raus hier. Meine Mutter freut sich, mich zu sehen, und hat mir versprochen, Frikadellen für mich zu braten. Mit Rotkohl und Klößen. Wir holen das mit dem Besäufnis nächstes Wochenende nach.«

Malte tat derart großspurig, dass Volker mit einem Mal ganz froh war, den Abend nicht mit ihm verbringen zu müssen. Wüsste er es nicht besser, würde er denken, dass Malte von Fabians Tod profitierte, was die private Positionierung innerhalb der Kameraden anging. Wo früher alles auf Fabian gehört hatte, hieß es nun oft: »Da müssen wir Malte fragen.«

»Ach so. Na dann ... Viel Spaß«, wünschte er.

»Den werd ich haben. Meine Geschwister sind da, Mama trommelt immer alle zusammen, wenn ich komme. Die Kleine von meiner Schwester soll jetzt schon laufen können. Irre, oder? Da bin ich inzwischen Onkel von so 'nem Laufzwerg. Ich pack meine Uniform ein. Meiner Mutter gefällt das, und ich glaub, meine Geschwister finden das auch schick.«

»Na, solange du damit nicht in eine Kneipe gehst und dich volllaufen lässt ...«

***

Drei Mal werden wir noch wach ... Nicht, Malte?

Die drei Mal waren laut Poststempel gestern vorbei. Doch auch heute bist du wieder wach geworden.

Fühlst du dich nun sicher?

Hast du die Angst, die Ungewissheit, die durch deinen Körper tobte, überwunden?

Bestimmt fühlst du dich heute wie ein Held. Tust die bangen Gedanken der letzten Tage ab. Lächerlich. Ein Malte Kleen hat keine Angst, braucht keine Angst zu haben. Allein bei diesem Gedanken muss ich lächeln. Wenn du wüsstest!

Ich hoffe, du hast eine frische Unterhose angezogen. Meine Mutter hat immer gepredigt, dass man jeden Morgen frische Wäsche anziehen soll. Es könnte ja sein, dass man im Laufe des Tages einen Unfall erleidet und ins Krankenhaus muss. Oder einfach nur krank wird und einen Arzt aufsuchen muss. Da muss alles rein sein, hat meine Mutter mir eingebläut, als ich noch klein war.

Meine Unterwäsche ist jeden Tag frisch. Und ich dusche jeden Morgen. Hast du heute früh auch geduscht, Malte? Besser wäre es. Ich weiß, dass du viel Wert auf deine Wäsche legst. Dass du zu Hause wäschst. Nur während eines Einsatzes kannst du es verkraften, die an Bord gewaschene Wäsche zu tragen. Aber dann schluckst du Antihistamine, um allergischen Schüben vorzubeugen, die sicher nur deinem überempfindlichen Ego geschuldet wären.

Ich weiß viel über dich, Malte.

Deshalb weiß ich, dass du heute gut daran getan hättest, dem Rat meiner Mutter zu folgen.

Bei deiner Wäsche bist du so penibel; wärst du doch in anderen Dingen ebenso aufmerksam. Dann wäre es mir sicher nicht gelungen, die Tropfen in dein Apfelwasser zu geben.

Was für eine Unachtsamkeit! Hat Fabians Tod dir denn überhaupt nicht zu denken gegeben?

Fahr vorsichtig, Malte.

Sonst reißt du noch jemand anderen mit in den Tod, wenn du in ein paar Stunden auf der Autobahn die Kontrolle über dich und dein Auto verlierst.

***

Nora tippte auf die Tasten ihres Smartphones, nachdem sie die Klausur an der Jade Hochschule beendet und das Gebäude verlassen hatte. Die Novemberluft legte sich heute schwer auf die Lungen, sie führte einen modrigen Geruch mit sich. Nora sehnte sich nach der Sonne der Oktobertage, als das Laub golden und rot gefärbt zu Boden gesunken und sie noch gemeinsam mit Fabian und Cora durch den Upjeverschen Forst gelaufen war, in Gesprächen die Welt verbessernd und ihre Zukunft planend.

Ihre Zukunft. Hätte es jemals eine gemeinsame Zukunft gegeben? Oder waren diese Träume allein Noras rosaroter Phantasie entsprungen? Wäre Fabian überhaupt der Typ für eine dauerhafte Beziehung? Fünf Jahre waren sie zusammen gewesen. Fünf lange Jahre, in denen sie nach außen als das perfekte Paar gegolten hatten. Unwillkürlich musste Nora dabei an ein Lied aus »Das Land des Lächelns« denken. Heute würde man wohl Musical dazu sagen, früher nannte man es Operette oder so, jedenfalls war es ein Film, der ihre Mutter so sehr beeindruckt hatte, dass ein Zitat daraus zu Noras ständigem Begleiter in der Kindheit geworden war. »Immer nur lächeln und immer vergnügt, immer zufrieden, wie's immer sich fügt. Lächeln trotz Weh und tausend Schmerzen, doch wie's da drin aussieht, geht niemand was an«, lautete der Refrain aus dem Lied des Startenors Rene Kollo, der Noras Mutter derart bewegt hatte, dass sie ihn nicht nur zu ihrem eigenen Lebensmotto machte, sondern ihn auch ihrer Tochter von Anfang an mit auf den Weg gab.

Daran musste Nora nun denken. Die von ihrer Mutter wie ein Mantra wiederholten Sätze des Liedes hatten ihre Wirkung nicht verfehlt. Nora wehrte sich nicht. Wehrte sich generell kaum. Und wenn überhaupt, nur im Sport. Vielleicht war sie deshalb dem Judo all die Jahre treu geblieben, vielleicht setzte sie sich deshalb besonders für die Förderung und das Training von Mädchen ein.

Eine Kommilitonin, Anja, kam auf sie zu und setzte schon zum Sprechen an, als sie sah, dass Nora das Handy ans Ohr hob.

»Und?«, fragte sie daraufhin bloß.

Nora hob den Daumen, als Zeichen, dass sie ein gutes Gefühl hatte. »Und selbst?«, fragte sie noch schnell, bevor sich Lutz

Baumann am anderen Ende der Leitung meldete. Anja hob ebenfalls den Daumen.

»Glück gehabt«, sagte sie lachend und winkte Nora zu. »Schönes Wochenende!«

Nora winkte zurück und hörte zeitgleich Lutz' Stimme.

»Baumann.«

Ohne ihren Namen zu nennen, denn er musste anhand ihrer Nummer gesehen haben, wer anrief, fragte sie: »Wie bist du an diese Dinger gekommen?«

Natürlich wusste Lutz, was sie meinte. Nach seinem triumphal kurzen Auftritt bei ihr zu Hause hatte er sie allein gelassen, hatte die Tüte mit den Pilzen wieder eingesteckt und war mit den Worten »Darüber sprechen wir noch« gegangen. Es hatte wie eine Drohung geklungen.

Nora hatte Angst empfunden und gemerkt, dass sie sich eine Verteidigungstaktik überlegte. Sich entschuldigen wollte, alles kleiner machen, als es war. Ganz getreu dem Motto Rene Kollos aus dem »Land des Lächelns«. Deswegen hatte sie sich entschlossen, Lutz heute anzurufen. Nach der Klausur. Gestern war zu viel in ihrem Kopf gewesen, um auf seinen Angriff zu kontern, ihr Hirn hatte noch von dem geglüht, was sie für die Klausur auswendig gelernt hatte. Und sie hatte all ihre Reserven gebraucht, damit beim nochmaligen Durchackern der alten Übungsarbeiten, die der Prof ihnen gegeben hatte, auch die letzten Reste dessen, was noch nicht fest in ihrem Kurzzeitgedächtnis verankert war, dort Wurzeln schlagen konnten.

»Das geht dich nichts an«, kam jetzt die typisch arrogante Antwort, die auch Fabian hätte geben können. In diesem Moment wusste Nora nicht mehr, weshalb sie Lutz lange Zeit so anziehend gefunden hatte.

»Hör mal, die Polizei ist bei euch zu Hause, in Fabians Kammer und sogar bei mir aufgetaucht. Die suchen überall nach diesen Scheißpilzen, und du ziehst die einfach so aus der Tasche? Knallst sie mir auf den Tisch, unterstellst, ich würde lügen, und verschwindest mit dem Zeug, noch bevor ich richtig Luft geholt habe? Verdammt, Lutz. Ich will wissen, woher du die Tüte hattest.«

Sie hörte ihn schwer atmen. »Nicht am Telefon, Nora. Nicht am Telefon. Wir treffen uns wie immer. In zwei Stunden.«

***

Wieder war es ein anderer junger Mann, der sie von der Pforte zur Fregatte brachte. Sie waren direkt vom Seglerheim aus zum Marinestützpunkt gefahren, denn Oda meinte sich erinnern zu können, dass die Mariner freitags immer schon ab Mittag freihatten. Es war fast schon Routine, an Bord zu gehen. Seitdem sie diesen Fall bearbeiteten, trug Christine nur Schuhe mit flachen Absätzen, deshalb war es für sie ein Kinderspiel, die Niedergänge hinaufzuklettern.

»Gibt es Neuigkeiten?«, fragte Kommandant Tieden, als sie bei ihm auf der Kammer waren.

Sie begrüßten sich mit Handschlag, bevor sie den von Tieden angebotenen Platz auf der gepolsterten Bank einnahmen.

»Wir wissen jetzt, mit wem Fabian Baumann seinen letzten Abend verbracht hat. Es waren zwei seiner Kameraden«, sagte Christine. »Wir möchten gern mit den beiden reden. Mit einem von ihnen haben wir sogar schon einmal gesprochen, und uns würde interessieren, warum er mit keiner Silbe erwähnt hat, dass er am Abend vor Baumanns Tod mit ihm zusammen war. Er heißt …« Sie kramte in ihrer Tasche nach dem Block. Dass sie sich aber auch keine Namen merken konnte.

»Malte Kleen«, kam es dafür locker von Oda, während Christine noch kramte. »Der Zwo SVM.«

»Kleen. Ja, ich lasse ihn gleich holen. Am besten unterhalten Sie sich wieder in der Messe mit ihm. Und der andere?«

»Seinen Namen kennen wir leider nicht.« Inzwischen hatte Christine das Gruppenbild in den Fingern und tippte auf das Gesicht, das Hanneken als den anderen Kameraden von Fabian Baumann identifiziert hatte.

»Ach, Volker Wilken. Mein zweiter Navigationsoffizier. Ja, die drei haben nach Dienstschluss öfter mal was zusammen gemacht. Spielen wohl ab und zu Skat oder so.« Tieden zeigte sich kein bisschen verwundert. Aber die drei waren ja auch nicht die einzigen Kollegen auf der Welt, die sich nach Feierabend mal auf ein Bierchen trafen. »Kommen Sie.«

Tieden ging durch die schmalen Gänge voran, sie mussten eine Etage tiefer.

Wieder brachte der zuvorkommende Kellner die Getränke, und nur wenige Momente später stand der Mann, auf dessen Konterfei der Chef des Seglerheims getippt hatte, vor ihnen.

»Zwo NO-Oberleutnant zur See, Wilken«, stellte er sich vor und nahm ihnen gegenüber Platz.

»Herr Wilken, Sie waren am Abend vor Fabian Baumanns Tod mit ihm zusammen?«

Der gut aussehende blonde junge Mann sah sie geradeheraus an. »Ja. Wir waren im Seglerheim. Haben dort eine Kleinigkeit gegessen und ein, zwei Bierchen getrunken.«

»Was ist dann passiert?«

»Danach? Nach dem Essen, meinen Sie?«

»Ja.« Christine beobachtete Wilken genau, und sicher tat Oda das Gleiche, doch bislang zeigte sich nicht ein Hauch von Unsicherheit auf dem sympathischen Gesicht.

»Wir haben bezahlt und sind gegangen.«

»Alle zusammen? In einem Auto?«, wollte Oda wissen.

»Nein. Wir waren jeder mit dem eigenen Wagen da.«

»Trotz der Bierchen?« Ein leichter Tadel schwang in Christines Stimme mit.

»Zwei kleine Bier kann man trinken, vor allem, wenn man Bratkartoffeln mit Matjes dazu isst.«

»Matjes? Im November? Ich denke, die Fangzeit ist im Mai oder Juni?«

»Keine Ahnung. Ich hab mal gehört, dass die schockgefroren werden und man sie deshalb das ganze Jahr über bekommt. Da sollten Sie aber besser Herrn Hanneken fragen.«

»Na, das tut ja hier auch nichts zur Sache«, mischte sich Oda ein. »Sie sind also nach dem Essen zusammen rausgegangen, jeder ist in sein Auto gestiegen und losgefahren. Nur dass Baumann nicht nach Hause fuhr, sondern zum Molenfeuer, wo er starb.«

»Ja. So muss es wohl gewesen sein.« Wilken faltete die Hände und legte sie vor sich auf den Tisch. Immer noch war er die Ruhe selbst.

»Aber *warum* ist er zum Molenfeuer gefahren? Es war doch stockdunkel dort und sicher menschenleer. Was kann er da gewollt haben?«, hakte Christine nach.

»Na ja, es gab da diesen Anruf.«

»Einen Anruf.«

»Ja. Als wir schon draußen waren, damit Fabian und Malte eine schmöken konnten, klingelte Fabians Handy. Da muss wohl jemand dran gewesen sein, mit dem er sich dann noch am Molenfeuer getroffen hat.«

Überrascht sah Christine den Soldaten an. »Sie glauben also, dass Ihr Kamerad sich mit seinem Mörder verabredet hat, und haben bislang überhaupt nicht daran gedacht, dass das wichtig für unsere Ermittlungen sein könnte?«

»Na ja. Schon, aber … Also, ich weiß ja nicht, wer dran war. Und ich hab gedacht, dass Sie das sicher selbst rausfinden, wenn Sie die Telefonliste seines Handys durchgehen.«

»Das Problem ist, dass wir sein Handy nicht haben.«

»Nicht?« Wilken wirkte ehrlich erstaunt.

»Nein.«

»Aber er hatte es doch dabei.« Christine sah förmlich, wie es hinter Wilkens Stirn zu arbeiten begann.

»Vielleicht ist es ins Wasser gefallen«, sagte sie. »Vielleicht hat aber auch derjenige, mit dem er in Streit geriet, das Handy. Was war das überhaupt für eines, wissen Sie das?«

»Ein iPhone. Fabian besaß immer das Neuste vom Neusten. Er benutzte es als Organizer, als Telefon, als Kamera …« Wilken stutzte kurz. »Na, wie man die Dinger heutzutage eben benutzt.«

»Kommen wir noch mal auf den Anruf zurück.«

»Wie gesagt, ich kann da überhaupt nichts zu sagen. Malte vielleicht, der stand auf der Seite, an der Fabian das Telefon ans Ohr hielt.«

»Mit Ihrem Kameraden wollten wir sowieso noch sprechen. Sagen Sie ihm doch bitte Bescheid, dass er herkommt«, bat Christine.

»Das geht leider nicht. Malte ist schon von Bord gegangen, er will übers Wochenende zu seiner Familie nach Iserlohn fahren.«

»Hm.« Nicht wirklich zufrieden zog Christine die Oberlippe kraus. »Dann seien Sie doch bitte so nett und schreiben uns seine Handynummer und seine Adresse hier in Wilhelmshaven auf. Vielleicht erwischen wir ihn ja noch, bevor er aufbricht.«

***

Das Verkehrsschild gab Tempo einhundertzwanzig vor. Vielleicht hätte er sich nach Feierabend noch ein Stündchen hinlegen und ausruhen sollen, vor ihm lagen immerhin etwas über drei Stunden Fahrt. Da musste man konzentriert sein, gerade an einem Freitagnachmittag, wenn alles und jeder ins Wochenende reiste. Malte merkte, dass ihn die Müdigkeit packte, dabei war er gerade erst eine knappe halbe Stunde unterwegs. Er griff zu der Flasche Apfelwasser, die im Getränkehalter der Mittelkonsole seines Audis stand und trank einen großen Schluck. Die Flasche war schon zur Hälfte leer, aber man musste viel trinken, um wach zu bleiben. Er hätte sich Cola mitnehmen sollen, Koffein wäre besser als Wasser, aber er mochte den Geschmack, tat selbst immer noch einen ordentlichen Spritzer Zitrone hinzu. Er fischte ein Kaugummi von der Fläche unterhalb des Bordcomputers. Auch Kaugummikauen hielt wach, weil man dabei viele Muskeln bewegte.

Ob er doch eben auf den nächsten Parkplatz fahren sollte? Nur zwanzig Minuten ausruhen?

Ein Porschefahrer überholte ihn trotz der Geschwindigkeitsbegrenzung mit sicher einhundertachtzig Sachen. Auswärtiges Kennzeichen. Garantiert wusste der nicht, dass hier oft sogenannte »Flitzerblitzer« standen.

Der nächste Parkplatz wurde angezeigt, doch Malte fuhr weiter. Er wollte dem Feierabend- und Wochenendverkehr auf der A 1 vorausfahren, da zählte jede Minute. Scheiße, was war er müde. Doch er freute sich wie selten auf den Besuch bei seinen Eltern. Es war eben doch alles ein wenig viel gewesen in letzter Zeit. Er brauchte dringend Abstand. Musste nachdenken. Das konnte er am besten zu Hause, wenn er durch den Iserlohner Stadtwald am Literaturhotel »Franzosenhohl« vorbei zum »Danzturm« lief und von dort den Rundblick über das Sauerland und den Hellweg genoss. Und sicher würde er an diesem Wochenende dort in einer ruhigen Stunde die Lösung für die Probleme finden, die ihn momentan einkesselten.

Er gähnte.

Die Ausfahrt Varel-Obenstrohe lag hinter ihm, die Geschwindigkeitsbegrenzung wurde aufgehoben. Er gähnte erneut, als er aufs Gaspedal drückte und hoffte, dass ihn die Konzentration, die die hohe Geschwindigkeit erforderte, wach halten würde.

***

»Was soll das, Lutz? Warum können wir nicht am Telefon miteinander reden? Und warum hast du nicht schon bei mir zu Hause gesagt, was Sache ist?« Nora Brandis war sauer.

Das Gelände am Banter See, auf dem sie standen, sollte früher mal ein Surferparadies gewesen sein – wenn die schwärmerischen Erzählungen ihrer Eltern keine Übertreibungen waren. Denn heute gab es hier nichts mehr. Kein Badeparadies, kein Surferrefugium, keinen Kiosk. Nora hatte sich bei ihren bisherigen Verabredungen mit Lutz hier oft umgesehen und überlegt, wo ihre Mutter damals wohl den kleinen gusseisernen Kugelgrill aufgestellt hatte, auf dem sie mit der Clique Würstchen gegrillt hatten. Es musste eine nette, eine lässige Zeit gewesen sein.

Auf dem See wurde zwar immer noch gerudert, gesurft, gepaddelt und geschwommen, doch dieses Gelände, das Lutz aus Gründen, die sie nie erfahren hatte, als ihren geheimen Treffpunkt auserkoren hatte, lag schon lange brach.

Lutz strich ihr eine Strähne aus dem Gesicht, die gar nicht hineingefallen war. »Ich mag es nicht, wenn wir in fremder Umgebung miteinander reden«, sagte er.

»Mein Zuhause ist keine fremde Umgebung«, widersprach Nora barsch. »Du kennst meine Eltern, sie kennen dich, und meine Mutter hat sogar den Raum verlassen. Wir hätten ganz vernünftig miteinander reden können. Was also soll der Quatsch?«

»Ach Nora.« Lutz atmete schwer aus. Er griff nach ihrer Hand, wandte sich um und zog sie mit sich. »Lass uns ans Wasser gehen. Du musst doch verstehen, dass ich über all das nicht in den Räumen deiner Eltern mit dir reden kann. Über Fabian. Über meine Gefühle. In mir tobt das totale Chaos.«

Sie traten ans Ufer, wo früher einmal ein Steg gewesen sein musste; es gab noch Überreste davon. In nicht allzu großer Ferne dümpelten mehrere Enten und ein Schwanenpaar auf dem klaren Wasser. Es wies keine Anzeichen jener Blaualgen mehr auf, die bei hochsommerlichen Temperaturen, fast regelmäßig zu Beginn der Ferien, immer wieder zu Problemen führten.

»Lutz.« Nora spürte, wie ihre Wut herunterfuhr. Wie sich Verständnis für diesen Mann in ihr breitmachte. Immerhin hatte er seinen Sohn verloren. »Ich glaube dir, dass du am Ende bist, dass du nicht vernünftig denken kannst. Dass sich dir ständig die Frage nach dem Warum und ›Wer hat meinem Sohn das angetan‹ stellt.« Sie fuhr, beinahe zärtlich, mit ihrer Hand über seine tränennasse Wange. »Dennoch darfst du mit mir nicht so umgehen. Du kannst mich nicht einfach beschimpfen und dann gehen. Auch ich habe Fabi ...« Geliebt, hatte sie sagen wollen, aber dieses Wort kam ihr nun doch nicht über die Lippen.

Natürlich hatte sie Fabian geliebt. Anfangs. Ganz lange sogar. Doch Fabian hatte es übertrieben. Mit seinen vielen kleinen One-Night-Stands. Mit den Forderungen, die er an sie stellte. Das geht vorüber, hatte sie sich immer einzureden versucht, drei, fast vier Jahre lang. Aber was vorüberging, was weniger wurde, war ihre Liebe zu ihm.

Irgendwann hatten die Treffen mit Lutz angefangen. Zunächst auf einen Kaffee. Mit Gesprächen, die Tiefe hatten, die ihren Intellekt ansprachen. Später hier, am See. Zwiegespräche im Auto, die die Basis der Neutralität verließen. Gedankenaustausch auf sehr persönlicher Ebene. Irgendwann waren sie von den Vordersitzen auf die Rückbank seines Kombis gewechselt. Hatten die körperliche Nähe des anderen gesucht, aneinandergeschmiegt dagesessen, sich Halt gegeben, wo ihre Partner keinen Halt geben konnten. Mehr nicht. Aneinanderschmiegen und festhalten. Das war viel mehr, als Fabian ihr in den letzten beiden Jahren gegeben hatte. Das war so viel mehr.

Umso verletzter war Nora angesichts Lutz' Auftreten in ihrem Elternhaus. »Also. Wo hast du die Pilze her?«, wiederholte sie die Frage, die er ihr am Telefon nicht hatte beantworten wollen.

Er zog sie in seinen Arm, küsste sie auf den Haaransatz.

Der Wind zerrte an ihrer Jacke, an ihren Haaren und fuhr unter den Stoff ihrer Jeans; sie trug nur einfache Sneaker mit kurzen Söckchen. Es fühlte sich gut an in Lutz' Arm. Warm und geborgen. Trotz allem.

»Sie waren in seinem Spind an Bord«, sagte er in ihr Haar hinein.

»In seinem Spind?« Verdutzt schob Nora Lutz so weit von sich, dass sie ihm in die Augen blicken konnte. »Wie kommst du denn da ran?«

Das Lächeln, mit dem Lutz sie jetzt ansah, verursachte Nora Unbehagen.

»Ach Kleine«, sagte er. »Ich bin lange genug in dem Laden und weiß, wo ich wann welche Weichen stellen muss, um an mein Ziel zu kommen.«

In diesem Moment hatte Lutz so viel Ähnlichkeit mit Fabian, dass sie trotz ihrer dicken Jacke eine Gänsehaut bekam. »Was meinst du damit?«

»Nora, du glaubst doch nicht, dass mir irgendetwas von dem, was die Marine über die Ermittlungen in dem Fall weiß, fremd ist. Ich habe meine Kontakte an Bord. Und ich werde nicht zulassen, dass irgendetwas auch nur einen klitzekleinen Schmutzfleck auf Fabis Lebenslauf hinterlässt. Deshalb hat die Polizei keine Pilze gefunden. Ich hab sie vorher bekommen. Und du wirst mir erzählen, wo er sie herhat. Was er damit vorhatte und wie lange ihr mit dem Zeug schon herumexperimentiert.« Bei diesen Worten umfasste Lutz mit seiner Hand Noras Kehle. Das tat weh. Sein Gesicht näherte sich ihrem. »Erzähl's mir«, sagte er flüsternd. »Ist der Sex besonders gut, wenn man diese Dinger genommen hat? Kommst du dann in einer Tour? Vielleicht sollten wir beide das auch mal zusammen ausprobieren.

Immerhin hat Fabi dich mir ja sozusagen hinterlassen.« Lutz' Mund näherte sich dem ihren.

Augenblicklich schoss Noras Mageninhalt nach oben.

***

»Nichts.« Oda drückte zum dritten Mal auf den Klingelknopf neben dem Schild »Kleen«. Christine zuckte mit den Schultern.

»Dann müssen wir eben warten, bis er von seinem Wochenendbesuch zurück ist, oder wir rufen ihn über Handy an.«

»Nee«, widersprach Oda. »So eilig ist das nun auch wieder nicht, am Telefon kann der uns ja sonst was vorlügen. Ich will sehen, wie er guckt und gestikuliert. Warten wir also bis Montag.«

»Wen suchen Sie denn?«, fragte ein korpulenter Mann von Anfang fünfzig mit grau meliertem, flottem Kurzhaarputz und einem Ansatz von Dreitagebart, der seinen Schlüsselbund zückte und die Haustür öffnete.

»Malte Kleen«, erklärte Oda auskunftsfreudig. »Wir wollten ihn sprechen, aber er scheint nicht zu Hause zu sein.«

»Ich hab Sie noch nie hier gesehen.« Der Mann legte seinen Kopf schief und begutachtete sie von oben bis unten. »Altersmäßig passen Sie auch nicht zu Kleen. Es geht wohl um den Mord an dem jungen Mariner, der mit Kleen auf der ›Jever‹ fuhr. Sind Sie von der Presse?« Sofort schien der Mann willens, alles breitzutreten, was er wusste. Egal, wie viel oder wenig das auch sein mochte.

»Nö. Wir sind von der Kripo«, sagte Oda.

»Ach so.« Der Mann war sichtlich enttäuscht.

»Ja.« Oda strahlte ihn an. »Und ich wette, Sie haben 'ne Menge mitbekommen, denn jemand wie Sie, der passt doch auf.«

Glücklicherweise nahm der Mann Oda diese Ansicht nicht übel. Er sah sie nicht als Unterstellung, ein Schnüffler zu sein, sondern freute sich.

»Das stimmt«, sagte er und nickte. »Ich bin der Hausmeister, da habe ich natürlich ein Auge auf alles, was vor sich geht. Wir haben hier immerhin schon den einen oder anderen Rabauken unter den Mietern gehabt. Davor kann man sich ja gar nicht schützen, man guckt den Menschen schließlich nicht hinter die Stirn. Kleen ist aber ziemlich ordentlich, auch wenn er das Treppenhaus in seiner Kehrwoche gründlicher fegen könnte.«

»Kennen Sie seine Freunde?«

»Seine Freunde?« Ein schweres Ausatmen folgte, das sicherlich dem deutlichen Übergewicht des Mannes zuzuschreiben war. Bluthochdruck hatte er wohl auch, sein Gesicht war ziemlich rot. Oda ließ ihm etwas Bedenkzeit.

»Also, Partys feiert Kleen nicht. Gott sei Dank, kann ich nur sagen, denn das würde die Hausgemeinschaft nicht dulden. Sind überwiegend ältere Mieter«, fügte er erklärend hinzu. »Aber ab und zu hat er Besuch von seinen Skatkumpels.«

»Ach. Sie kennen ihn so gut, dass Sie wissen, dass er Skat spielt? Erzählen Sie uns doch mehr über ihn.«

»Na ja. So gut kenne ich ihn auch wieder nicht«, wiegelte der Hausmeister ab. »Ich weiß das mit dem Skat ja nur, weil ich immer die Papiertonnen kontrolliere.«

Oda konnte nicht verhindern, dass ihre Augenbrauen ungläubig nach oben schossen, und sofort rechtfertigte sich der Mann: »Sie glauben ja gar nicht, was die Leute da alles reinschmeißen. Plastikverpackungen sind noch das Harmloseste. Da muss ich schon genauer hingucken, ich hab ja die Verantwortung für das Haus. Einmal hab ich sogar einen Lottoschein gefunden, auf dem vier Richtige angekreuzt waren. Aber Sie wollen ja wissen, was mit Kleen ist. Also, bei meinen Papiertonnenkontrollen hab ich natürlich auch die Skatzettel gesehen.«

»Die können Sie so ohne Weiteres zuordnen?«, fragte Oda verblüfft.

»Standen ja Namen drauf. Malte, VW und Fabi. Und es gibt nur einen, auf den das passt: Malte Kleen.«

»Ist nicht wahr.« Oda mochte es fast nicht glauben. Das war ja echt die Höhe. Ein Hausmeister, der den Mietern hinterherschnüffelte.

»Natürlich ist es wahr. Ich würde die Polizei doch nie belügen!«

»Jaja, schon gut. Ich meinte nur, dass es …« Oda suchte nach den richtigen Worten.

»Was meine Kollegin meint«, mischte sich Christine ein, »ist, dass wir selten einen so dienstbeflissenen Hauswart erleben.«

»Genau«, stimmte Oda zu. Das hatte sie ja eigentlich auch gemeint.

»Ach so.« Der Hausmeister wirkte besänftigt. »Ich hab schon gedacht, Sie würden mir Schnüffelei unterstellen.«

»Nein. Nie!« Oda bemerkte aus dem Augenwinkel Christines Schmunzeln. Ihre Kollegin musste sich offenbar selbst zusammenreißen, um ernst zu bleiben.

In diesem Moment freute sie sich, mit nur zwei anderen Parteien im Haus zu wohnen. Und ihr selbst war es reichlich egal, was ihre Nachbarn in die blaue Papiertonne warfen. Börners jedenfalls, die zur bekennenden Fraktion der Umwelt- und Gesundheitsfanatiker gehörten, sortierten garantiert alles so, wie es vorgeschrieben war.

Wahrscheinlich gab es im Haus nur zwei Personen, die – aus Versehen – was Falsches in den Korb für Altpapier werfen und das beim Entsorgen in die Tonne nicht merken würden: sie selbst und Alex.

»Dann ist es ja gut.« Der Hausmeister lief wieder zu alter Form auf. »Man muss immer ein Auge darauf haben«, sagte er im Brustton der Überzeugung. »Sonst geht es bald zu wie bei Sodom und Gomorrha. Aber die Mieter wissen, dass ich aufpasse, deshalb läuft alles. Ich hab früher schon zu Erziehungsmaßnahmen gegriffen und einem Mieter seinen Müll wieder vor die Tür gestellt.«

»Echt?« Das wurde ja immer besser.

»Ja. Wenn Sie regelmäßig die Tonnen kontrollieren, wissen Sie, was wem beziehungsweise welcher …, ich sag dazu einfach mal ›Entsorgungseinheit‹, zuzuordnen ist. Kleen ist aber einer derjenigen, die den Müll ordnungsgemäß trennen. Dem musste ich noch nichts vor die Tür kippen. Was wollen Sie denn eigentlich von ihm?«

»Mit ihm reden«, sagte Christine mit einem Lächeln, das jede weitere Frage sofort unterband.

»Na, da werden Sie sich bis Montag gedulden müssen. Kleen ist bei seiner Familie in Iserlohn.«

***

»Nora, was ist passiert?« Wieder einmal reagierte ihre Mutter völlig übertrieben, dabei war es an Nora, kurz vor einem Nervenzusammenbruch zu stehen.

»Lass mich!« Nora rannte an ihrer Mutter vorbei, schloss sich im Bad ein und übergab sich ein zweites Mal.

Was für ein Desaster. Der Mann, in dem sie in den letzten Jahren einen Mentor gesehen hatte und schließlich einen Freund, mit dem sie zwar geflirtet und den sie auch gereizt hatte, aber mit dem es wegen Fabian bei rein freundschaftlichem Körperkontakt geblieben war, hatte heute mehr von ihr gewollt. Das konnte doch nicht sein! Sah er sie wirklich als Hinterlassenschaft an, über die er nun verfügen konnte?

Der Brechreiz ließ nach, erschöpft lehnte sich Nora gegen den Rand der Badewanne. Sie müsste aufstehen. Einen Waschlappen unter den Wasserhahn halten und sich das Gesicht waschen. Sich die Zähne putzen. Aber dazu hatte sie keine Kraft.

Ihre Wange brannte. Sie hatte nicht verhindern können, dass ihr Mageninhalt nach außen schoss, als Lutz' Hand ihre Kehle umklammerte und sein Mund sich ihrem näherte. Der Knall, als seine Hand auf ihre Wange traf, dröhnte immer noch in ihren Ohren. Ihr Kopf war beiseitegeflogen. Wie erstarrt war sie gewesen, hatte nicht fassen können, was geschehen war. Lutz hatte ihr den Schal von den Schultern gerissen und sich die Sauerei aus dem Gesicht und von der Jacke gewischt.

»Du verdammte Schlampe«, hatte er in einem so eisigen Ton gesagt, dass Nora Angst bekommen hatte, »dafür wirst du bezahlen.« Achtlos hatte er ihren Schal fallen gelassen, war in sein Auto gestiegen und weggefahren.

Tränen liefen über Noras Wangen. Was war denn nur los mit ihm? Warum war Lutz jetzt so ... so ... sie wusste überhaupt nicht, wie sie das nennen sollte. Sie schniefte. Nein. So durfte Lutz sie nicht behandeln. Sie musste vermeiden, dass er ihr wieder zu nahe kam. Sie würde ihm einfach aus dem Weg gehen. Sich nicht mehr bei Baumanns melden. Bei der Beerdigung würde sie sich ganz hinten aufhalten, eine Kaffeetafel sollte es ohnehin nicht geben, hatte Ute gesagt.

Nora rappelte sich auf und wusch sich das Gesicht. Da sie regelmäßig auf die Sonnenbank ging, hatte sie einen gesunden Teint, die Rötung der Wange ließ bereits nach. Sie legte etwas Lipgloss auf und beschloss, trotz der Dunkelheit eine Runde mit Cora zu joggen. Das würde sie auf andere Gedanken bringen.

***

Dicke weiße Stumpenkerzen brannten auf dem Tisch und in den Edelstahllaternen vor der breiten Terrassentür, französische Chansons von Edith Piaf schwebten durch den Raum. Es roch nach Glühwein und Tannenduft. Obwohl die Adventzeit noch nicht begonnen hatte, stand ein Strauß aus weißen Lilien und Tannenzweigen auf dem Wohnzimmertisch. Christine liebte die Philippinen-Lilien mit ihren trompetenförmigen Blüten, und ihr Wohnzimmer war Gott sei Dank so groß, dass sich der intensive Duft, den sie verbreiteten, wenn die Blüten erst aufgegangen waren, nicht lähmend über den Raum legte. Allerdings schnitt sie die gelb-orangen Stempel heraus, damit der Blütenstaub nicht auf den Tisch und den Boden fiel.

Carsten war nach einem Prozesstermin beim Amtsgericht direkt zu ihr gekommen und berichtete von der Verhandlung. »Der hat gelogen wie gedruckt und will nun auf zeitweise geistige Unzurechnungsfähigkeit hinaus. Aber das lasse ich ihm nicht so einfach durchgehen.« Carsten griff zu seinem Becher und trank einen Schluck. »Wie war's denn bei dir?«

»Wir sind nicht großartig weitergekommen. Kleinkram halt. Zumindest wissen wir jetzt, mit wem Baumann seinen letzten Abend verbracht hat. Leider ist einer der beiden Kameraden übers Wochenende zu seiner Familie nach Iserlohn gefahren. Da kommen wir also erst am Montag weiter. Ist etwas unbefriedigend, das Ganze.« Sie saß auf der Couch, Carsten im Sessel. »Bleibst du über Nacht?«

Sie hoffte, dass die Frage neutral klang. Christine hasste es, ständig fragen zu müssen. Oft genug fing sie sich eine Absage ein, und sie wusste, sie sollte die Frage besser gar nicht erst stellen. Es würde sich ergeben oder eben nicht, da konnte sie nichts erzwingen. Carsten hatte eine Doublette seiner Toilettensachenausstattung in ihrem Badezimmer deponiert; auch Unterwäsche und das eine oder andere Oberhemd befanden sich, wie auf Probe, in ihrem Kleiderschrank.

»Nein. So gern ich auch bleiben würde.« Er stellte seinen Becher auf den Tisch und wollte nach ihrer Hand greifen, aber heute war Christine nicht gewillt, die Rolle der verständnisvollen Nachgiebigen zu spielen.

»Wie stellst du dir das eigentlich weiterhin vor?«, fragte sie, lehnte sich zurück, schlug das linke Bein über das rechte und verschränkte ihre Arme vor der Brust. Eine Abwehrhaltung, das war ihr klar. Sie wusste, auch Carsten hatte ein wenig Ahnung von Körpersprache, denn vieles, was seine Prozessgegner darüber zum Ausdruck brachten, war interessant für ihn, widersprach es doch unter Umständen den im Prozess vorgebrachten Thesen.

»Wie meinst du das?«

»Allgemein meine ich das. Ich komme mir vor wie eine heimliche Geliebte. Und das möchte ich nicht sein.«

»Bist du doch auch nicht«, widersprach Carsten sofort.

»Doch. Genau so behandelst du mich beziehungsweise genau so ist unser Verhalten. Wir treffen uns fast immer hier, meist fährst du spät abends aber wieder in deine kleine Wohnung. Wir können in der Stadt zwar mittags einen Kaffee trinken oder etwas essen gehen, das aber immer als Kollegen. Du nimmst weder meine Hand, noch legst du den Arm um mich, wenn wir am Südstrand entlanglaufen. Dass ich deine Wohnung nur ein einziges Mal gesehen habe, als Silvia mit den Kindern bei ihren Eltern an der Ostsee war, kann ich ja verstehen, ich hätte auch keine Lust dazu, oben mit dir zu sitzen, wenn sie und die Kinder unten sind, aber ich denke, du musst endlich zu dem stehen, was uns verbindet.«

»Christine. Bitte.« Carstens Tonfall, der ihr das Gefühl vermittelte, sie hätte etwas schier Unrealistisches von ihm verlangt, bekräftigte Christine durchzuziehen, worüber sie in der letzten Zeit immer wieder nachgedacht hatte.

»Du musst dich entscheiden«, sagte sie. »Und das meine ich ernst. Ich werde Weihnachten nicht hier sitzen und auf dich warten, weil du bei deinen Kindern und deiner von dir getrennt lebenden Frau bist und ihr nach der Bescherung und dem Abendessen mit den Kindern nicht sagen magst, dass du zu der Frau fährst, die in deinem Leben wichtig geworden ist. Entweder räumst du mir dauerhaft einen Platz in deinem Leben ein, oder wir werden nur noch auf beruflicher Ebene miteinander zu tun haben. Ich möchte deine Kinder kennenlernen, möchte die Chance haben, mich mit ihnen anzufreunden. Ich möchte wirklich Teil deines Lebens sein. Wenn du das nicht möchtest, dann musst du es sagen, und wir machen an diesem Punkt Schluss.«

»Sag mal, was ist denn in dich gefahren?« Carsten sprang auf. »Was soll das denn? Kriegst du jetzt einen Weihnachtskoller? Oder sind es die Hormone?«

Der letzte Satz machte den Abgrund, an dem Christines Beziehung zu Carsten stand, mit einem Mal mehr als deutlich. Ruhig sah sie zu ihm auf. »Noch, mein Lieber, bin ich weit von den Wechseljahren entfernt, wenn du darauf anspielst. Und einen Weihnachtskoller habe ich weiß Gott auch nicht. Ich denke nur, du solltest dir mal ein paar Gedanken über dein Verhalten machen und dir dabei auch überlegen, wie du mich behandelst. Würdest du wollen, dass ich so mit dir umgehe?«

»Also ich weiß wirklich nicht, was du heute hast«, beschwerte sich Carsten. »Das *müssen* die Hormone sein. Es muss ja nichts mit den Wechseljahren zu tun haben«, sagte er beschwichtigend und wollte sich wieder setzen, aber Christine stand auf.

»Ist das alles, was du mir dazu zu sagen hast?«, fragte sie.

»Was soll das denn jetzt schon wieder?«

»Nichts. Ich denke nur, dass es dann besser ist, wenn du gehst, wo du doch eh nicht über Nacht bleiben willst.«

»Du meinst es also ernst.« Der drohende Unterton in Carstens Stimme war garantiert nicht unbeabsichtigt.

»Ja.«

»Na, du wirst wissen, was du tust.« Mit diesen Worten ging Carsten in den Flur, nahm seinen Mantel von der Garderobe und verließ das Haus, ohne sich noch einmal umzudrehen.

Tief durchatmend und traurig blieb Christine im Türrahmen des Wohnzimmers stehen. Dennoch war sie überzeugt, dass es richtig gewesen war, Carsten so gezielt auf die Zukunft ihrer Beziehung anzusprechen. Wenn er sich jetzt keine Gedanken darüber machte, wenn er jetzt den beleidigten August spielte und ihr nicht entgegenkam, dann hatte sie genau zum richtigen Zeitpunkt die Reißleine gezogen.

Überrascht, dass sie nicht in ein tiefes Loch fiel, ging Christine ins Wohnzimmer zurück. Aus ihrem Musik-Regal nahm sie eine CD von Juliette Gréco. Weibliche Sangeskraft hatte ihr in solchen Situationen schon immer gutgetan. Früher war es Gitte Haenning gewesen mit Songs wie »Ich bin stark« oder »Ich will alles«, heute waren es die leiseren Töne der französischen Chansons.

Montag

Der Tag begrüßte sie mit kaltem, aber sonnigem Wetter, eine Wohltat nach den vergangenen trüben Wochen. Alex war schon vor ihr aus dem Haus gegangen. Oda argwöhnte, dass eine Klausur auf dem Programm stand, die er ihr gegenüber nicht erwähnt hatte. Sicher wollte er noch das eine oder andere mit Freunden absprechen. Immerhin stand das Abitur beziehungsweise die Vorabiklausuren auf dem Plan, im kommenden Frühjahr wurde es ernst. Alex hatte bislang nur einen einzigen Unterkurs, und den auch nur in einem Ergänzungsfach, in allen anderen Kursen lagen seine Noten über fünf Punkten. Also war alles noch im grünen Bereich. Wenn sie Alex glauben durfte. Und das tat sie.

Da auch ihre Beziehung zu Jürgen wieder stabil war, eigentlich sogar schöner als früher, konnte Oda mit Fug und Recht behaupten, dass sie derzeit eine verdammt glückliche Lebensphase durchlief. Das würde hoffentlich so bleiben, zumindest bis Alex am Neuen Gymnasium Wilhelmshaven, das durch die Zusammenlegung des Käthe-Kollwitz-Gymnasiums mit dem Gymnasium am Mühlenweg entstanden war, fertig wurde und in einen neuen Lebensabschnitt startete. Falls er dann in einer anderen Stadt studierte und Laura, wie sich in den letzten Wochen abgezeichnet hatte, doch wieder in ein Heim musste oder zur Mutter nach Berlin zurückging, bestand vielleicht die Möglichkeit, dass Jürgen und sie tatsächlich zusammenzogen. Nein, Oda hatte derzeit keinen Grund, über irgendetwas in ihrem Leben zu meckern.

Und so strampelte sie fröhlich mit dem Rad zur Arbeit. Christine und sie wollten gleich als Erstes wieder zur Fregatte rausfahren; heute würden sie sich mit Malte Kleen unterhalten.

***

»Ein Autounfall«, sagte Kommandant Tieden. »Zwo SVM Oberbootsmann Kleen ist erst gegen eine Leitplanke gefahren und dann zwischen zwei Laster geraten. Er starb noch am Unfallort.«

»Wie furchtbar«, sagte Oda. »So ein junger Mann.« Automatisch dachte sie an Alex, der nach einem Jahr Führerschein auf Probe seit Ende September auch allein am Steuer saß. Er hatte sich einen alten Twingo mit Faltdach gekauft und fuhr begeistert darin durch die Gegend. Oda war nicht sehr wohl dabei, denn Alex war keiner der überaus Vorsichtigen. Ihr Exmann Thorsten jedoch hatte den Kauf des Kleinwagens unterstützt und gesagt, Alex dürfe nicht darunter leiden, dass Oda so eine »Umwelttussi« sei. Den Ausdruck »Umwelttussi« würde Oda ihm bis in die Steinzeit übel nehmen.

»Ja, wir sind auch noch ganz erschlagen. Es ist unfassbar. Die Mannschaft steht faktisch unter Schock. Erst Baumann, jetzt Kleen.«

»Es tut mir leid, dass ich das fragen muss«, sagte Christine, »aber können Sie sich vorstellen, dass die beiden Todesfälle in einem Zusammenhang stehen?«

»In einem Zusammenhang?« Tieden hatte augenscheinlich keine Ahnung, worauf Christine hinauswollte.

»Na ja«, erklärte Oda. »Das liegt doch eigentlich auf der Hand. Wie wir wissen, waren Baumann und Kleen befreundet. Baumann starb durch äußere Gewaltanwendung. Bei der Obduktion, aber auch in seinen persönlichen Sachen wurden Spuren von Drogen gefunden. Wäre doch möglich, dass diese Dinge miteinander in Verbindung stehen.«

»Wollen Sie damit andeuten, dass Kleen Baumann im Streit tötete, mit dieser Schuld aber nicht fertigwurde und deshalb auf der Autobahn gegen die Leitplanke steuerte?« Tieden war mit jedem seiner Worte lauter geworden. »Das glauben Sie doch nicht im Ernst!«

***

Volker Wilken stand wie erstarrt auf der Brücke und blickte hinaus auf das Wasser der vierten Einfahrt, das im Sonnenlicht wundervoll glitzerte. Auch der Navigationsmeister schwieg. Sie hatten die Durchfahrt der Kaiser-Wilhelm-Brücke vorbereiten wollen, die in der letzten Woche aufgrund der widrigen Wetterbedingungen nicht durchführbar gewesen war. Es herrschte Stille im Raum, nur von außen drangen vereinzelt Geräusche herein.

Malte war tot. Erst Fabian, nun Malte. Ein Autounfall. Er konnte es nicht fassen. Gegen die Leitplanke, hieß es, ungebremst. Ein Unfall? Oder hatte Malte absichtlich auf die Leitplanke zugehalten? Aber warum hätte er das tun sollen?

Malte hatte so sein wollen wie Fabian. Lechzte allem hinterher, was Fabian machte. Oder besser: gemacht hatte. Wenn Volker ehrlich war, war Malte ein Streber, ein »Allen-alles-Rechtmacher«, immer auf der Suche nach Anerkennung. Und genau darum wäre er doch erst recht nicht absichtlich gegen eine Leitplanke gefahren. Er war zuletzt außerdem richtig gut drauf gewesen, mit der Aussicht auf den Besuch zu Haus. Hatte sich auf die Frikadellen der Mutter und die Nichte gefreut.

Mit einem Mal wurde Volker unsicher. Was aber wäre, wenn Malte nicht nach Hause gefahren war an jenem Abend? Wenn er Fabian hinterhergefahren war? Konnte Malte derjenige gewesen sein, der den tödlichen Streit mit Fabian gehabt hatte? Hatte er mit der Schuld nicht weiterleben wollen? Aber Fabian war doch angerufen worden. Und hatte am Telefon in eine Verabredung eingewilligt. Volker verstand das alles nicht.

Eine Möwe flog kreischend vorbei, sie hatte irgendetwas im Schnabel. Eine andere folgte, offensichtlich war sie auf die Beute aus.

Und wenn Fabian sich gar nicht mit dem Anrufer verabredet hatte, wenn sie aus seinen Worten eine falsche Schlussfolgerung gezogen hatten? Vielleicht hatte der Anruf mit Fabians Tod ja überhaupt nichts zu tun.

Volker versuchte, sich genau zu erinnern. Wie war das abgelaufen? Sie waren nach dem Anruf zu den Autos gegangen. Fabian und Malte hatten eine weitere Zigarette geraucht. »Schmökt ihr man noch, ich fahr schon mal«, hatte Volker gesagt und war in sein Auto gestiegen. Er stutzte. Ja. Das stimmte. Er war losgefahren und hatte überhaupt nicht gesehen, ob die beiden anderen ihm folgten. Es konnte also sein, dass Malte ihn belogen hatte. Aber dann hätte Malte Fabians Handy und die Speicherkarte gehabt und sich keine Sorgen machen müssen. Es sei denn, Malte hätte ihn verunsichern und irgendwann mit den Aufnahmen auf der SD-Karte erpressen wollen. Wenn dem tatsächlich so war, dann gab es jetzt nur zwei Möglichkeiten: Entweder hatte die Polizei das Handy beziehungsweise die Karte nach dem Unfall in Maltes Auto gefunden, oder sie befand sich noch in dessen Wohnung. Also musste er die überprüfen. So schnell es ging.

***

»Es gibt Neuigkeiten im Fall Baumann.« Hendrik Siebelt steckte seinen Kopf in Odas Büro. »Wir müssen uns zusammensetzen.« Schon war er wieder verschwunden, und Oda hörte ihn das Gleiche zu Christine sagen.

Na dann, dachte sie, speicherte die Datei, an der sie gerade saß, und lief hinüber in den Besprechungsraum, in dem jetzt weder Kaffee noch Tee auf dem Tisch standen und der wie immer etwas muffig roch. Fast zeitgleich mit ihr kamen auch Christine, die direkt ein Fenster aufriss, Niiksteit und Lemke herein, Siebelt folgte. Er trug einen Stapel Papiere, den er vor sich auf den Tisch legte.

»Kommen wir gleich zur Sache«, sagte er und stützte sich mit beiden Händen kurz auf die Seitenlehnen seines Stuhls, um in die richtige Sitzposition zu rutschen. »Es geht allerdings primär nicht um Baumann, sondern um Kleen. Augenzeugen haben berichtet, dass er anscheinend völlig grundlos gegen die Leitplanke fuhr und von dort zwischen die beiden Lkws geschleudert wurde. Ein Wunder, dass sonst niemand verletzt wurde, selbst die beteiligten Brummifahrer sind mit dem Schrecken davongekommen.«

»Aber Kleen wird doch sicher obduziert, um herauszufinden, welchen Grund es für seinen Crash gab?«, fragte Oda. Obduktionen waren bei solchen Autounfällen üblich.

»Ja. Schon passiert. Und dabei sind interessante erste Ergebnisse zutage getreten. Neben Hinweisen auf den Verzehr dieser Drogenpilze hat Krüger in Kleens Urin Gamma-Hydroxybuttersäure nachgewiesen.«

»K.-o.-Tropfen?«, fragte Lemke.

»Genau. K.-o.-Tropfen, Liquid Ecstasy oder wie auch immer man die sonst nennt.«

»Wie ist er denn da rangekommen?«, fragte Christine, und Nieksteit ergänzte: »Oder wer hat sie ihm verabreicht? So was nimmt man gemeinhin nicht freiwillig, wenn man eine mehr als dreistündige Autofahrt vor sich hat. Jemand könnte ihn gezwungen haben.«

Diese Frage brachte ihm ein wortloses Kopfschütteln seiner Kollegen ein.

»Ist ja schon gut«, verteidigte er sich. »Es kann natürlich trotzdem sein, dass er sie selbst genommen hat und wir es hier mit einem Suizid und keinem Unfall zu tun haben.«

»Ich tendiere eher zu der Vermutung, dass er die Dinger nicht wissentlich genommen hat«, sagte Oda.

»Wie meinst du das, nicht wissentlich?«, fragte Siebelt.

»Siebelt.« Manchmal hatte er wirklich eine lange Leitung. »Diese Tropfen sind farblos, und ihr leicht salziger oder seifiger Geschmack wird von den meisten Getränken überdeckt. Das brauche ich euch doch nicht zu erzählen! Ihr kennt doch alle die Fälle, bei denen junge Mädchen nach einem Discobesuch irgendwo aufwachen, vergewaltigt wurden und sich an nichts erinnern können. Die haben nicht mal einen Hangover.«

»Die Frage nach einem fehlenden Hangover kann man Kleen ja nun nicht mehr stellen«, sagte Siebelt trocken.

»Nee.«

»Ich weiß nicht«, mischte sich Christine ein. »Die Tropfen beginnen erst ungefähr zwanzig Minuten nach der Einnahme, ihre Wirkung zu entfalten. Der Unfall passierte aber schon kurz hinter Varel. Also muss er direkt vor seiner Abfahrt noch mit demjenigen zusammengetroffen sein, der ihm die Dinger verabreicht oder irgendwie untergeschoben hat. Wir müssten nur herausfinden, wie. Die Frage ist ja auch, ob der andere wusste, dass Kleen sich auf eine mehrstündige Autofahrt begeben wollte.

Ob da jemand bewusst einen Autounfall in Kauf genommen hat oder ob es, keine Ahnung, was, ein Denkzettel oder so sein sollte.«

»Facebook«, rief Lemke und machte sich eine Notiz, »ich werde mal versuchen, ob ich an Kleens Daten rankomme.«

»Facebook, ich höre immer Facebook«, beschwerte sich Siebelt. »Ohne das läuft heute ja wohl nichts mehr. Immer dieser neumodische Kram.«

»Tja, Chef, die Zeit bleibt nicht stehen«, erwiderte Niesteit feixend.

»Ich glaub, es ist ganz gut, dass ich dafür zu alt bin«, sagte Siebelt und erntete ein vierstimmiges »Aber Chef!« seiner Kollegen.

***

Der Anruf erreichte Nora mitten in einer Vorlesung. Sie sah aufs Display: Lutz. Sofort drückte sie das Gespräch weg. Nein. Sie hatte sich vorgenommen, keinen Kontakt mehr zu den Baumanns zu haben. Ihrer Mutter hatte sie gesagt, sie würde so unter Fabians Tod leiden, dass sie es nicht aushalten konnte, mit Lutz oder Ute zu telefonieren. Mit Saskia, Fabians Schwester, hatte sie inzwischen allerdings doch einmal gesprochen. Das Telefon vibrierte erneut. Nora stellte auch den Vibrationsalarm aus. Sie versuchte, sich auf das zu konzentrieren, was die Dozentin erzählte, aber das fiel ihr verdammt schwer. Warum konnte Lutz sie nicht einfach in Ruhe lassen?

Gut, es hatte diese Schwingungen zwischen ihnen gegeben. Aber sie hatten die Grenze nie überschritten. Oder war lediglich sie selbst es gewesen, die Lutz nonverbal deutlich gemacht hatte, dass es mehr als nette Gespräche, so intim sie auch gewesen sein mochten, nicht geben würde? Sein Verhalten bei ihrem letzten Treffen ließ ja keinen Zweifel daran, dass er mehr wollte. Und das, wo sein Sohn gerade verstorben war. Allein bei der Erinnerung daran, wie er sie angefasst und ihr ins Ohr geflüstert hatte, wurde ihr erneut schlecht.

Rascheln und Unruhe rissen sie aus ihren Gedanken, die

Vorlesung war beendet. Nora schnappte sich ihre große Ledertasche und verließ als eine der Ersten den Hörsaal. Sie schlüpfte in ihre Jacke und schlang sich einen alten Schal um den Hals, denn ihren schönen hatte Lutz … Er war jedenfalls weg.

Sie lief vor die Tür. Die eisige Kälte kühlte ihr vor Aufregung gerötetes Gesicht, doch die Sonne tat gut. Sie spürte, wie sie ruhiger wurde. Vielleicht musste sie sich doch einem letzten Gespräch stellen? Sie zog ihr Handy aus der Tasche. Fünf Anrufe in Abwesenheit in den letzten zwanzig Minuten. Und eine SMS. »Verdammt, geh endlich ran«, hatte Lutz geschrieben. Sie drückte die Taste, die sie mit seinem Handy verband.

»Was willst du?«, fragte sie knapp.

»Noch einer ist tot«, sagte Lutz in einer Wortwahl, die überhaupt nicht zu ihm passte.

»Noch einer ist tot?«, wiederholte Nora, ohne zu begreifen.

»Noch einer von der ›Jever‹. Fabi hat ihn wohl gut gekannt. Der Zwo SVM Kleen.«

»Malte?«

»Du kennst ihn also auch.« Ein abschätzender Lacher tönte durch die Leitung. »Hätte ich mir ja denken können. Ja. Tieden hat mich angerufen.«

»Ich versteh überhaupt nicht, was du meinst«, sagte Nora immer noch völlig irritiert.

»Stell dich doch nicht dümmer, als du bist. Tieden sagte, die Polizei habe ihm mitgeteilt, dass der Zwo SVM unter Drogen stand, als er sich auf der Autobahn totgefahren hat. Und damit scheint ihr euch ja gut auszukennen.«

Lutz sprach weiter, aber Nora drückte die Aus-Taste. Sie merkte, dass sie schwer Luft bekam, und ließ sich auf die Stufe vor dem Eingang sinken.

»Ist was passiert?«, fragte eine Kommilitonin, die vorübereilen wollte und doch stehen blieb.

»Nein. Nein, danke«, erwiderte Nora abwesend. In einem heftigen Atemzug stieß sie die Luft aus ihren Lungen. Malte war verunglückt. Was für ein makabrer Zufall. Und Lutz nutzte das gleich aus, unterstellte ihr und Malte und wahrscheinlich auch allen anderen Freunden von Fabian Drogenkonsum. Warum hatte sie früher nie gemerkt, was für ein unangenehmer Zeitgenosse er war?

***

Die Nachricht von Maltes Tod sprach sich wie ein Lauffeuer herum. Aber dass Drogen im Spiel gewesen sein sollten, konnte Volker nicht glauben. Dafür kannte er Malte zu gut, der nahm keine Drogen, wenn er fahren musste.

Okay, sie hatten den einen oder anderen kleinen Joint zusammen geraucht, mehr aber nicht. Denn natürlich wusste Volker, dass er mit solchen Sachen etwas den Soldaten strikt Verbotenes machte; im Gegensatz zum Zivilsektor gab es keine Abschwächungsklauseln bei illegalen Drogen, wie Eigenbedarf oder geringfügige Mengen. Er hatte das Damoklesschwert, in Unehren entlassen zu werden und den Dienstgrad, die Abfindung und auch den Anspruch auf Berufsförderung zu verlieren, jedes Mal förmlich über sich hängen sehen. Trotzdem hatte er sich nicht aus Fabians Sog befreien können, sondern darauf gehofft, dass nie herauskam, was sie taten. Genau wie Malte. In den letzten Wochen hatte er nicht mehr mitgemacht. Sich herausgeredet damit, dass die nächste planmäßige Gesundheitsüberprüfung anstand, er wusste doch aus Krimis und Fernsehdokumentationen, dass die meisten Drogen lange nachweisbar waren.

Volker parkte seinen alten, knuffigen Nissan Micra auf dem Hof hinter dem Appartementhaus. Irgendwie musste er Zugang zu Maltes Wohnung bekommen und Fabians Handy oder zumindest diese verdammte SD-Karte finden. Erst wenn die vernichtet war, war alles gut, konnte er sich entspannen, dann stand seiner Zukunft nichts im Wege.

Warum er so dumm gewesen war, sich auf diese andere Sache einzulassen, wusste er heute nicht mehr. Gut, es war Alkohol im Spiel gewesen. Und er hatte dazugehören wollen. Da tat man Sachen, die man im nüchternen Zustand nie und nimmer tun würde. Seine Reue war allerdings zu spät gekommen. Fabian hatte ihn ausgelacht, als er ihn gebeten hatte, die Aufnahmen zu löschen. »Bist du verrückt? In zwanzig Jahren werden wir uns wegschmeißen vor Lachen, wenn wir das sehen.«

Volker drückte gegen die Tür, die vom Appartementhaus auf den Parkplatz rausging. Nichts. Gut, es war einen Versuch wert gewesen. Dann würde er eben vorn reingehen, vielleicht kam ja zufällig einer der Mieter vorbei, und er konnte auf diese Art ins Haus gelangen. Sonst würde er einfach irgendwo klingeln, irgendjemand würde schon den Summer drücken, der die Haustür öffnete. Er lief über den Parkplatz auf die Seitenstraße, dann links und wieder links, bis er auf der Bismarckstraße stand. Ein paar Meter weiter vorn parkten zwei weiße Bullis. Volker stockte. Dann jedoch schalt er sich einen übervorsichtigen Dummkopf. Warum sollten die denn nicht hier parken, es war eine öffentliche vierspurige Hauptverkehrsstraße mit jeder Menge Geschäften, Versicherungen, dem Marktplatz und dem Rathaus in der Nähe? Dennoch verlangsamte er seinen Schritt, als er auf den Eingang zuging.

Er wollte eben auf einen der zahlreichen Klingelknöpfe drücken, als sich die Tür öffnete und zwei Frauen um die siebzig herauskamen. Sie waren so in ihr Gespräch vertieft, dass sie ihn nicht beachteten. Volker fing Gesprächsfetzen auf, als er an ihnen vorbei ins Haus schlüpfte.

»Unvorstellbar. Da hat man jetzt schon die Polizei im Haus«, sagte die eine, und die andere erwiderte: »Das ist wohl Routine. Da brauchen Sie sich nicht zu sorgen. Herr Kleen war doch bei der Marine. Da sind nur ordentliche Leute. Und schließlich kennen wir ihn.«

Die Tür fiel hinter den beiden ins Schloss, und Volker blieb wie angewurzelt im Hausflur stehen. Wenn er das gerade richtig verstanden hatte, war die Kripo in diesem Moment in Maltes Wohnung. Und das hieß, sie würden gründlicher, als er es sicherlich vermochte, jeden Quadratzentimeter auf den Kopf stellen. War das wirklich üblich, wenn jemand bei einem Autounfall starb? Oder lag es daran, dass Malte Fabians Kamerad gewesen war?

Volker dachte nach. Es gab zwei Möglichkeiten. Er konnte die Treppe hochgehen, vor Maltes Tür stoppen, völlig überrascht tun und behaupten, er sei ein Kamerad und habe Malte, wie verabredet, auf einen Kaffee besuchen wollen.

Oder aber er ging, ohne sich davon zu überzeugen, dass die beiden Frauen recht hatten und die Kripo tatsächlich Maltes Wohnung auf den Kopf stellte. Wofür die weißen Bullis auf der Straße sprachen. Nein. Versuchen musste er es auf jeden Fall. Wenn die vielleicht gar nicht mehr da waren, hatte er eine Chance, reinzukommen und sich selbst umzugucken. Die Spuren, die er dabei hinterließ, wären ja nach der Durchsuchung völlig harmlos. Und vielleicht würde *er* finden, was *die* nicht gefunden hatten. Beherzt lief er die Treppe hoch. Als er auf den langen, schmalen Flur trat, von dem Maltes Appartement abging, und die Geräusche aus der kleinen Wohnung hörte, verließ ihn der Mut.

Er machte auf dem Absatz kehrt.

Nein, heute war nicht der richtige Zeitpunkt. Er würde wiederkommen.

***

Da war es nur noch einer.

Das Erschrecken über Maltes Tod ist überall groß. Es ist faszinierend, wie sich Angst breitmacht, nur weil innerhalb so kurzer Zeit zwei Menschen einer Gemeinschaft, zwei junge Menschen, sterben. Dabei waren es doch zwei völlig unterschiedliche Todesarten. Das gibt mir Auftrieb. Macht. Ich habe bislang nicht gewusst, wie erfüllend es sein kann, solche Macht zu besitzen. Ich muss wohl einen Pakt mit … ja, mit wem eigentlich? Nun, es wird wohl der Teufel sein, mit dem ich einen Pakt geschlossen habe.

Dabei hatte Malte die Wahl. Und durchaus eine Chance. Er hätte sie nur erkennen und wahrnehmen müssen.

Man hat immer die Wahl. Auch Fabian könnte noch leben, wenn er sich anders entschieden hätte.

Malte muss die Müdigkeit gespürt haben. Er hätte einen Rastplatz anfahren können. Pause machen.

Sicher, die Dosierung der Tropfen war hoch. Ich habe gelesen, dass unter ihrer Einwirkung auch Atemdepressionen und Herzrhythmus-

störungen entstehen und zum Tod führen können. Können, nicht müssen.

So aber ist es gut.

Du wolltest viel und du wolltest es schnell, Malte. Da bist du sicher auch mit deinem schnellen Tod einverstanden.

Jetzt bleibt noch einer im Spiel.

Ob er sich bewusst ist, in welcher Gefahr er schwebt? Weiß er, worum es bei allem geht?

★★★

»Wie isses, kommst du mit, eine rauchen?« Oda hatte genug vom Wälzen der Akten und den vielen Zeugenberichten, die sich im Fall Baumann angesammelt hatten, sie brauchte eine Pause. Normalerweise rauchte sie nicht mehr so viel. Eigentlich wollte sie sowieso schon längst Nichtraucherin sein. Letztes Jahr Weihnachten hatte sie dem Nichtraucher Jürgen ihren eigenen Nichtraucherstatus als Geschenk machen wollen. Daraus war leider nichts geworden. Immerhin schränkte sie sich in den gemeinsamen Stunden ganz schön ein. Und am Wochenende rauchte sie erst nach dem Frühstück die erste Zigarette. Auf dem Balkon! Natürlich roch es inzwischen viel besser in ihrer Wohnung, keine Frage. Und sie fühlte sich auch echt gut, wenn sie mal einen Tag lang so gut wie gar nicht gequalmt hatte.

Jetzt aber hatte sie das dringende Bedürfnis, mit Nieksteit eine zu schmöken. Lemke rauchte nicht, und eigentlich war das Rauchen in der Polizeiinspektion auch verboten. Doch alle tolerierten, dass in der Küche geraucht wurde; als Zugeständnis an Christine stand dort immer das Fenster auf Kipp. Außer im Winter, da blieb das Fenster größtenteils geschlossen, und sie gingen zum Rauchen hinunter. Wenn sie im umzäunten Bereich standen und den blauen Dunst in die Luft pusteten, kam es Oda oft so vor, als seien sie inhaftiert oder im Zoo oder etwas in der Art. Jedenfalls stand man in einem Gitterkäfig, und das war nicht wirklich spaßig. Doch der Tag war lang gewesen bisher und ihr Nikotinkonsum gering, was bei Nieksteit wohl ebenso war, denn der stand mit einem »Na aber unbedingt!« auf und schloss sich ihr an. Im Treppenhaus kam ihnen Manssen entgegen.

»Ihr wollt weg?«, fragte er.

»Nur eine rauchen«, erklärte Oda. »Wolltest du zu uns?«

»Ja. Aber ich kann auch mit runterkommen.« Gemeinsam liefen sie die Treppen hinab, traten aus der Tür in den umzäunten Bereich und zündeten ihre Zigaretten an.

»Ich bin für Freilandhaltung«, sagte Oda. Ihre Kollegen sahen sie irritiert an.

»Freilandhaltung?«, fragte Manssen.

»Ja. Ich bin eindeutig der Ansicht, dass Lungen von Freilandrauchern gesünder sind als die von Käfigrauchern.«

Sie erntete schallendes Gelächter.

»Also, was wolltest du von uns?«, fragte sie Manssen.

»Wir haben erste Erkenntnisse aus Malte Kleens Wohnung.«

»Ach, so schnell?«

»Na ja, immerhin ist er der zweite Tote, der zur Besatzung der ›Jever‹ gehört, da musste Siebelt mir gar nicht erst in den Hintern treten, ich hab meine Leute auch so auf Hochtouren arbeiten lassen.«

»Sag nicht, Siebelt hat Druck gemacht?«, fragte Oda überrascht.

Natürlich kannten sie alle ihren Chef auch als durchsetzungsstarke Persönlichkeit, aber dass er auf andere Abteilungen Druck ausübte, kam eigentlich so gut wie nie vor. Zumindest war Oda das nicht bekannt.

»Wir haben neben Kleens Wohnung auch den Unfallwagen untersucht. In der Reisetasche, die Malte Kleen dabeihatte, war ein Fläschchen mit ebenjenen Tropfen, deren Substanz Krüger in seinem Urin gefunden hat.«

»GHB?«, fragte Oda, während Niekseit gleichzeitig sagte: »Liquid Ecstasy.«

»Jawoll.«

»Das glaub ich jetzt nicht.« Oda schüttelte den Kopf. Sie hatte ihre Zigarette in den großen Chromaschenbecher geschmissen, der aussah wie eine riesige stehende Metallzigarette, und rieb sich fröstelnd die Oberarme. »Seid ihr auch so weit?«

Die beiden Männer entsorgten ihre Kippen ebenfalls und gingen gemeinsam mit Oda zurück ins Gebäude.

»Hat der sich die Tropfen also tatsächlich selbst verabreicht? Das ist ja der Wahnsinn.« Oda war immer noch baff. »Was für eine perfide Art, sich das Leben zu nehmen. Tropfen rein, rauf auf die Autobahn, und wenn es die Leitplanke nicht schafft, gibt es andere, die mit ihrem Wagen in meinen reinkrachen. Was für ein Schwein. Der hat wissentlich in Kauf genommen, dass andere mit ihm verunglücken. Bah, was für eine Sau.« Keuchend stieg sie die Treppenstufen hoch. »Habt ihr denn auch einen Abschiedsbrief gefunden? Hat er gestanden, Baumann getötet zu haben?« Damit wäre der Fall gelöst.

»Nun beruhig dich mal wieder«, zerstörte Manssen ihre Hoffnung, »ich war ja noch nicht fertig.«

»Nicht?« Die Enttäuschung klang in ihrer Stimme mit.

»Wenn du einen nicht permanent unterbrechen würdest, hätte man auch mal die Möglichkeit, Dinge zu Ende zu erzählen.«

»Ach, ich unterbrech permanent?«

»Oda«, wies Nieksteit sie mit einem breiten Lachen auf dem Gesicht zurecht. »Nun lass Gerd doch erst mal ausreden.«

»Okay. Ich bin eh aus der Puste.« Sie holte tief Luft, als sie auf dem Flur angekommen waren, auf dem die Büros des K1 lagen, und stemmte die Hände in ihre Hüften. »Also schieß los.«

»Auf der kleinen Flasche befanden sich außer Kleens Fingerabdrücken noch andere.« Manssen sah sie auffordernd an.

»Andere.«

»Jawoll. Und deren Ursprung ist überaus interessant.«

***

»Gut, ich geb zu, du hast recht.«

Christine glaubte, nicht richtig zu hören, als sie Carsten diesen Satz sagen hörte. Argwöhnisch runzelte sie die Stirn, aber natürlich konnte Carsten das durchs Telefon nicht sehen.

»Äh …« Sie wusste nicht, was sie sagen sollte. Da saß sie, in Arbeit versunken, hatte seit heute früh nicht an Carsten gedacht, und nun kam er mit so etwas, einfach mittendrin. Sie räusperte sich in dem Versuch, etwas zu sagen. »Ahaäm …«

»Du hast recht«, wiederholte Carsten glücklicherweise, wo sie doch noch immer nicht wusste, was sie sagen sollte, »so geht das nicht. Du kannst Weihnachten nicht allein zu Hause sitzen und auf mich warten.«

Christine war völlig perplex. Was war das denn? Ein Umschwung um hundertachtzig Grad? »Äähmm …« Verdammt noch mal, war sie denn keines vernünftigen Satzes mehr fähig? »Kann ich nicht?«

»Nein. Das geht natürlich nicht. Darum möchte ich dir einen Vorschlag machen.« Carstens Stimme klang forsch und anpackend.

»Einen Vorschlag.« Christine kam sich vor, als sei sie Carstens Echo, aber die Überraschung war kolossal, und die Gedanken wirbelten durch ihren Kopf. Endlich hatte Carsten verstanden, was sie meinte. Endlich! Alles würde gut. Ein Glücksgefühl durchflutete sie, in diesem Moment hätte sie die ganze Welt umarmen können. Natürlich würden sie Weihnachten noch nicht mit seinen Kindern verbringen, dazu war die Vorlaufzeit zu kurz, aber sie würden Heiligabend doch noch beieinandersitzen, nachdem er mit seinen Kindern und seiner Noch-Gattin Bescherung gemacht, zu Abend gegessen hatte und die Kinder im Bett waren. Sie würde einen kleinen Tannenbaum schmücken, darunter die Geschenke für ihn legen. Nichts Großes natürlich, Kleinigkeiten, Dinge, die er im Laufe der letzten Zeit mal erwähnt hatte; Christine hatte sich alles notiert.

»Ich hab mir überlegt, dass es für dich doch besser wäre, wenn du statt am ersten Weihnachtstag schon am Heiligabend zu deiner Familie nach Hannover fährst.«

Bitte? Sie musste sich verhört haben.

»Dann bist du nicht allein, sondern hast deine Eltern und deinen Bruder mit seiner Familie um dich. Und wenn du am zweiten Feiertag zurückkommst, holen wir abends unser Weihnachten nach. Dann bin ich auch nicht so unter Druck. Anfang des Jahres werde ich mit Silvia reden. Das kann ich jetzt so kurz vor Weihnachten nicht machen, das verstehst du sicher.«

So kurz vor Weihnachten? Bis dahin waren es noch gute fünf Wochen. Und er wohnte seit über einem Jahr nicht mehr mit seiner Familie in einer Wohnung.

Christine spürte, dass ihre Kehle trocken war. Zu trocken, um zu antworten. Sie griff nach dem Glas Mineralwasser, das neben ihrem Monitor stand, und setzte es eben an den Mund, als die Tür aufflog und Oda hereinstürmte. Ihre Kollegin warf einen kurzen Blick auf Christine, das Telefon und das Glas Wasser und fragte: »Wichtig?«

Weil Christine in diesem Moment von allem völlig überfahren war, konnte sie nur ein hilfloses Gesicht machen.

»Leg auf«, sagte Oda. »Es gibt Neuigkeiten im Fall Baumann.«

»Ähh …« Selten in ihrem Leben hatte Christine so viel gestammelt wie in den letzten zehn Minuten. »Ja.«

Sie riss sich zusammen. »Ich melde mich später«, sagte sie in den Telefonhörer und legte auf, ohne Carstens Antwort abzuwarten. Dann wandte sie sich Oda zu. »Schieß los.« Mit einem Mal war die Trockenheit in ihrem Mund komplett verschwunden, und sie sprach wieder normal, ohne zu stottern.

Oda lehnte sich mit begeistertem Gesichtsausdruck an die Wand gegenüber Christines Schreibtisch. »Manssen hat bei Malte Kleen ein kleines Fläschchen mit K.-o.-Tropfen gefunden.«

»Also hat sich Kleen doch umgebracht?«

»Es sieht ganz danach aus. Einen Abschiedsbrief gibt es allerdings nicht. Dafür – und nun halt dich fest – sind neben seinen noch weitere Fingerabdrücke auf dem Fläschchen: die von Fabian Baumann.«

»Ist nicht wahr. Die haben beide mit den Tropfen herumhantiert? Aber warum? Ich meine, was haben die davon gehabt?«

»Keine Ahnung. Aber das ist noch nicht mal die eigentliche Sensation.« Oda schien es zu genießen, Christine an der langen Leine zu führen.

»Mensch, mach's doch nicht so spannend. Was ist die Sensation?«

»Die Sensation, meine Liebe, ist, dass Fabian Baumanns Fingerabdrücke die von Malte Kleen überlagern.«

»Wie? Überlagern?«

»Überlagern eben.«

»Fabian Baumann hat die Flasche *nach* Kleen angefasst? Aber der ist doch schon seit letzten Sonntag tot. Wie kann er das Fläschchen denn dann kürzlich noch in der Hand gehabt haben?«

»Genau das ist das Rätsel, das es zu lösen gilt.«

***

Langsam verschwand die Sonne am Horizont hinter dem Jadebusen, irgendwo bei Sande oder so, genau kannte sich Nora in der Geografie ihrer Umgebung nicht aus. Zumindest war es nicht Dangast oder Varel, die lagen gegenüber. Es war kurz vor halb fünf und bereits dunkel. Nora kam es vor, als sei der Sommer kaum da gewesen, bevor der Winter erneut Einzug gehalten hatte. Sie sehnte sich nach Wärme und Sonnenstunden, fühlte, wie die frühe Dunkelheit auf ihre Seele drückte. Aber das hatte sicherlich auch mit dem zu tun, was um sie herum geschah.

Nach dem Gespräch mit Lutz hatte sie bei Volker angerufen. Keinem von ihnen stand der Sinn nach einem Plausch in einem Café, und so hatten sie sich trotz der Dunkelheit zu einem Spaziergang verabredet. Bewegung und Luft brauchten sie beide. Sie hatten sich am Molenfeuer getroffen, dem Ort, an dem Fabian gefunden worden war. Nora ging hier oft mit Cora spazieren, es war eine der wenigen Möglichkeiten, am Deich mit Blick aufs Wasser laufen zu können, ohne auf eine Herde Schafe Rücksicht nehmen zu müssen. Samstagnachmittags trafen sie sich hier außerdem mit ihrer Hundegruppe. Früher war der Strand der Geniusbank ihr Hundegruppentreffpunkt gewesen, doch die gab es seit Entstehen des neuen JadeWeserPorts nicht mehr. Das war zwar schade, im Zuge der Ansiedelung des neuen Hafens aber notwendig, und solange man ihnen den Bereich der Schleuseninsel ließ und den nicht auch noch durch Industrieansiedlung kaputt machte, war Nora nicht übermäßig böse darüber. Der JadeWeserPort war eine beeindruckende Sache, sie hatte sein Wachsen beobachtet, seit die ersten Arbeiten begonnen hatten. Wilhelmshaven war seit jeher der größte natürliche

Tiefwasserhafen Deutschlands, deshalb hatte Kaiser Wilhelm diesen Standpunkt für den Bau seines Kriegshafens ausgewählt, und weil es eben Kaiser Wilhelm gewesen war, trug die Stadt heute seinen Namen. In Zeiten, in denen der Umschlag von Gütern immer schneller und die Containerschiffe immer größer wurden, hatte die ›Grüne Stadt am Meer‹ den Zuschlag für den Bau des neuen Hafens am Fahrwasser der Innenjade erhalten und durch Sandaufspülungen einhundertdreißig Hektar Land gewonnen. Hier konnten Containerschiffe der Triple-E-Klasse mit einem Tiefgang von mehr als sechzehn Metern abgefertigt werden, für die weder Hamburg noch Bremerhaven die nötige Wassertiefe hatten. Nora war letztens mit ihrer Cousine aus Hannover im Info-Center des JadeWeserPorts gewesen und hatte erfahren, dass ein Lkw einen Container, ein Schiff der neuen Generation jedoch unvorstellbare achtzehntausend dieser TEU genannten Transportbehälter fassen konnte und mehr als vierhundert Meter lang war. Faszinierend.

Nora sah zu Cora, die ein Stück vorauslief. Insgeheim beglückwünschte sich Nora zu ihrem Entschluss, einen Weimaraner und keinen Terrier, der ja auch Jagdhund war, angeschafft zu haben, denn im Gegensatz zu Terriern, die ständig auf der Suche nach Neuem und völlig angstfrei waren, gehörte es zur Eigenschaft der Weimaraner, führungsbezogen zu sein. Diese Eigenschaft war etwas, das Nora mit ihrer Hündin gemeinsam hatte. Auch sie war führungsbezogen, so hatte sie sich jedenfalls in der Beziehung mit Fabian gefühlt. Bis er mit seinen Forderungen gekommen war. Bis es immer öfter Streit gegeben hatte.

Jetzt aber lief nicht Fabian, sondern Volker neben ihr. Sie genoss die Ruhe, die er ausstrahlte, das war so wohltuend anders als Fabians Hektik der letzten Wochen. Nach einer kurzen, aber innigen Begrüßung waren sie einige Minuten wortlos nebeneinanderher gelaufen. In dem Schweigen hatte kein Unbehagen gelegen, vielmehr eine Vertrautheit, die ohne Worte verband.

»Ich hab gehört, bei Malte hat man Drogen gefunden?«, fragte Nora.

Volker nickte. »Er scheint wohl K.-o.-Tropfen im Blut gehabt zu haben.«

»K.-o.-Tropfen?« Nora war überrascht. Sie hatte damit gerechnet, dass man Psilos oder aufputschende Mittel bei Malte nachgewiesen hatte, aber K.-o.-Tropfen?

»Ja. Das kapiert irgendwie keiner.« Volker steckte die Hände in seine Daunenjacke, während er weiterlief.

»Aber das deutet ja ganz klar auf Selbstmord hin«, sagte Nora erschüttert. »Hat man denn einen Abschiedsbrief gefunden?«

»Nein. Wohl nicht. Das ist ja das Seltsame. Ich hab noch mit ihm zusammengesessen, bevor er auf die Autobahn ist. Er hat erzählt, dass er sich auf die Frikadellen seiner Mutter freut. Stell dir das mal vor! Er schwärmt von den Buletten und ist keine zwei Stunden später tot.«

»Ich versteh das nicht«, sagte Nora und pfiff ihre Hündin zurück, die sich gerade in der Hinterlassenschaft anderer Hunde wälzen wollte. »Ist das wirklich ein Zufall?«

»Was meinst du damit?« Volker klang mit einem Mal überaus reserviert.

»Na hör mal. Fabian ist tot. Malte ist tot. Ihr drei wart doch eine Clique. Und nun sind zwei nicht mehr da. Das ist doch nicht normal.«

»Nein.« Volker sah Nora an, und sie erkannte die Angst in seinen Augen.

***

»Du hast schon wieder getrunken.« Lutz Baumann trat in die Küche. Überall im Haus war es dunkel, nicht einmal die Lampe im Flur hatte bei seinem Heimkommen gebrannt. Ute saß am Tisch, ein halb volles Glas vor sich, nur die Glühbirne der Dunstabzugshaube brannte. »Wo ist Saskia?«

Baumann hatte seine Tochter gebeten, sich um Ute zu kümmern, aber Saskia war immer schon ein sehr egozentrischer Mensch gewesen, genau wie Fabian. Ute hatte die Kinder zu sehr verwöhnt, sie immer in den Mittelpunkt gestellt, ihnen alles abgenommen und ihnen das Gefühl gegeben, sie seien der Nabel der Welt. Als Ute angefangen hatte, sich darüber zu beschweren, dass die Kinder sie nicht unterstützten, waren sowohl

Saskia als auch Fabian schon mitten in der Pubertät gewesen. Es hatte Streitigkeiten gegeben. Ute hatte ihm vorgeworfen, die Schwierigkeiten kämen allein daher, dass er so wenig zu Hause war. Lutz hatte ihr daraufhin auf den Kopf zu gesagt, dass sie sich bei ihrer Art der Erziehung überhaupt nicht wundern dürfe, dass die beiden Egoisten geworden waren. Dennoch hatte Lutz erwartet, dass Saskia ein Gespür für Utes seelische Nöte hatte und sich um sie kümmerte. Er würde sich seine Tochter später vorknöpfen.

»Die lässt sich von ihrem Freund trösten. Willst du auch 'nen Rotwein?« Ute kippte sich den Rest des Glases in den Mund und stand auf. Die Art und Weise, wie sie sich bewegte, sprach und gestikulierte, bestätigte seine Vermutung, dass Ute bereits einiges intus hatte.

»Nein. Alkohol ist keine Lösung«, sagte er barsch.

»Na und? Andere Leute schlucken Pillen, ich trink Rotwein. Ist doch viel harmloser«, behauptete Ute, goss sich demonstrativ ein weiteres Glas ein und ließ sich ungelenk auf ihren Stuhl fallen. Lutz sah sich um. Der Küchenfußboden, der sonst so reinlich war, dass man buchstäblich davon hätte essen können, war seit einigen Tagen weder gewischt noch gefegt worden, dafür standen verdammt viele leere Rotweinflaschen neben dem Chrombehälter, in dem der gelbe Sack steckte.

»Ute.« Er zwang sich, nicht zu schroff mit seiner Frau umzugehen. Sie befanden sich in einer Extremsituation. Ihr Sohn war tot, und jeder von ihnen litt auf seine ureigene Weise. Leider konnten sie einander nicht trösten; in Ute kochte unterschwellig eine Suppe, in der, warum auch immer, Hass eine Hauptzutat war. Lutz versuchte, alles, was Ute vorbrachte, auf ihren großen Schmerz zurückzuführen, aber das gelang ihm nicht jeden Tag.

Auch heute musste er sich zusammenreißen, um sie nicht durchzuschütteln.

»Hör auf mit dem Trinken.« Er ging zum Tisch, um ihr das Glas fortzunehmen, aber Ute griff schnell danach und schmiss es dabei um.

»Idiot!«, schrie sie und wollte die Scherben mit der Hand zusammenfegen, dabei schnitt sie sich jedoch in den Handballen, sodass sich ihr Blut mit dem Rotwein auf dem Tisch vermischte. Sie heulte auf und fegte mit der verletzten Hand die Scherben vom Tisch. Dann stützte sie die Ellenbogen auf und verbarg ungeachtet ihrer Verletzung ihr Gesicht in den Händen.

Lutz ging zum Schrank, nahm ein frisches Handtuch heraus, hob Utes Gesicht an, wischte ihr das Blut damit ab und wickelte es vorsichtig um ihre verletzte Hand. Dann strich er seiner Frau über den Kopf. »Du musst das lassen«, sagte er und setzte sich auf die andere Seite des Tisches, ohne sich um die Sauerei auf dem Fußboden zu kümmern. Das konnte er später noch machen. »Hör auf den Arzt. Nimm die Beruhigungstabletten. Jedenfalls jetzt. In ein paar Wochen kannst du sie wieder absetzen. Aber lass das Trinken. Das tut dir nicht gut.«

»Das tut mir nicht gut? *Das* tut mir nicht gut?«, kreischte Ute. »Natürlich tut es mir nicht gut! Aber es hilft mir. Es hilft, Fabis Tod zu überstehen, und es hilft, meine Angst auszublenden.« Bei den letzten Worten war Ute leiser geworden.

»Deine Angst?« Lutz verstand nicht, wovon seine Frau sprach. Sie musste wirklich verdammt viel getrunken haben. Die Weinvorräte, die sie einmal im Jahr bei dem kleinen Winzer an der Mosel orderten, auf dessen Weingut sie vor zehn Jahren während einer Radtour von Luxemburg nach Cochem zwei Tage Rast gemacht hatten, waren seit Fabians Tod drastisch geschrumpft.

»Meine Angst.« Der Ton, den Ute nun anschlug, erinnerte Lutz unwillkürlich an die böse Königin im Märchen Schneewittchen. »Meine Angst«, wiederholte sie mit schwerer Zunge. »Glaubst du denn, ich krieg nicht mit, was hier abgeht? Glaubst du, ich merk nicht, wie du schwanzwedelnd hinter Nora herkriechst? Ich hör doch, wenn du in deinem Büro sitzt und mit ihr sprichst. Ich hab auf deinem Handy gesehen, wie oft du sie angerufen hast. Meinst du, ich bin blöd? Meinst du, ich hätte nicht gesehen, wie es dir gefallen hat, wenn Fabi und Nora sich stritten? Wie gern du dann Noras Kavalier warst und sie nach Hause begleitet hast, stets unter dem Deckmantel väterlicher Fürsorge?«

Wieder kippte Utes Stimmung. Sie stand auf und umrundete den Tisch mit unsicheren Schritten. Dann ließ sie sich vor ihm auf die Knie fallen. »Ja, ich hab ganz furchtbare Angst, Lutz. Davor, dass du mich jetzt wegen Nora verlässt.«

***

Der Spaziergang mit Nora hatte Volker aufgewühlt. Sie hatte die gleichen Überlegungen wie er selbst angestellt. Er, Fabian und Malte waren eine Art Dreiergespann gewesen. Fabian und Malte waren tot. War das wirklich ein Zufall? Oder steckte jemand dahinter?

Er musste endlich Fabians Handy oder zumindest den Chip finden.

Zum zweiten Mal an diesem Tag stand er vor dem Eingang des Appartementhauses in der Bismarckstraße. Jetzt kam niemand heraus. Das war ihm aber auch ganz recht, denn im Zuge der Dunkelheit würde man ihn argwöhnischer betrachten. Volker studierte die Leiste mit den Namensschildern. Da. Schuler. Diesen Namen hatte er schon mal gehört. Hatte Malte nicht gesagt, die würden seine Post aus dem Briefkasten holen, wenn sie auf See waren? Hoffnungsvoll drückte er den Klingelknopf. Wo ein Briefkastenschlüssel war, war garantiert auch ein Wohnungsschlüssel. Jetzt mussten die nur noch zu Hause sein.

Er hatte Glück. Nach kurzem Warten ertönte über die Gegensprechanlage die übliche Frage: »Ja bitte?«

Kurz überlegte er, sich unter falschem Namen zu melden, sagte dann jedoch: »Volker Wilken, ich bin ein Freund von Malte Kleen. Würden Sie mich bitte reinlassen?«

Ein falscher Name könnte für mehr Aufmerksamkeit sorgen, als ihm lieb war, beziehungsweise die Aufmerksamkeit auf ihn lenken. Immerhin konnte man ihn auf Mannschaftsfotos identifizieren.

»Ja. Natürlich. Kommen Sie in den dritten Stock.« Schon ertönte der Summer, und Volker trat ein.

Eine Viertelstunde später saß er noch immer eingesunken auf einer sicherlich zwanzig Jahre alten Couch mit grauenhaftem Stoffdesign. Mit den Worten »Das ist ja so furchtbar« hatte Frau

Schuler ihn hereingebeten und ihm überhaupt keine Chance gelassen, direkt nach dem Schlüssel zu fragen. Seitdem war schon zweimal eine Katze um seine Füße gestrichen, eine weitere hatte er auf seinem Schoß gehabt. Es war schon immer so gewesen, dass jede Katze, in deren Dunstkreis er sich befand, intuitiv wusste, dass er allergisch auf sie reagierte. Allein aus diesem Grund, das jedenfalls vermutete Volker, kamen die Katzen zu ihm. Selbst wenn sich außer ihm noch zwanzig andere Leute im Raum befanden. Gegen sein starkes Niesen und die beginnende Rötung seines Gesichts konnte er nichts tun, doch Frau Schuler war wenigstens aufmerksam.

»Reagieren Sie allergisch auf Katzen?«

»Ja, leider. Hab eine Katzenhaarallergie. Aber ich mag Katzen sehr«, beeilte er sich zu sagen, immerhin wollte er von ihr den Schlüssel zu Maltes Wohnung. Den hatte das Ehepaar Schuler tatsächlich, wie sich auf seine Nachfrage sogleich herausstellte.

»Man muss ja auch mal lüften, sonst riecht es so furchtbar in der Wohnung, wenn Herr Kleen nach ein paar Monaten Afrika zurückkommt.«

»Das stimmt«, pflichtete Volker ihr bei. »Meine Nachbarin kümmert sich auch um die Post, die Blumen und das Lüften. Ohne sie wäre ich aufgeschmissen.« Das war zwar etwas übertrieben, denn Volker hatte gar keine Blumenvielfalt, und die paar Kakteen auf den Fensterbänken im Wohnzimmer und in der Küche brauchten kaum Wasser. Aber er vermutete zu Recht, dass dieser Spruch gut bei Frau Schuler ankommen würde.

Mit dem Ersatzschlüssel der Nachbarn in der Hand stand er kurz darauf in Maltes Appartement. Gleich bei seinem Eintreten hatte er die Reste dieses komischen Pulvers gesehen, das die Spurensicherung, so hieß die Abteilung ja wohl, an den Türrahmen und auch andernorts hinterlassen hatte. Einige Gegenstände fehlten, aber viel hatte Malte sowieso nicht gehabt. Volker verbat sich jeden sentimentalen Gedanken und sah sich um. Wo könnte Malte Fabians Handy und oder die SD-Karte versteckt haben? Hätte er es überhaupt für nötig befunden, sie zu verstecken? Er hoffte es, denn wenn beides offen herumgelegen hatte, war es inzwischen bei der Polizei.

Immer noch war er nicht sicher, ob er überhaupt auf der richtigen Spur war. Wenn Malte tatsächlich im Besitz der Karte gewesen war, was hatte er damit gewollt? Ihn erpressen? Aber weswegen? Er hatte Malte doch in keiner Weise Konkurrenz gemacht.

Aber jetzt war Malte tot. Schweiß trat Volker auf die Stirn, er wischte ihn weg. Seine Gedanken ratterten wie in einem Karussell, er fand keinen Anfang und kein Ende, beinahe so wie bei einem ihrer ersten Trips, kurz nachdem Fabian die Pilze angeschleppt hatte. Nichts ergab einen Sinn. Er sah sich um und betrachtete diesen Raum, als sähe er ihn zum ersten Mal. Unpersönlich, fast nüchterner als ein Hotelzimmer. Was für ein Mensch war Malte gewesen, wenn er es in seiner Freizeit in solch einer Umgebung aushielt? Was hatte hinter der Maske des übereifrigen Soldaten gesteckt, der Fabians Schatten gewesen war? Ein unbehagliches Gefühl beschlich Volker, obwohl er doch bereits einige Male zum Kartenspielen hier gewesen war. An diesen Abenden jedoch hatten Kerzen gebrannt, Chips auf dem Tisch gestanden, und eine CD von Queen war gelaufen. An diesen Abenden war ihm überhaupt nicht aufgefallen, wie trostlos Maltes Zuhause war.

Wenn er die Karte oder das Handy in der Wohnung fand, stand fest, dass Malte für Fabians Tod verantwortlich war. Aber auch wenn er die Karte nicht fand, musste das nicht unbedingt heißen, dass Malte es nicht gewesen war.

Alle für einen, einer für alle, hatte Fabian gesagt. Jetzt war nur noch einer übrig. Er selbst.

***

Na, Volker, wie fühlst du dich?

Gar nicht so einfach, innerhalb kurzer Zeit den zweiten Kameraden zu verlieren, oder? Erst Fabian, jetzt Malte. Erst eins, dann zwei, dann drei, dann vier … doch hier wird am Ende nicht das Christkind vor der Tür stehen. Im Gegenteil. Machst du dir Gedanken darüber, ob Gevatter Tod auch dir einen Besuch abstatten wird?

Einen Pfennig für deine Gedanken! Eigentlich müsste es ja Cent heißen, aber das gefällt mir nicht. Ein Pfennig oder auch ein Penny, das hat was, ein Cent nicht.

Ich beobachte dich, Volker.

Es wird mit jedem Tag interessanter, zu sehen, wie nervös du wirst.

Du suchst etwas, nicht wahr?

Und ich weiß, was du suchst. Deine Angst ist gestiegen. Ich kann sie förmlich riechen. Ich mag es, wenn du nach Angst riechst. Auch Malte hatte diesen Geruch. Und Fabian. Der allerdings erst in seinen letzten Minuten. Ich liebe den Geruch eurer Angst.

Ich habe einen neuen Ball ins Spiel gebracht, Volker, und ein Foto an die Polizei geschickt. Sie werden schnell eins und eins zusammenzählen. Dann werden sie kommen und fragen. Das wird deine Angst nach oben schnellen lassen.

Es ist ein Spiel, Volker. Ihr habt zuerst gespielt, Fabian, Malte und du. Einmal habt ihr gewonnen. Jetzt gewinne ich.

Dienstag

»Sach mal, Manssen, sind da wirklich nur die Fingerabdrücke von Baumann und Kleen auf dem Fläschchen? Und Baumanns über den anderen?« Oda hatte die Sache nach dem Aufwachen keine Ruhe mehr gelassen. Und da sie ein praktisch und ökonomisch veranlagter Mensch war, gerade im Hinblick auf Treppenstufen, war sie heute Morgen als Erstes in Manssens Büro im Hochparterre aufgeschlagen, bevor sie die weiteren Etagen in ihr Büro hochlief.

»Ja.« Manssen sah unverschämt ausgeschlafen und fit aus. So würde sie sich auch gern fühlen, aber gestern hatten Jürgen und sie spontan mit Freunden gekocht. Und das hatte gedauert, ganz nach dem Motto: Gut Ding will Weile haben. So gab es beim Zubereiten der Speisen den ersten Wein, und die verschiedenen Gänge benötigten ebenfalls ihre Zeit.

Die Gespräche waren intensiv gewesen. Bis weit nach Mitternacht hatten sie mit Werner, der Banker war, und seiner Frau Ingrid über die Zukunft Europas diskutiert, vor allem aber über die Deutschlands, über den ESM, den Europäischen Stabilitätsmechanismus, und die schier unvorstellbaren Garantien, zu denen Deutschland sich verpflichtete, aber auch darüber, dass die Staatsschulden der Krisenländer drei Komma neun Billionen Euro betrugen, die Schulden der Banken dieser Krisenländer jedoch neun Komma neun Billionen Euro. Oda hatte sich bislang nie so intensiv mit diesem Thema auseinandergesetzt, weil es ihr zu hoch erschien und weil sie wusste, sie konnte von ihrem kleinen Posten aus ohnehin nichts gegen die Entscheidung der Politiker tun. In den vergangenen Monaten und vor allem im gestrigen Gespräch war ihr der Irrsinn, dem Deutschland entgegenlief, zum ersten Mal so richtig klar geworden.

»Dennoch können wir nicht ausschließen, dass noch jemand anderer die Flasche in den Fingern hatte«, sagte Manssen, »denn Baumanns daktyloskopische Spuren waren zum Teil verwischt.«

»Das heißt?«

»Definitiv gibt es zwei verschiedene Fingerabdrücke. Die Wischer können durch eine dritte Person, aber auch durch Reibung in der Tasche entstanden sein.«

»Eine dritte Person. Aha.« Oda runzelte die Stirn und wandte sich zum Gehen. Auch das noch.

»Halt. Stopp. Nicht dass du dich jetzt in irgendwas verrennst. Ich hab dir lediglich alle Möglichkeiten aufgezeigt.«

»So wie ich dich kenne, gehst du bei diesem Zufall von gut getarnter Absicht aus«, vermutete Oda.

»Ach weißt du«, entgegnete Manssen mit einem müden Lächeln, »ich bin schon so lange im Geschäft und hab so viel vermutet, was nachher dann doch nicht stimmte, da verzichte ich mittlerweile lieber auf Schlussfolgerungen. Ich sage euch, was ich gefunden hab, und es ist euer Job, herauszufinden, inwieweit meine Fakten zu euren Überlegungen passen.«

»Mensch, Manssen, ich hab ja gedacht, bei mir wäre der Einstieg in den Tag schwierig gewesen, aber dir scheint eine noch gewaltigere Laus über die Leber gelaufen zu sein«, sagte Oda mitfühlend. So pessimistisch kannte sie den Kriminaltechniker, der immerhin einer ihrer liebsten Kollegen war, gar nicht.

»Unsinn.« Mit einem Mal war Manssen wieder gut gelaunt. »Ist nur so ernüchternd, wenn man Fakten hat, von denen man denkt, sie bringen den Durchbruch, durch die aber letztlich nur noch mehr Fragen aufgeworfen werden.« Er zwinkerte Oda zu und gab ihr einen freundschaftlichen Klaps auf den Oberarm. »Du kriegst das schon hin. Wenn ich einen Menschen in der Polizeiinspektion kenne, der alles aus anderen herauskitzelt, dann bist du es.«

Oda lachte auf. »Hey, willst du auf deine alten Tage noch ein Charmeur werden?«

»Ich glaub nicht. Das wäre mir auf Dauer viel zu anstrengend.«

***

Unter der Post, die die Kollegin im Haus verteilte, befand sich ein Schreiben, das zwar ausdrücklich an sie persönlich adressiert, aber ohne Absender war. Das war nichts Neues. Gerade in Mordermittlungen nicht, da gab es immer irgendwelche Spinner, die sich hinter der Anonymität versteckten und andere der Straftat bezichtigten. Christine legte den Brief zur Seite. Dafür war später noch Zeit. Die Berichte der Kollegen, die mit den Nachbarn von Fabian Baumann und Malte Kleen gesprochen hatten, die Untersuchungsergebnisse der Kriminaltechnik, die Ergebnisse, die Lemke anhand der überprüften Telefonlisten von Fabian Baumann geliefert hatte, all das erforderte ihre volle Aufmerksamkeit. Das letzte und wahrscheinlich wichtigste Telefonat, das Baumann am Vorabend seines Todes geführt hatte, war von einem Prepaid-Handy gekommen, das nicht mehr aktiviert und auf einen nicht existenten Namen registriert war. Das ärgerte Christine außerordentlich.

Zudem war Baumanns Handy bislang nirgendwo aufgetaucht. Das von Malte Kleen hatte man zwar in dessen Auto gefunden, aber es war durch den Unfall so zerstört, dass es eines Spezialisten bedurfte, um an persönliche Daten heranzukommen. Selbstverständlich hatte Lemke auch da eine Anfrage in Sachen Telefonverbindungen laufen. Genauso wichtig wie die Telefonate, wenn nicht sogar wichtiger, waren bei diesen Smartphones jedoch die persönlichen Dinge, denn die Geräte waren ja heutzutage nicht mehr nur Telefon, sondern eher ein Mini-PC.

Eine Stunde schon las Christine sich durch die Notizen der Kollegen. Jetzt brauchte sie dringend einen Tee. Sie stand auf und reckte und dehnte den Hals, da sie spürte, dass eine weitere Verspannung im Anzug war, die linksseitig heftige Kopfschmerzen mit sich brachte.

Warum gab es auf dem Fläschchen mit den K.-o.-Tropfen Spuren von Fabian Baumann *und* von Malte Kleen? Hatte Kleen die Tropfen, mit denen er sich »umbrachte«, von seinem Kameraden bekommen? Aber warum lagen Baumanns Abdrücke über denen von Kleen? Sie ging auf den Flur und schaute kurz ins Büro von Nieksteit und Lemke.

»Nix Neues«, sagte Nieksteit unzufrieden, als er ihren fragenden Blick sah, und wandte sich wieder dem PC zu. Auch er und Lemke waren also frustriert, weil zu wenig wirklich vorwärtsging.

Christine goss in der Personalküche kochend heißes Wasser auf den Teebeutel in ihrem Porzellanbecher mit dem Glücksklee, schmiss ihn nach zwei Minuten Ziehzeit in den Müll, ging zurück in ihr Büro und ließ sich auf ihren Schreibtischstuhl fallen.

Sie mussten etwas übersehen haben. Aber was? Etwas so Offenkundiges, dass keiner darauf kam? Der Tee war heiß, als sie den Becher an die Lippen setzte, fast hätte sie sich daran verbrannt. Was aber war offenkundig? Sowohl Fabian Baumann als auch Malte Kleen hatten mit Drogen zu tun gehabt. In beiden Fällen hatte Krüger Psilos in Blut und Urin nachweisen können. Allerdings gab es bei Fabian Baumann keinen Hinweis auf K.-o.-Tropfen, was die Tatsache, dass seine Fingerabdrücke die von Kleen auf dem Fläschchen überlagerten, in noch diffuserem Licht erscheinen ließ.

Es gab einen Fehler in ihrem Denken, und sie kam nicht dahinter, wo dieser Haken lag. Also musste sie bei Adam und Eva anfangen. Sie griff sich zwei Blanko-DIN-A4-Blätter, klebte sie mit Tesafilm zusammen und malte je einen Kreis auf jede Seite. In den linken schrieb sie den Namen Baumann und in den auf der anderen Seite Kleen. Doppelte Pfeile, die von einem Kreis zum anderen gingen, beschriftete sie mit ›Psilos‹ und ›GHB‹. Sie wandte sich ihrem Computer zu und hatte innerhalb weniger Minuten herausgefunden, dass man nicht nur die Pilze, sondern auch die Tropfen im Internet kaufen konnte. Fünfundzwanzig Milliliter kosteten einhundertachtunddreißig Euro. Ein Irrsinn, dass so etwas überhaupt möglich war, aber immerhin ein Punkt, an dem sie ansetzen konnte.

Dass Malte Kleen durch die K.-o.-Tropfen derart außer Gefecht gesetzt worden war, dass er den tödlichen Unfall auslöste, musste aber noch lange nicht heißen, dass er die Dinger selbst genommen hatte. Auch dass das Fläschchen bei seinen Sachen gefunden wurde, war kein Beweis. Den Spuren zufolge gab es zwar einen potenziellen Kandidaten. Doch obwohl Fabian Baumanns Fingerabdrücke die von Malte Kleen überlagerten, konnte er diesem die K.-o.-Tropfen nicht verabreicht haben, denn zu dem Zeitpunkt war er schon mehrere Tage tot gewesen. Laut Manssen war ein Teil der Fingerabdrücke außerdem verwischt.

Was für ein Durcheinander. Nichts schien zusammenzupassen. Aber Christine spürte, dass in diesem Durcheinander die Fäden lagen, die sie der Lösung näher bringen würden.

Sie starrte erneut auf die Zeichnung und fügte Nora Brandis hinzu. Sie setzte die junge Frau in die Mitte, ließ den Pfeil jedoch zunächst nur von ihr zu Fabian Baumann gehen. Welche Rolle spielte Malte Kleen? Gab es eine Beziehung, und wenn ja, in welcher Form? *Cherchez la femme,* forderte schon ein altes französisches Sprichwort, und Nora Brandis bot sich als Mittelpunkt eines Beziehungsdramas hervorragend an. Zudem gab es einen dritten Freund, der am Abend vor Fabian Baumanns Tod dabei gewesen war. Volker Wilken, Zweiter Navigationsoffizier. Christine setzte auch ihn auf das Papier, weiter unten, an den Rand, weil sie ihm noch keine direkte Position innerhalb des Geflechts zuzuordnen vermochte. Wieder betrachtete sie ihre Konstruktion. Dann nahm sie aus ihrem Papierhalter verschiedenfarbige Zettel, schnitt sie zu Kreisen und beschriftete sie mit Ute Baumann und Lutz Baumann. Auch für die Drogen bastelte sie einen eigenen Kreis, selbst wenn sie die schon an den Pfeilen notiert hatte.

Sie schob die bunten Kreise auf ihrer Zeichnung umher. Ute Baumann legte sie ganz nah neben Fabian Baumann. Die Drogen platzierte sie zwischen Fabian Baumann und Malte Kleen. Etwas unschlüssig betrachtete sie den blauen Kreis, der Lutz Baumann darstellen sollte. Vom Gefühl her müsste er oberhalb der anderen liegen. Wie ein Marionettenspieler, der die Fäden in der Hand hielt. Ja, so erschien es ihr richtig. Sie griff gerade nach ihrem Becher, um einen Schluck des inzwischen lauwarmen Tees zu trinken, als Oda hereinkam.

»Lass uns noch mal mit der Brandis reden«, sagte sie, »ich hab gerade mit ihr telefoniert, sie wartet auf uns.« Oda bemerkte die Zettel auf Christines Schreibtisch und trat näher. »Cool. Ist 'ne gute Idee, das so zu machen.«

Um besser sehen zu können, legte sie den Kopf schief, trat

dann aber hinter Christine, sodass sie den gleichen Blickwinkel hatten. »Ja. Die Drogen würde ich auch zwischen die beiden Toten schieben. Aber den Wilken würde ich nicht so an den Rand setzen. Ich glaub, der spielt eine Rolle. Gib dem doch auch einen bunten Kreis.«

Oda kramte einen grünen Zettel aus dem Papierhalter; dabei fiel der Umschlag herunter, dem Christine bislang keine Beachtung geschenkt hatte. Oda hob ihn auf.

»Ah, ein anonymer Verehrer.« Sie zwinkerte Christine zu und legte den Brief auf die Zeichnung.

»Das Übliche in solchen Fällen.« Christine bastelte schnell einen grünen Kreis, schrieb »Wilken« darauf und schob ihn in Richtung der anderen Kreise auf dem Papier. »Meinst du, hier liegt er richtig?«, fragte sie Oda.

Die verzog abwägend den Mund. »Lass uns das entscheiden, nachdem wir mit Nora Brandis und auch noch mal mit den Kollegen auf der ›Jever‹ gesprochen haben«, schlug sie vor.

»Du hast recht.« Christine ließ alles so auf ihrem Schreibtisch liegen, wie es war, schnappte sich ihre Jacke und die große Tasche und verließ gemeinsam mit Oda das Büro.

***

Lutz Baumann saß in seinem Büro in der Vierten Einfahrt, wie der Marinestützpunkt Heppenser Groden von den Wilhelmshavenern genannt wurde, und stierte auf den Monitor. Er war sehr früh aufgestanden, hatte nicht mehr einschlafen können, nachdem er um halb fünf wach geworden war. Wieder einmal hatte er im Gästezimmer übernachtet. An Utes Seite schlief er schon seit Monaten nicht mehr. Ihr gegenüber hatte er den Auszug aus dem Schlafzimmer damit begründet, dass sie derart schnarchte, dass er keine Ruhe fand. Doch das war vorgeschoben. Ob Ute tatsächlich schnarchte, wusste er nicht, normalerweise schlief er tief und fest, aber es ging eben nicht mehr, neben Ute zu liegen.

Er dachte an den Vorwurf, den sie ihm in ihrer Angst gemacht hatte. Leider lag sie gar nicht so falsch mit ihren Befürchtungen.

Lutz empfand Nora gegenüber nicht so, wie ein Mann der Freundin seines Sohnes gegenüber empfinden sollte. Da war wesentlich mehr. Nora brachte ihn zum Lachen. Mit Nora konnte er über alles und jeden reden, sie interessierte sich für das, was er erzählte. Sie war intelligent und geistig wendig, konnte von einem ernsten Thema ebenso schnell auf ein humoriges umschwenken wie andersherum. Sie war voller Leben, voller Neugier und voller Lust auf das, was es an Schönem in der Welt zu erfahren gab. Wenn Lutz Nora sah, ging für ihn jedes Mal die Sonne auf.

Er hatte geglaubt, sie würde das genauso sehen. Warum sonst hätte sie sich immer wieder allein mit ihm getroffen. Warum sonst hatten sie sich miteinander wohlgefühlt, im Auto am Banter See sitzend und redend. Das hatte so etwas Intimes gehabt, auch ohne körperliche Intimität. Es war besonders gewesen. Er hatte geglaubt, sie sei in demselben Zwiespalt gefangen wie er, müsse ihre Gefühle ihm gegenüber unterdrücken. Er hatte geglaubt, wenn er nicht Fabians Vater gewesen wäre, sondern ein Fremder, hätte sie längst mit Fabian Schluss gemacht.

Und so hatte er sich zurückgehalten, hatte die Liebe zu seinem Sohn über die Zuneigung – anders wagte er es nicht zu bezeichnen – zu Nora gestellt. Und war nun hin- und hergerissen zwischen seiner Trauer um Fabian und den Gefühlen zu Nora.

Er verachtete sich dafür, dass er nicht so fühlte wie Ute.

Er verachtete sich dafür, dass ein Teil seines Selbst zufrieden war, keinen Konkurrenten um Nora mehr zu haben. Und er verachtete sich dafür, seiner Frau, mit der er immerhin seit fast drei Jahrzehnten zusammen war, keine wirkliche Hilfe sein zu können.

Doch mehr als alles andere wünschte er sich, es hätte diesen letzten Streit mit Fabian nicht gegeben.

***

Nora hatte darum gebeten, das Gespräch außerhalb ihres Elternhauses zu führen. Selbst wenn ihre Mutter nicht im Raum war, hatte Nora die Befürchtung, dass sie etwas mitbekam. Und das wollte Nora auf gar keinen Fall. So hatte sie sich mit der Kommissarin am Südstrand verabredet, von wo aus man über den Jadebusen bis nach Dangast gucken konnte. Bei gutem Wetter jedenfalls. Bei Nebel oder Regen konnte es passieren, dass man buchstäblich ins Graue blickte. Aber das Ambiente im »Kaffeehaus am Südstrand«, der »Seenelke«, war schön, der Milchschaumberg auf dem Milchkaffee riesig und die Kuchen hausgemacht. Natürlich war es noch zu früh für Kuchen, eher die Zeit für ein Mittagessen, doch Nora hatte keinen Appetit, obgleich die Lachsbrötchen hier ganz hervorragend waren. Sie hatte sich an einen Tisch direkt am Fenster gesetzt. Mit Fabian hatte sie immer gern auf einem der alten Sofas gesessen, in denen man förmlich versank. Nora verbot sich jeden Gedanken daran.

Cora lag ruhig zu ihren Füßen. Nora wappnete sich für das, was auf sie zukam; es schien ihr, als ob die Phase der Erkundung vorbei war, sie konnte sich vorstellen, um was es bei dem Gespräch gehen würde. Die Bedienung servierte den Milchkaffee mit einem Glas Leitungswasser. In diesem Moment ging die Tür auf und ließ mit einem Schwall eiskalter Luft die beiden Kommissarinnen herein. Kurz war Nora versucht aufzustehen, blieb dann aber doch sitzen. Die wollten etwas von ihr. Nicht umgekehrt.

Die Kleinere mit der undefinierbaren Haarfarbe zwischen Schwarz und Rot beugte sich zu Cora hinunter und streichelte sie, die Größere gab Nora die Hand und setzte sich, ohne der Hündin einen Blick zu gönnen.

»Danke, dass Sie sich noch mal Zeit für uns nehmen«, sagte Christine Cordes. Nora vermutete, dass das ein Standardsatz war, denn es gab ja wohl keine Möglichkeit, sich einem solchen Gespräch zu entziehen, wenn man sich nicht verdächtig machen wollte.

»Natürlich helfe ich, wenn ich kann«, sagte sie.

»Das ist echt ’ne Süße«, sagte Oda Wagner, als sie von Cora abließ und sich Nora gegenüber an den Tisch setzte.

Nora lächelte. »Ja, sie ist wirklich ein Goldstück. Auch wenn sie teilweise meint, ihren Kopf durchsetzen zu müssen. Sie braucht eine feste Hand.«

»Genau wie Männer«, sagte Oda Wagner, und Nora lachte laut auf.

Die Kellnerin kam, nahm die Bestellung der Kommissarinnen entgegen: »Zwei Cappuccino«, und verschwand.

»Frau Brandis«, begann Christine Cordes, »es verdichten sich die Hinweise darauf, dass Ihr Freund nicht nur einmalig, sondern öfter mit Drogen zu tun hatte.«

Nora schluckte, sagte jedoch nichts.

»Vielleicht sollten wir ergänzen, dass wir nicht von harten Drogen reden, sondern dass es eher um die harmloseren Varianten geht«, schob Oda Wagner hinterher. Das machte sie Nora total sympathisch. Sie schien ein Mensch zu sein, dem nichts im Leben wirklich fremd war.

Automatisch richtete Nora sich so aus, dass ihre Körpersprache Oda Wagner als gewünschte Gesprächspartnerin definierte, doch Christine Cordes fuhr fort: »Es ist wichtig, dass wir erfahren, was genau es damit auf sich hat. Sie als Baumanns Freundin müssen doch Kenntnis darüber haben. Also bitte, keine falsche Zurückhaltung, es kann Fabian sowieso nicht mehr schützen. Im Gegenteil. Je mehr wir wissen, umso mehr Chancen haben wir herauszufinden, warum er sterben musste. Also: Seit wann handelte er mit diesen Drogen?«

»Handelte?« Jetzt war Nora total konfus. »Fabian hat doch nicht damit gehandelt. Wie kommen Sie denn auf so was?«

»Wenn er nicht damit gehandelt hat, wo ist dann das Zeug geblieben, das ihm kurz vor seinem Tod in nicht unbedingt geringer Menge geliefert wurde?«

Nora stützte den Ellenbogen auf den Tisch und fuhr sich mit dem Zeigefinger über die Nase. »Also, dass er damit gehandelt haben soll, ist mir völlig neu«, wiederholte sie.

»Aber?«, fragte Christine Cordes.

Nora hätte sich lieber mit Oda Wagner unterhalten. Die schien ihr umgänglicher. Obwohl die Cordes irgendwie Ähnlichkeit mit ihr selbst hatte, so von der Kleidung und vom Stil her. Vielleicht hätte sie aber gerade deshalb lieber die andere Polizistin als Gesprächspartnerin?

»Er hat die Sachen für sich gekauft.«

»Ach, hören Sie auf. Wir haben die Versandbestätigung und Bestellformulare auf seinem Computer gefunden. Das war nichts für einen allein. Zumindest nicht für einen, der damit während der Dienstzeit und auch sonst nicht auffallen wollte.«

»Manchmal hat er auch geteilt.«

»Mit Ihnen?«

»Nein!« Entsetzt schüttelte Nora den Kopf. »Ich hab das nie genommen.«

Jetzt mischte sich Oda Wagner ein. »Warum denn nicht?«

Nora brauchte einen Moment, um zu antworten. Tränen wollten nach oben steigen, aber die musste sie unterdrücken. Automatisch fuhr ihre linke Hand zum Mund, und ohne dass sie es kontrollierte, knabberte sie am Nagel ihres Daumens. Die beiden Kommissarinnen ließen ihr Zeit. Das war gut. Sie hätte nicht sagen können, ob es drei Minuten, vier oder fünf waren, in denen niemand etwas sagte, dann entschloss sie sich zu reden.

»Fabian war ein Mensch, der auf der Überholspur lebte. Einer, der auf der Sonnenseite des Lebens geboren war, der keine Grenzen kannte oder sie zumindest nicht anerkannte. Fabians Ziel war, so zu werden wie sein Vater, vielleicht sogar, seinen Vater zu übertrumpfen. Erfolgreich wollte er sein, angesehen und respektiert. Da trafen zwei Dinge aufeinander, die nicht so leicht vereinbar waren, denn seinen Vater würde er auf dem beruflichen Sektor kaum so schnell überholen können. Irgendwann sicher, aber nicht in absehbarer Zeit, es braucht viel Berufserfahrung, um Kommandeur eines Marinestützpunktes zu werden. Fabi hatte viel von Lutz, nur eben in der noch unausgereiften Form. Die Art, anderen Menschen den Eindruck zu vermitteln, er sähe auf sie herab, zum Beispiel. Fabi verstand es meisterhaft, andere glauben zu machen, sie würden auf keinem Gebiet gegen ihn ankommen, ihm nie das Wasser reichen können.«

»Wenn Sie von Lutz sprechen, meinen Sie Lutz Baumann, den Vater ihres toten Freundes. Ist das richtig?«, fragte Oda Wagner.

»Ja. Lutz ist ein beeindruckender Mann.« Nora stoppte kurz, fuhr dann jedoch fort: »Er ist ein Fels in der Brandung. Intelligent. Ein Mann mit Niveau. Wenn er in einer Gruppe ist, verblassen die anderen Männer.«

»Wow. Das klingt ja fast wie eine Liebeserklärung. Aber Sie waren doch mit dem Sohn liiert?«

»Natürlich.« Nora riss sich zusammen. Hoffentlich hörten die beiden Kommissarinnen den bitteren Unterton in diesem Wort nicht heraus. »Ich wollte Ihnen nur einen Eindruck von dem familiären Druck verschaffen, unter dem Fabian stand.«

»Lassen Sie uns auf die Drogen zurückkommen«, sagte Christine Cordes.

»Ja.« Nora atmete ein paarmal tief ein. Sie nickte, als ob sie sich selbst anfeuern müsste. »Wie ich schon sagte, lebte Fabian gern am Rande des Limits, testete alles aus. Einiges habe ich mitgemacht. Zum einen, weil ich neugierig war, zum anderen, weil er sagte, ich müsse es tun, um ihm meine Liebe zu beweisen. Das habe ich am Anfang auch getan. Als wir das erste Mal einen Joint zusammen rauchten, hab ich hinterher über der Kloschüssel gehangen und mich übergeben. Als tolles Erlebnis kann ich das nicht gerade bezeichnen. Ein anderes Mal haben wir Cannabis in Kakao aufgelöst und getrunken. Ich hatte aber keine wunderbaren Visionen oder Zustände, nur ganz viel Angst. Und wollte so was danach nicht mehr. Aber Fabi kam mit diesen Pilzen an. Die wären echt der Hammer, hat er gesagt, Dynamit für Gedanken und Gefühle.«

»Aber Sie wollten kein Dynamit?«, vermutete Oda Wagner richtig.

»Nein. Ich hatte eine Höllenangst vor allem, was stärker ist als Cannabis.«

»Fabian Baumann hatte in diesem Punkt aber wohl kein Verständnis für Sie?«

»Nein.« Es war ein leises Nein, aber dennoch eins, das die Dämme in Nora brechen ließ. Ohne dass sie es verhindern konnte, liefen die Tränen, die nicht erst seit Fabians Tod, sondern schon seit dem letzten furchtbaren Streit in ihr schlummerten.

***

Als Volker die Messe betrat und Katharina am Tisch sitzen sah, überlegte er nicht lang. Ohne zu fragen, setzte er sich zu ihr. Griff zur Schüssel mit den Nudeln und häufte sich den Teller voll. Bologneser Soße gab es, dazu einen grünen Salat mit Zitronendressing. Einfach, aber lecker. Wie alles, was an Bord der »Jever« zubereitet wurde.

Es war das erste Mal, dass er Katharina sah, nach …

»Jetzt auch noch Malte«, sagte er und wusste, in diesen Worten lag alles, damit war alles gesagt.

»Ja.« Auf Katharinas Teller befand sich nur ein kleiner Klecks Nudeln mit einem Hauch von Soße.

»Fabian und Malte. Innerhalb so kurzer Zeit.«

Katharina sah ihn an. »Was soll das denn jetzt? Möchtest du eine tiefenpsychologische Unterhaltung mit mir führen?«

»Bitte?« Nun war es an Volker, aufzublicken.

»So wie sich das anhört, fragst du mich, ob es Zufall ist, dass Malte und Fabian kurz hintereinander starben. Was soll ich denn dazu sagen? Die beiden sind auf total unterschiedliche Art ums Leben gekommen. Malte durch einen Verkehrsunfall, und bei Fabian weiß man doch noch gar nicht genau, was los war.«

»Ich frage mich halt, ob die beiden Todesfälle miteinander in Zusammenhang stehen. Ob das vielleicht keine Unfälle waren, sondern Absicht.«

»Absicht?«

»Mord, meine ich.« Sofort erschrak Volker über die Wucht und die Lautstärke, mit der er gesprochen hatte.

Ein Kamerad am Nebentisch warf einen kurzen Blick zu ihnen herüber, zeigte ihm einen Vogel und wandte sich wieder den anderen zu, doch im gleichen Augenblick sah Volker die beiden Kommissarinnen die Messe betreten.

***

»Da haben wir ja genau die richtige Zeit erwischt«, sagte Oda, als sie von Oberbootsmann Schröter in die Messe geführt wurden: »Mittagspause.«

»Mittags*lage*«, korrigierte die Soldatin. »Darf ich Ihnen auch etwas anbieten?«

Oda lehnte lächelnd ab. »Nein danke. Kurz nach elf ist noch nicht unsere Mittagszeit.«

Oberbootsmann Schröter lächelte ebenfalls. »Bei uns gehen die Uhren anders. Wir müssen unsere Mahlzeiten in einen Schichtplan integrieren, daher kommen wir zu diesen für Außenstehende sicherlich ungewöhnlichen Zeiten.«

»Jaja«, beeilte sich Oda zu sagen, »das war auch bitte nicht misszuverstehen. Ich kenne mich da ja überhaupt nicht aus. Ich weiß nur, dass um halb vier im Arsenal Feierabend ist, weil dann in Wilhelmshaven die Straßen dicht sind. So von wegen Feierabendverkehr.«

»Feierabendverkehr.« Natürlich musste Christine das so betonen, dass es augenblicklich übertrieben klang.

»Das klingt vielleicht übertrieben, wenn man es mit anderen Städten vergleicht«, äußerte Oda ihre Gedanken. »Aber hier bei uns ist eben zu der Zeit, wenn bei der Marine, egal, ob im Stützpunkt oder im Arsenal, Feierabend ist, der Straßenverkehr stark beeinträchtigt. Basta.« Am liebsten hätte sie ihre Hände in die Hüften gestemmt, und noch lieber hätte sie Christine mit deren eigener Handtasche eins verpult, als sie sah, wie ihre Kollegin in Übereinstimmung mit der Frau Oberbootsmann nachsichtig lächelte.

Na, der würde sie es aber zeigen! Ein nicht geringer Anflug alter Rivalität sprang sie an, doch sie erblickte Volker Wilken, der mit einer Frau bei Tisch saß.

»Da haben wir ihn ja«, sagte sie zufrieden und bedankte sich bei Frau Schröter, während sie schon auf Wilken und die junge Frau zusteuerte. »Gestatten?«, fragte sie und setzte sich, ohne eine Antwort abzuwarten.

»Ähh …« Volker Wilken war für einen Moment überrascht, dann fing er sich. »Katharina«, wandte er sich an die junge Frau, »das hier ist Frau Cordes von der Kripo Wilhelmshaven. Frau Cordes, das ist unser Zwo SSM, Oberbootsmann Katharina Arends.«

»Wagner«, korrigierte Oda schmunzelnd, »mein Name ist

Wagner. Meine Kollegin Christine Cordes unterhält sich grad noch mit Frau Schröter.«

»Entschuldigung.« Volker Wilken war dieser Patzer augenscheinlich unangenehm.

»Kein Problem, in einem solchen Fall ist man ja doch etwas konfus. Und wo jetzt auch noch ein zweiter Kamerad tot ist …« Oda ließ den Satz in der Luft hängen; einer der beiden Mariner würde den Faden schon aufnehmen. Es war Wilken.

»Ja, es ist furchtbar. Wir alle können es nicht fassen.«

»Das glaube ich gern«, sagte Oda mitfühlend und wandte sich an die Zwo SSM – was immer das war – Katharina Arends. »Kannten Sie die beiden Toten auch so gut wie Ihr Kollege?«

»Ich weiß nicht, was Sie unter gut verstehen, aber natürlich kennt man sich auf einem Schiff mit einer Besatzung von nur wenig mehr als einhundertsechzig Soldaten. Ich hatte allerdings eher Kontakt zum Zwo SVM Kleen als zum DO Baumann.«

Oda zog fragend die Augenbrauen hoch.

»Ein Schiffssicherungsmeister wie ich hat per Definition mehr mit dem Schiffsversorgungsmeister als mit dem Decksoffizier zu tun.«

»Ach so.« Oda lächelte ihr breitestes Lächeln. »Aber das meinen Sie sicher beruflich. Wie war das denn privat?« Mit so einer oberflächlichen Schmierseifenantwort würde sie sich nicht zufriedengeben.

»Privat …« Frau Arends überlegte, griff zu ihrer Apfelschorle, trank einen Schluck und stellte das Glas langsam zurück. »Ich glaube, wirklich privat kannte ich die beiden nicht.«

Oda registrierte ein kurzes Aufblitzen in Volker Wilkens Gesicht, konnte es jedoch nicht deuten. »Nicht?«, fragte sie überrascht. »Sie haben mir doch gerade selbst erzählt, dass Sie an Bord nur etwas über hundertsechzig Mann Besatzung sind. Da muss man sich doch auch privat kennen.«

Katharina Arends lächelte. »Nein. Das muss man nicht. Es ist abhängig von der … ja, sagen wir mal Hierarchie bei uns an Bord. Da hat man nicht mit jedem der Kameraden zu tun, kennt sie aber sicherlich vom Sehen. Stellen Sie sich das wie in einer Firma vor. Man pflegt nicht zu jedem Kameraden privaten

Umgang. Und so hatte ich weder zu Baumann noch zu Kleen engeren Kontakt.«

»Aber zu Herrn Wilken?« Oda guckte von der jungen Frau zu Volker Wilken.

Katharina Arends blickte ebenso direkt erst Oda, dann ihn an. »Ja«, sagte sie, und dieses Ja klang etwas gedehnt. »Zu Zwo NO Wilken habe ich eine andere Beziehung als zu DO Baumann oder Zwo SVM Kleen.«

Christine trat zu ihnen und setzte sich neben Oda, die sich davon nicht unterbrechen ließ.

»Hat Fabian Baumann an Bord mit Drogen gehandelt?«, fragte sie leichthin. Sie ging absichtlich nicht auf Katharina Arends letzten Satz ein. Darauf würde sie zu gegebenem Zeitpunkt zurückkommen. Überraschende Fragen brachten manchmal überraschende Antworten, das war eine Methode, auf die sie gern setzte.

»Mit Drogen gehandelt?« An dieser Stelle mischte sich Volker Wilken ins Gespräch ein. Wie ein kleiner Ritter, das jedenfalls war das Erste, was Oda in den Sinn kam. »Ich wüsste nicht, dass Fabian überhaupt damit zu tun gehabt hätte.«

»Och, Herr Wilken.« Oda legte die Stirn in Falten und kräuselte die Lippen. »Nun tun Sie doch nicht so. Wir wissen, dass Baumann selbst regelmäßig Drogen nahm und außerdem ausreichend Vorrat besaß, um locker einige Kameraden mitversorgen zu können.«

»Das glaub ich nicht. Für uns Soldaten gibt es bei Drogen keinerlei Toleranz. Wenn man damit erwischt wird, setzt man seine gesamte Existenz aufs Spiel.« Wilken wirkte ehrlich überrascht.

Oda warf einen Blick zu der jungen Frau an seiner Seite. Die machte ebenfalls ein Gesicht, dem kein Schuldbewusstsein anzusehen war.

»Sie behaupten allen Ernstes, nichts davon gewusst zu haben?«, fragte Christine.

»Nein. Wirklich nicht! Ich hab mit Fabian regelmäßig Skat gespielt. Dabei gab's Bier und manchmal auch 'nen Korn. Aber nichts Härteres. Dass er mit Drogen zu tun gehabt haben soll, ist mir völlig neu. Und gehandelt hat er garantiert nicht damit. Dafür würde ich meine Hand ins Feuer legen.«

Im Augenwinkel registrierte Oda, wie Wilkens Kameradin spöttisch das Gesicht verzog. Sie schien nicht so viel von Baumann zu halten.

Sie versuchte ein zweites Mal, Zugang zu Katharina Arends zu bekommen. »Sie verkehrten also weder mit Fabian Baumann noch mit Malte Kleen freundschaftlich?«

Ein schroffes »Nein« war die Antwort. Dann jedoch korrigierte sich die Soldatin mit einem Lächeln. »Die beiden waren mir zu … ja, wie soll ich das sagen … zu sehr von sich selbst überzeugt. Arrogant bis zum Gehtnichtmehr. Und alles, was von oben kam, nahmen sie als unantastbar hin.«

»Das ist ja nun mal das Los der Soldaten«, sagte Oda lax. »Ich weiß nicht, wo darin Arroganz liegen sollte.«

»Verstehen Sie mich nicht falsch. Natürlich stehe ich voll und ganz hinter dem, was wir im Auftrag der Marine tun. Die Unterstützung der Mission ATALANTA ist überaus wichtig, wir sorgen dafür, dass Handelswege frei bleiben und Menschen versorgt werden können.« Katharina Arends machte eine Pause. »Jetzt habe ich den Faden verloren«, gestand sie.

»Sie wollten mir erklären, warum sie Malte Kleen und Fabian Baumann für arrogant und selbstgerecht hielten«, half Oda ihr auf die Sprünge.

»Genau. Es war dieses Von-oben-herab-Getue, das ich nicht mochte. Nur Fabians Freundin war mir immer sympathisch, die ist ganz anders. Nora und ich machen zusammen Judo. Wir sind im selben Verein, kennen uns seit vielen Jahren. Allerdings haben wir unterschiedliche Gürtel. Ich trage den blauen Kyu, das ist der vorletzte Schülergürtel, Nora hat den zweiten Dan, sie trägt den schwarzen Gürtel. Aber das wissen Sie ja wahrscheinlich längst.«

Oda versuchte so zu tun, als ob das tatsächlich nichts Neues für sie war. Innerlich jedoch mischte sie die Karten neu, und nach jedem Mischen lag Nora Brandis als Herzdame zuoberst auf dem Stapel.

***

»Da kann man mal sehen, es gibt doch immer wieder Kleinigkeiten, die gar nicht so klein sind, aber die dir keiner erzählt«, schloss Oda. Sie fuhren in Christines Sportflitzer zurück zur Polizeiinspektion. Oda selbst saß ja lieber in Autos, in die man bequem einsteigen konnte und nicht so nach unten fiel wie bei diesem Teil, aber sie war andererseits auch froh, kutschiert zu werden und auf diese Art, gerade im Winter, nicht bei jedem Wetter auf dem Drahtesel durch die Gegend kurven zu müssen. Oft genug bekam sie dabei einen nassen Hintern. »Dass Nora Brandis und Katharina Arends gemeinsam Judo betreiben, hab ich bislang jedenfalls nicht gewusst. Du etwa?«

Christine konzentrierte sich auf den Straßenverkehr, schüttelte aber den Kopf. »Nein. Ich hab nicht mal gewusst, dass die beiden sich überhaupt kannten.«

»Siehste, ich auch nicht. Da tun sich also noch mal neue Wege auf.«

Inzwischen hatten sie die Polizeiinspektion erreicht, und Christine fuhr wieder einmal so rasant in eine Parklücke, dass Oda nicht nur unwillkürlich auf nicht existierende Bremsen stieg, sondern auch die Augen schloss. Das war etwas, was sie an Christine gar nicht mochte. Und was, das fand Oda jedenfalls, auch überhaupt nicht zu Christine passte: ihr forscher Fahrstil. Obwohl Christine sonst eher distinguiert war und zurückhaltend, benahm sie sich am Steuer ihres Cabrios wie ein Teenager, der gerade den Führerschein gemacht hatte und diesen aufgrund seiner Fahrweise nicht wirklich lang behalten würde.

»Ich werde mich um die Judo-Sache kümmern«, sagte Christine, als sie die ausgetretenen Treppenstufen zu ihrer Abteilung hochliefen. »Denn das ist ja im Hinblick auf die Todesumstände von Fabian Baumann nicht uninteressant.«

Oda folgte ihrer Kollegin in deren Büro. »Stimmt«, sagte sie und ließ sich in voller Montur auf Christines Schreibtischstuhl fallen, während Christine ihre Jacke an den Haken hinter der Tür hängte, die große Ledertasche an einen anderen, und umständlich ihren Block herauskramte. »Bislang sind wir davon ausgegangen, dass der Täter im Fall Fabian Baumann ein Mann gewesen sein muss. Aber die Erkenntnis, dass er von bezaubernden Frauen, die Kampfsport betreiben, geradezu umgeben war, ergibt ein neues Bild.«

»Ja.« Christine setzte sich auf die Schreibtischkante, warf einen Blick auf das Schaubild, das sie am Vormittag gezeichnet hatte, und sagte: »Das muss ich dann wohl noch mal überarbeiten.«

»Ich helf dir dabei.« Oda nahm einen Stift, zog aus dem Zettelkasten ein paar Blätter hervor und reichte sie Christine. Dabei fiel ihr Blick auf den noch ungeöffneten Brief. »Willste gar nicht gucken, was dir dein heimlicher Verehrer schreibt?«

»Nein«, sagte Christine, »lass uns erst das, was wir erfahren haben, in dieses Schaubild übertragen. Ich denke, das wird uns ein ganzes Stück weiterbringen. Wir müssen Nora Brandis mehr in den Fokus rücken. Sie scheint mir nicht das Unschuldslamm zu sein, als das sie sich darstellen möchte.«

»Na, also ich jedenfalls bin neugierig. Guck du dir den Brief an, ich kann hier weiter rummalen.« Oda drückte Christine den Umschlag in die Hand, schnappte sich einen pinkfarbenen Zettel, schrieb »Katharina Arends« drauf und »Judo« und ergänzte die Sportart auch bei der schon vorhandenen Nora Brandis.

***

Christine hatte seit jeher eine Abneigung gegen Briefe ohne Absender. Dabei war diese Abneigung logisch nicht zu begründen, denn sie hatte in ihrem Privatleben niemals einen beleidigenden oder bedrohenden anonymen Brief bekommen. Auch auf dem beruflichen Sektor hatten sich derartige schriftliche Hasstiraden in Grenzen gehalten, dennoch sähe sie es lieber, wenn die Post gleich beim Eintreffen in der Polizeiinspektion geöffnet und ihr in einer Postmappe auf den Schreibtisch gelegt würde.

Während Oda sich bemühte, den quadratischen Katharina-Arends-Zettel mit Hilfe einer Schere in runde Form zu bringen, öffnete Christine den Umschlag und zog ein Foto heraus.

Es zeigte einen Mann mit hellblauem Oberhemd und heruntergelassener Hose. Man sah seinen nackten Po, sein Gesicht sah man nicht. Vor ihm schien vornübergebeugt ein anderer Mensch halb auf einem Tisch zu liegen. Er war ebenfalls mit einem Hemd bekleidet, das Gesicht blickte nach links, lag aber im Dunkeln. Den Unterkörper konnte man nicht sehen, er war von der Gestalt des anderen Mannes verdeckt. Doch es konnte keinen Zweifel daran geben, dass dies die Aufnahme eines wie auch immer gearteten Sexualaktes war.

»Guck mal.« Ohne weiteren Kommentar warf Christine das Foto auf das Schaubild, an dem Oda gerade saß.

»Uups, was ist das denn?« Oda betrachtete das Bild eingehend, ohne es jedoch zu berühren. Mit einem Bleistift fuhr sie darunter und drehte es um. Doch es gab keinen Kommentar auf der Rückseite. Nichts. »Ist ein Schreiben dabei?«

Christine warf einen weiteren Blick in den Umschlag. »Nein. Nur das Bild. Sonst nichts.«

»Schade.« Oda sog die Luft durch die Zähne. »Was meinst du, ob es mit unserem Fall in Verbindung steht?« Ohne Christines Antwort abzuwarten, griff sie zum Telefon. »Ja, Oda hier«, sagte sie kurz darauf. »Christine hat nette Post bekommen. Ohne Absender. Ein Foto, das ihr mal untersuchen solltet. Ich tüte es gleich ein, Christine hat es allerdings schon in den Fingern gehabt. – Klar, natürlich pack ich auch den Umschlag ein. – Ja, manchmal sind die Absender so doof. – Manssen! Das … weiß … ich … alles. Wollte dich nur schon mal vorwarnen, kein Grund, mir eine Predigt aus dem Lehrbuch zu halten.« Oda legte auf. »Dieser Kerl«, sagte sie und grinste dabei.

***

Als Volker heute in seinem Auto nach Hause fuhr, war er froh, Feierabend zu haben. Rauszukommen aus den grauen Metallwänden der Fregatte, in denen er sich normalerweise wohlfühlte. Etwas jedoch hatte sich verändert durch Fabians und Maltes Tod, und er hatte das Gefühl, dass dieses Etwas auch ihn einzukesseln begann. Es wirkte geradezu beklemmend.

Wieder einmal fand er keine Parklücke vor seinem Hauseingang, so drehte er noch eine Runde und ließ den Wagen letzten Endes auf dem großen Parkplatz des Netto-Marktes stehen. Früher, als die Häuser gebaut worden waren und die

Stadtplaner ihre Ideen entwickelt hatten, wäre kein Mensch darauf gekommen, dass irgendwann zu jeder Wohnung nicht nur ein, sondern oft sogar zwei Autos gehören könnten. Aber das war eben früher, und jetzt hätte er gern direkt vor seinem Hauseingang geparkt. Da er aber eh schon auf dem Netto-Parkplatz war, lag es nahe, noch schnell einen Sechserträger Pils, ein wenig Rucola, Serrano-Schinken und Parmesan zu kaufen, dann würde er sich einen genussvollen Abend zu Hause machen. Balsamico-Creme hatte er immer im Kühlschrank.

Die Plastiktüte war nicht schwer; den Sechserträger trug er in der anderen Hand. Er lief über den Heppenser Berg – der natürlich kein Berg, sondern eine Warft war – auf den angrenzenden Friedhof der St.-Nikolai-Kirche. Hier waren sowohl seine Oma als auch seine Tante und seine Urgroßeltern beerdigt.

Volker kam oft her. An seiner Oma hatte er sehr gehangen, und immer, wenn ihn etwas plagte, führte er hier ein stilles Zwiegespräch mit ihr. Natürlich kam er auch sonst, buddelte Pflanzen aus, die nicht mehr so schön waren, ersetzte sie durch andere und »goss« seine Oma, damit sie nicht »austrocknete«, obwohl seine Eltern und auch sein Onkel und seine Tante ebenfalls regelmäßig kamen. Aber irgendwie fühlte er sich ihr besonders verpflichtet, immerhin hatte er ihre Wohnung übernommen und lebte ja quasi in direkter Nachbarschaft zu ihr.

»Ach Oma«, sagte er mit einer gewissen Verzweiflung, als er vor dem schwarzen Granitgrabstein mit der goldenen Inschrift stand. »Was hab ich da nur für einen Mist gemacht.« Er ging in die Hocke, denn er wollte nicht, dass andere Friedhofsbesucher hörten, was er sagte. Aber er musste es aussprechen, das war nichts, was er rein in Gedanken mit seiner Oma klären konnte. »Jetzt ist da so viel Chaos. Fabi ist tot. Und Malte auch. Ich hab solche Angst, dass das was mit dieser Sache zu tun hat. Und ich hab Angst, dass ich vielleicht auch … irgendwie … Aber ich kann mit keinem drüber reden. Was soll ich nur tun?«

Als ob sie ebenfalls eine Meinung dazu hätten, schlugen die Glocken der alten Kirche die halbe Stunde. Volker erhob sich. »Hör auf dein Herz«, vernahm er Omas Antwort in seinem

Inneren. »Aber lass deinen Verstand nicht außer Acht, mein Junge. Und vertrau dir selbst.«

»Danke, Omi.« Wie immer tätschelte er zur Verabschiedung den Grabstein und lief mit einem erleichterten Gefühl die wenigen Meter über den Friedhof zur Saarbrücker Straße, vorbei am Grab seiner viel zu früh verstorbenen Tante, der er jedes Mal einen Handkuss schickte. Noch heute hatte er sie als fröhliche Frau in Erinnerung. Die Nachmittage in ihrem Schrebergarten und das Paddeln mit seinem Cousin im Schlauchboot auf dem von Entengrütze übersäten Teich waren in seiner Kindheit das Größte überhaupt für ihn gewesen.

Er schloss die Haustür auf, nahm die Post aus dem Briefkasten und erklomm die Stufen in den ersten Stock. In der Wohnung stellte er die Einkäufe auf dem Küchentisch ab und sichtete die Schreiben. Werbung eines Telefonanbieters, Post von seinem Fitnessstudio, er solle doch bitte endlich das genormte Bild einreichen, das sie zum Ausstellen der neuen Fitness-Club-Card benötigten. Und ein Umschlag ohne Absender.

Sein Hals wurde trocken.

Zögerlich schlitzte er den Umschlag auf und nahm eine SD-Karte heraus.

Was hatte das zu bedeuten? Angsterfüllt sah er die Karte an. Sein Verstand riet ihm, die Polizei zu informieren. Wenn sich außer seinen noch andere Fingerabdrücke darauf und auf dem Umschlag befanden, wäre das vielleicht ein Schritt in Richtung Aufklärung von Fabians Tod. Es könnte sich ein Muster abzeichnen. Polizisten waren doch immer dankbar für Muster, denen sie nachgehen konnten. Sicherlich würden sie ihn beschützen, wenn er ihnen sagte, dass auch Malte so einen Chip erhalten hatte. Vielleicht würden sie sogar herausfinden, dass es bei Fabian ebenso gewesen war. Dann könnten sie auf ihn aufpassen, denn es bedeutete im Umkehrschluss, dass auch Volkers Leben in Gefahr war.

Er wollte das Telefon aus der Ladestation auf der kleinen Flurkommode im Eiche-Furnier-Design nehmen – ebenfalls ein Relikt aus Omas Zeiten –, als er stoppte. Es wäre wie ein Rennen ins offene Messer, wenn er die Polizei anrief, ohne

Kenntnis über die Informationen auf der Karte zu haben. Einen Moment lang starrte er das Telefon an, dann drehte er sich um.

Zurück am Küchentisch dachte er nach. Wer sollte es ihm schon übel nehmen, den Chip angefasst und angeschaut zu haben? Niemand. Vor allem deshalb nicht, weil das Anschauen eine unschuldige Neugierde zum Ausdruck brachte, die jemand, der sich eines Vergehens für schuldig hielt, nie an den Tag legen würde.

Jeder einzelne Fingerabdruck, den er auf dem Umschlag und der Karte hinterließ, würde seine Unschuld untermauern. Seine Unschuld an was auch immer. Ja, das war ein guter Gedanke. Er war völlig ahnungslos, darum konnte er mit allem sorglos umgehen. Und zur Not … Zur Not musste ja niemand erfahren, dass er diese Karte erhalten hatte.

Beherzt fuhr Volker sein Notebook hoch und verstaute derweil seine Einkäufe, wobei er allerdings ständig das Gefühl hatte, von diesem blöden Speicherchip beobachtet zu werden. Eigenartig schlapp setzte er sich auf einen Küchenstuhl. Starrte auf den Umschlag, auf die Karte und ließ seine Gedanken noch einmal Revue passieren. Doch er kam zu keinem anderen Schluss. Wenn auch Fabian so ein Ding erhalten hatte, wäre er der Nächste auf der Abschussliste eines Irren.

Doch wie bekam er heraus, ob seine Überlegungen den Tatsachen entsprachen? Er konzentrierte sich. Das alles war bislang reine Spekulation. Sicher, auch Malte hatte einen Chip zugeschickt bekommen, doch das brachte die beiden Todesfälle nicht miteinander in Zusammenhang. Es musste gar nichts mit ihnen zu tun haben.

Es lag alles im Auge des Betrachters, und was ihm heute noch äußerst kompliziert vorkam, konnte morgen, wenn er darüber nachgedacht und einige Stunden geschlafen hatte, den Druck verlieren und leichter zu überblicken sein. Er durfte nur den Glauben an sich selbst nicht verlieren.

Der PC war betriebsbereit, und er steckte den Speicherchip ein.

Nur eine Datei befand sich darauf.

Er klickte sie an.

Ein Word-Dokument. Ein Foto. Und ein Satz: *»Eene, meene, meck … und du bist weg.«*

Volker fühlte sich beim Anblick des Bildes, als ob ihm der Boden unter den Füßen weggerissen würde. Fabians Handy war also nicht verschwunden. Irgendjemand hatte es an sich genommen. Sein vager Verdacht gegen Malte kam ihm wieder in den Sinn. Kam dieser Brief von ihm? Hatte er ihn noch aufgegeben, bevor er tödlich verunglückte? Auf dem Weg zur Autobahn womöglich? So ungern Volker es sich eingestand, das würde zu Malte passen. Nach außen hin scheinheilig freundlich und von hinten die Messer wetzen.

Wenn das aber nicht von Malte kam, wenn jemand anderes dahintersteckte? Volker hatte das Gefühl, sich im Kreis zu drehen; er kam sich vor wie eine Katze, die ihrem eigenen Schwanz hinterherläuft. Alles drehte sich in seinem Kopf. Er versuchte, die einzelnen Bilder in einen Ablauf zu bringen, die wichtigen Informationen herauszufiltern, alles zu ordnen.

Doch nichts davon gelang. Es gab einen Bilderstrudel, ein Chaos aus Emotionen und Eindrücken, an dessen Ende klar war: Volker musste sich an die Polizei wenden.

Aber wenn er das tat, würde alles auffliegen.

Eene, meene, meck …

***

»Also, dass das ein erotisches Angebot sein soll, glaube ich eher nicht«, stellte Oda nüchtern fest, während sie das Bild betrachtete, das sie mit ihrem Handy von dem Foto gemacht und auf den PC übertragen hatte. Auch Niesteit und Lemke waren hier und studierten den Bildschirm. In Christines Büro war es inzwischen bullenheiß. Oda gab innerlich schmunzelnd zu, dass ihr dieser Ausdruck nur wegen der beiden männlichen Kollegen eingefallen war, aber »schiet wat drauf«, es stimmte ja.

»Richtig begeistert scheint die Person auf dem Tisch auch nicht zu sein«, meinte Niesteit.

»Wie kommst du denn darauf?«, fragte Christine. »Man sieht ihr Gesicht doch nicht.«

»Guckt euch die Körperhaltung an. Die Person liegt doch nur schlapp rum. So scheint es zumindest. Leidenschaftlicher Sex sieht meines Erachtens auch in dieser Position anders aus.«

»Hm. Da haste recht«, stimmte Oda zu. »Da stützt man die Hände auf den Tisch, hat den Oberkörper vielleicht etwas aufgerichtet, den Kopf nach hinten geworfen …«

»Verschone uns bitte mit Details«, bat Lemke rüde.

»Och, lass mich doch«, gab sie belustigt zurück, »gerade du …« Sie sah ihn an und erkannte, sie war mal wieder voll ins Fettnäpfchen getreten. Lemke war schwul, aber nicht alle hier wussten das. »Sorry«, sagte sie und wandte sich wieder an Niecksteit. »Du meinst also, das hier ist die Fotografie einer Vergewaltigung?«

»Das habe ich nicht gesagt«, antwortete ihr Kollege. »Ich hab lediglich darauf hingewiesen, dass die Person auf dem Tisch nicht so aussieht, als hätte sie Spaß.«

»Vielleicht ist sie nach dem Orgasmus auch einfach total geschafft.«

»Oder wir haben es doch mit einer Vergewaltigung zu tun«, griff Lemke trocken Odas Gedanken auf.

»Also ist alles möglich.« Oda seufzte.

»Aber nur in zwei Fällen macht es Sinn, dass mir jemand das Foto zuschickt«, entgegnete Christine. »Nämlich dann, wenn es sich um eine Vergewaltigung oder um eine Affäre handelt, die irgendwie mit dem Fall zu tun hat. Nur, warum schickt man das Bild dann anonym? Und dazu noch so unscharf.«

»Das Bild ist nicht einfach unscharf, es ist bearbeitet worden«, sagte Lemke, ohne seine Nase wie Niecksteit fast direkt an den Bildschirm gehalten zu haben.

»Bearbeitet? Woran siehste das?«, fragte Oda neugierig.

»Wirklich scharf abgelichtet ist nur der Mann im Vordergrund«, dozierte Lemke. »Der gesamte Hintergrund verschwimmt, allerdings stufenweise. Gesicht und Arme der Person, die auf dem Tisch liegt, sind bearbeitet worden, als würden sie im Dunkeln liegen, und keinesfalls zu erkennen. Eine noch deutlichere Entfremdung hat man beim Hintergrund vorgenommen. Da kann man außer Farbschemen gar nichts mehr ausmachen. Ist aber prima gemacht. Hier zum Beispiel.« Mit einem kurzfristig zum Zeigestock umfunktionierten Kugelschreiber wies Lemke auf die entsprechenden Stellen. »Derjenige, der das Foto geschickt hat, kennt sich in der Fotobearbeitung gut aus.«

»Du meinst also, es handelt sich nicht um einen verwackelten Schnappschuss, sondern um ein bearbeitetes Foto?«, fragte Christine.

»Hundertprozentig. Das hier ist im Original gestochen scharf. Nur dann kannst du solche Ebenen hineinbringen. Das ist fast schon Kunst, wenn ich das mal so sagen darf.«

»Also müssen wir im Umkreis der beiden Toten nach einem Fotografen suchen«, sagte Christine.

Oda ergänzte: »Kann auch ein Hobbyfotograf sein, Hauptsache, er versteht was von Bildbearbeitung. Lemke, du würdest dich doch auch nicht als echten Fotografen bezeichnen, bloß weil du tolle Bilder machst?«

Lemke schluckte. Klasse, da war Oda gleich ins nächste Fettnäpfchen getreten.

»Ich meine das natürlich beruflich«, versuchte sie, die Situation zu retten, und nahm sich vor, ihm in den nächsten Tagen als Entschuldigung ein Tartufo vom Italiener mitzubringen; Lemke aß auch im Winter gern Eis.

»Jaja. Ist schon klar.« Lemke nickte, klang aber nicht mehr so aufgeräumt wie noch Minuten zuvor.

»Hey … ich hab das echt nicht so gemeint.«

Er verzog das Gesicht.

»Und ich wollte deine Fotografierkunst auch bestimmt nicht herabwürdigen …«

Lemkes Gesichtsausdruck veränderte sich nicht.

»Mann, nun mach's mir doch nicht so schwer. Natürlich schießt du supertolle Bilder, aber«, endlich hatte Oda den Punkt gefunden, mit dem sie dem Ganzen eine Kehrtwendung ins Normale geben konnte, »du machst das ja nicht als Brotjob.«

»Bitte?«

»Na, du machst das, weil du Spaß dran hast«, beeilte sie sich zu sagen, »du musst ja nicht davon leben.«

Lemke sog erbost die Luft ein, aber bevor er etwas entgegnen konnte, sagte Oda schnell: »Lass uns doch lieber wieder zum Punkt kommen. Zu dem Foto, das bearbeitet und verfremdet wurde, bevor man es uns schickte. Da stellt sich die Frage, warum. Was bezweckt derjenige damit, uns ein Foto, das, wie unser Experte Lemke sagt, im Original gestochen scharf sein muss, in dieser verfremdeten Form zu präsentieren?«

»Da hat jemand Spaß am Spiel«, vermutete Lemke.

»Genau. Das ist ein Puzzlestück«, ergänzte Niesteit.

»Also, mich erinnert es an dieses alte Fernsehquiz-Spiel mit der Kameralinse. Da wurde ein Bild Stück für Stück freigegeben, wobei es aber mit jedem neuen Element weniger Punkte fürs Erkennen gab. Wer hat das denn damals noch moderiert? Peter Frankenfeld oder Hans Rosenthal?« Oda überlegte. »Na, ist ja auch wurscht. Ihr habt recht, ich glaub auch, dass wir es mit einem Spieler zu tun haben. Einem, der Gefallen daran hat, uns Brosamen hinzuwerfen, die wir aufpicken sollen.«

Christine schürzte ablehnend die Lippen. »Nein, das glaube ich nicht. Es ist so viel Aufwand mit der Bearbeitung des Fotos betrieben worden, ich würde sonst was wetten, dass es für den Absender alles andere als ein Spiel ist. Weil er mit der Person auf dem Foto in einer engen persönlichen Beziehung steht.«

Oda konnte ein Seufzen nicht unterdrücken. »Liebchen«, sagte sie – ihre Tante hatte sie immer Liebchen genannt, und sie fand das eine nette Umschreibung für Dummchen –, »natürlich steht der Absender des Fotos mit der abgebildeten Person in enger persönlicher Beziehung. Wenn dem nicht so wäre, hätten wir das Original bekommen. Hier hat sich aber jemand ungewöhnlich viel Mühe gegeben, Dinge uns gegenüber unkenntlich zu machen. Und das wiederum wirft die Frage auf, wozu das geschah.«

***

Ute Baumann erwachte auch nach dem Nachmittagsschläfchen noch mit einem fürchterlichen Kater. Das war nichts Neues, das kannte sie. Sie hatte nicht erst seit Fabians Tod mit dem Trinken begonnen.

Schlimm waren nur die Erinnerungslücken. Sie wachte morgens auf und wusste nicht mehr, was sie die letzten Stunden am Vorabend getan hatte. Dabei meinte sie allabendlich, sich völlig unter Kontrolle zu haben und relativ klar ins Bett zu gehen. Dass dem nicht so war, stellte sie erst fest, wenn Saskia, Lutz oder Fabian mit ihr am nächsten Tag eine am Abend begonnene Unterhaltung fortführen wollten oder Bezug darauf nahmen. Oder wenn Lutz sie wieder einmal wegen etwas zur Rede stellte, was sie am Vorabend gesagt oder getan haben sollte.

Er gab sich nachsichtig. Scheinheilig nachsichtig. Auch wenn er im letzten Jahr mehrfach darauf gedrängt hatte, dass sie eine private Entziehungskur machte. Er würde sich um Diskretion kümmern, hatte er gesagt. Dieser Blödmann. Diskretion. Eigennutz war es, weiter nichts. Damit niemand mitbekam, dass es in seiner Supervorzeigefamilie nicht richtiglief. Nach außen hin alles gut, so sollte es wirken.

Aber so war es nicht. Nicht mehr. Sie hatte Lutz geheiratet, weil er ihr ein Leben in Wohlstand hatte bieten können. Er war attraktiv – auch heute noch –, kam bei den Frauen an, und es hatte ihr sehr geschmeichelt, dass er sich um sie bemühte. Ihre Freundinnen hatten sie beneidet, was zusätzlicher Anreiz war. Und am Tag ihrer Hochzeit hatte vor allem das Gefühl, eine Trophäe gewonnen zu haben, überwogen. Dass Lutz in den ersten Jahren ihrer Ehe viel auf See gewesen war, sodass sie ein recht freies Leben hatte führen können, war erfreulicherweise noch hinzugekommen. In den kurzen Perioden, wenn er zwischen zwei Einsätzen daheim gewesen war, hatten sie sich arrangiert. Keine großen Gefühle. Eine hervorragend funktionierende Vernunftehe. Sie waren beliebte Gastgeber und gern gesehene Gäste bei offiziellen Empfängen, den Treffen der Service-Clubs – Lutz mischte in vielen Vereinen mit – oder in kleinerer Runde. Sie gehörten dazu. Ute hatte stets das Gefühl gehabt, dass auch Lutz zufrieden mit diesem Leben war.

Bis Fabian Nora angeschleppt hatte. Nora, die im Gegensatz zu ihren zahlreichen Vorgängerinnen geblieben war. Zunächst hatte Lutz sie väterlich wohlwollend betrachtet. Ein weiteres Spielzeug für seinen Sohn. Nicht mehr. Doch irgendwann hatte Ute festgestellt, dass ihr Mann gern ebenfalls mit Fabians Spielzeug gespielt hätte. Und im Laufe des letzten halben Jahres hatte sie bemerkt, dass dieser Wunsch zu einem Verlangen geworden war. Fabian hatte es nicht sehen wollen, dabei war es offensichtlich. Selbst Saskia hatte manchmal einen schrägen Kommentar auf den Lippen gehabt, wenn Lutz wieder etwas für oder mit Nora unternommen hatte, während Fabian auf See war.

Als sie Fabian schließlich darauf angesprochen hatte, war dessen Reaktion barsch gewesen. »Du solltest nicht so viel saufen, Mutti«, hatte er gesagt. »Nora und Papa? Mit dir sind ja wohl sämtliche Pferde durchgegangen.«

Dieses Gespräch war gar nicht so lange her. Es hatte am Tag vor Fabians Tod stattgefunden.

Fabian hatte sich nicht mit diesem einen Satz begnügt. Er hatte sie bewusst und – wie es ihr vorkam – voller Genugtuung gedemütigt. Ihr vorgeworfen, sie brauche sich nicht zu wundern, wenn sein Vater anderen Frauen hinterherschaute, so verknöchert und humorlos, wie sie war. Da sei es nur logisch, dass Lutz, der mit Mitte fünfzig ja noch in Saft und Kraft stand, sich anderweitig umsah. Jedes von Fabians Worten war wie ein Messerstich für Ute gewesen.

Dass ihr eigener Sohn sich ihr gegenüber so verhielt, war ein Schock für sie gewesen. Sie hatte ihn doch unter ihrem Herzen getragen. Sie hatte ihn zur Welt gebracht, an ihrer Brust genährt. Wo war die sprichwörtliche Verbundenheit zwischen Sohn und Mutter? Wo die unsichtbare Nabelschnur, die ein Leben lang existieren sollte?

Er war gegangen nach diesem Gespräch. Ziemlich erbost gegangen. Sie hatte die nächste Flasche Rotwein getrunken. Dass sie ihn noch angerufen hatte, daran erinnerte sie sich nicht. Sie hatte nur am Morgen erstaunt gesehen, dass das Prepaid-Handy neben ihr im Bett lag. Fabian hatte es vor zwei Jahren für sie bei Aldi gekauft und sie gebeten, es nachts auf ihren Nachttisch zu legen. Falls es mal einen Stromausfall gebe und sie Hilfe brauche. Damals war er noch besorgt um sie gewesen, und Lutz war ja auch heute noch viel unterwegs.

Ein unkontrolliertes Schluchzen stieg in Ute auf. Sie hatte in der Nacht, in der Fabian gestorben war, mit ihm telefoniert, wie sie an der letzten gewählten Nummer auf diesem Handy gesehen hatte. Doch sie erinnerte sich nicht mehr daran.

Was hatte sie ihrem Sohn gesagt? War sie immer noch wütend gewesen, oder hatte sie ihn angefleht, ihr zu verzeihen? Sicher war Letzteres der Fall. Sie suchte, egal, nach was für einem Streit, stets die Schuld bei sich. Nie bei Lutz, Fabian oder Saskia. Warum sollte es an diesem Abend anders gewesen sein?

Mit diesem Gedanken versuchte sie sich zu beruhigen. Sie hatte Fabian um Vergebung gebeten. Und um die Möglichkeit, ihm das unter vier Augen sagen, ihn in den Arm nehmen zu können.

Man durfte nie im Zorn aufeinander zu Bett gehen. Das durfte man nie. Denn wenn es ein Unglück gab, konnte man die zornigen Worte nicht mehr zurücknehmen.

Ich würde alles dafür geben, zu erfahren, was ich dir in unserem letzten Telefonat gesagt habe, dachte Ute Baumann in stillem Zwiegespräch mit ihrem Sohn, während sie aus dem Weinregal im Keller eine Flasche Rotwein zog und zum Kellnermesser griff.

***

Ich frage mich, ob die Bilder schon ihre Wirkung entfalten konnten? Es amüsiert mich, mir vorzustellen, was das Foto bei Volker ausgelöst hat. Er ist nicht dumm. Er wird sofort wissen, in welcher Zwickmühle er sich befindet.

Er ist der Sensibelste der drei. Darum ist er auch als Letzter dran. Volker denkt mit. Fabian und Malte haben nur an sich gedacht. Sie hätten die Lehre, die ich ihnen erteilen wollte, selbst mit einem Begleitbrief nicht verstanden. Sie hätten das alles einfach abgeschüttelt wie ein Ganter das Wasser auf seinem Gefieder und wären zur Tagesordnung übergegangen.

Ich stelle mir vor, wie Volker über dem Bild sitzt und über den Satz nachgrübelt: Eene, meene, meck … Der alte Kinderreim. So wunderbar doppeldeutig vor dem Hintergrund, dass sowohl Malte als auch Fabian inzwischen im wahrsten Sinn des Wortes weg sind.

Wie wird er reagieren, wenn die Polizei ihn auf das Foto anspricht? Ich wünschte, ich könnte dabei sein. Zu gern würde ich in jenem Moment sein Gesicht sehen. Ich hoffe, dass sie die Aufnahme nicht gleich vor ihn auf den Tisch legen. Sondern sich mit Fragen herantasten. Dass Angst Volkers Herz umschließt, ihm die Luft zum Atmen nimmt.

Und dass er nicht sofort erkennt, dass die Polizei ein anderes Foto erhalten hat als er.

Es ist ein Spiel mit zwei Bällen. Jeder für sich birgt Zündstoff genug. Und ich bin gespannt, welcher zuerst explodiert.

Mittwoch

»Bevor wir noch mal zum Marinestützpunkt rausfahren, sollten wir einen kurzen Brainstorm machen«, bat Christine Oda. »Ist Siebelt da?«

Sie war sehr früh aufgewacht an diesem Morgen. Ihre Gedanken waren ab vier Uhr wieder einmal wild durcheinandergewirbelt. Aber es war kein konfuses Wirbeln gewesen, sondern ein Sog, der sich mehr und mehr in eine Richtung drehte. Und diese Richtung sprach leider nicht für Carsten. Das stellte sie zwar mit einer gewissen Wehmut fest, aber auch mit einem völlig neuen Selbstwertgefühl. Sie konnte selbst Entscheidungen in ihrer Beziehung treffen. Brauchte sich nicht mehr von denen ihrer Partner überrollen zu lassen, nur weil sie zu zögerlich war, aus Dingen, die unübersehbar waren, die Schlussfolgerungen zu ziehen.

In ihrer Ehe mit Frank war vieles nicht rundgelaufen, das hatte sie rückblickend erkannt. Sie hätte aktiv werden, eingreifen, Kompromisse schließen und verhandeln können. Vor allem aber hätte sie rechtzeitig Position beziehen müssen.

Dieses Rechtzeitige übte sie nun. Noch konnte sie einen Schlussstrich ziehen, bevor ihr Herz erneut mit allen Fasern an einem Mann hing, der es nicht verdient hatte. Carsten wollte sie vertrösten, doch wenn sie dem stattgab, würde es nicht aufhören. Gründe genug gäbe es immer, um ihre Beziehung vor Silvia und den Kindern geheim zu halten. Es hatte sie mehrere schlaflose Nächte gekostet, doch letztlich war sie zu der Erkenntnis gelangt, dass ihr Bauch wusste, was ihr guttat und was nicht.

Und definitiv nicht gut war es, sich in den Gesprächen mit Carsten zu verbiegen, wenn es darum ging, Verständnis für seine Verzögerungstaktik zu zeigen. In diesem Punkt beneidete Christine Oda, die immer so frei, wie ihr der Schnabel gewachsen war, ihre Meinung sagte.

Deren Antwort riss sie nun aus ihren Gedanken. »Nö. Noch

nicht. Der kommt erst gegen zehn, hab ich auf seinem Terminplan gesehen.«

»Dann lass uns zu Niecksteit und Lemke gehen«, schlug Christine vor. »Ich möchte gern noch einmal all das zusammentragen, was in jedem von uns seit gestern abgelaufen ist.«

»Hä?«

Christine ignorierte Odas übertrieben verständnislosen Gesichtsausdruck. Sie war sicher, jeder von ihnen hatte über das Foto und die möglichen Motive nachgedacht, die hinter der Übersendung und der Verfremdung des Bildes standen.

»Meine Güte, du bist heute aber auch begriffsstutzig«, erwiderte sie ungewohnt schroff. Da überlegte sie neben all dem privaten Kram, der sie beschäftigte, wie eine Blöde, und Oda tat so, als ob weder die beiden toten jungen Männer noch dieses Foto sie aus dem Gleichgewicht bringen konnten. Dabei hatte sie doch selbst einen Sohn, der altersmäßig nicht weit von Fabian Baumann und Malte Kleen entfernt war. »Ich will wissen, was euch – uns allen – noch zu diesem Foto eingefallen ist.«

»Mann, du bist aber gereizt«, stellte Oda fest, »haste grad Stress mit Steegmann?« Nach wie vor weigerte sie sich, Carsten einfach nur Carsten zu nennen, selbst wenn sie untereinander über ihn sprachen. Christine hegte den dumpfen Verdacht, dass das nicht nur daran lag, dass Oda Carsten im Alltag siezte, sondern vielmehr daran, dass sie ihn einfach nicht mochte.

»Weißt du, das hat jetzt überhaupt nichts mit dem Fall zu tun«, gab sie zurück. Christine vermutete, dass ihr Tonfall etwas zickig klang, doch das war ihr in diesem Augenblick egal. Sie stiefelte hinüber in das Büro der Kollegen, die in Anbetracht von Christines Forschheit überrascht aufblickten. »Ich will wissen, was euch noch zu dem Foto eingefallen ist«, sagte sie ohne weitere Einführung.

»Was willst du?«, fragte Niecksteit entgeistert und machte auf sie dabei einen leicht trotteligen Eindruck. »Das haben wir doch gestern schon gesagt. Hast du nicht mitgeschrieben? Soll ich dir ein Gedächtnisprotokoll schicken?«

»Ich möchte einfach wissen, was euch nach Feierabend noch

durch den Kopf gegangen ist. Ich jedenfalls habe noch lange darüber nachgedacht und weigere mich zu glauben, dass ihr eure berufliche Neugier bei Dienstschluss an der Pforte abgegeben habt.«

Niekstei lachte, stand auf und drückte Christine einen Schmatzer auf die Wange. »Hast recht. Ich hab auch noch drüber nachgedacht. Da schickt uns jemand ein Foto, auf dem wir möglicherweise zwei Männer beim Geschlechtsakt oder sogar eine Vergewaltigung sehen. Es war ganz gezielt an dich adressiert, die du den Fall Fabian Baumann bearbeitest. Vielleicht ist er einer der beiden Männer auf dem Foto? Man kann zwar nicht übermäßig viel erkennen, aber ein paar Hinweise gibt es doch. Guckt mal hier, das muss ein Uniformhemd sein, man sieht die Tunnel für die Dienstgradabzeichen.«

»Dienstgradabzeichen? Tunnel? Ich denk, du bist nicht beim Bund gewesen?«, sagte Oda erstaunt.

»Bin ich auch nicht. Aber mein älterer Bruder. Und meine Mutter hat mich mit dem Bügeln von dessen Uniformhemden gequält. Damit ich weiß, wie das geht.«

»Ja, man sieht auch heute noch deutlich, wie prima du bügeln kannst«, meinte Oda belustigt und spielte damit auf Nieksteits ständig verknitterte T-Shirts an.

»Ich frage mich immerzu, warum das Bild so bearbeitet wurde, wie wir es hier vor uns sehen«, wandte Christine ein. »Ich hab das mal recherchiert, man kann mit Hilfe von Fotobearbeitungsprogrammen einzelne Figuren komplett ›freistellen‹, wie es so schön heißt. Da ist dann gar kein Hintergrund mehr zu sehen. Warum, zum Teufel, wurde der Hintergrund auf dem Foto also nicht einfach gelöscht, sondern verändert?«

Oda blies die Luft aus wie ein schnaubendes Pferd, und Niekstei zuckte mit den Schultern. Lemke jedoch lief zu Höchstformen auf.

»Wir haben ja gestern schon festgestellt, dass der Absender des Fotos vermutlich eine enge persönliche Verbindung zu einer der Personen auf dem Bild hat. Ich bin ja kein Psychologe, und die Verfremdung des Hintergrunds könnte natürlich einfach ein Bestandteil des Puzzlespiels sein, das der Absender mit uns spielt. Es könnte jedoch auch der Versuch sein, jemanden in Schutz zu nehmen.«

»Nein. Da muss ich dir widersprechen.« Das konnte Christine nun überhaupt nicht nachvollziehen. »Wenn ich den Täter schützen möchte, verfremde ich doch das Foto nicht. Dann vernichte ich es. Damit es keiner sieht.«

»Du musst vielleicht mal die Perspektive wechseln«, sagte Lemke in seiner typischen nachsichtig-verständnisvollen Art, die, wie Christine wusste, Oda schon oft zur Weißglut getrieben hatte. »Stell dir mal vor, es geht bei der zu schützenden Person nicht um den Menschen im Vordergrund, sondern um den, der da auf dem Tisch liegt.«

***

Mit einem Gefühl, als ob ein Kainsmal auf seiner Stirn prangte und jedem zeigte: Seht her, ich bin schuldig, war Volker am Morgen an Bord gegangen. Und doch war alles so wie immer. Niemand sah ihn schräg an, niemand tuschelte hinter seinem Rücken. Das löste einen Schwall der Erleichterung in ihm aus. Nur noch vereinzelt hörte man in Gesprächsfetzen die Namen von Malte und Fabian, der Rhythmus an Bord lief wieder geregelt ab. Also war die Sache mit dem Foto kein Rundschreiben gewesen, und nur er hatte derartige Post erhalten.

Den Umschlag hatte Volker gestern auf dem Balkon seiner Wohnung verbrannt, die Asche auf einem Porzellanteller aufgefangen und ins Klo gespült. Die Metallflächen der Speicherkarte hatte er zunächst mit einer Nadel zerkratzt, dann die Karte zerschnitten, die Reste in einen abgelaufenen Heringssalat gerührt und sie in einer Mülltonne in Voslapp, also am anderen Ende der Stadt, entsorgt.

Niemand würde das rekonstruieren können.

Dennoch hatte Volker die ganze Nacht wach gelegen und nachgedacht. Warum war außer dem »Eene, meene, meck«-Satz nichts weiter in der Datei gewesen? Was steckte dahinter? Vor allem: wer? Nach der ersten Panik war ihm klar geworden, dass Bild und Satz lediglich dem Zweck dienten, ihn in Angst zu versetzen. Garantiert würde es nicht bei dieser einen Nachricht bleiben. Etwas würde folgen. Wollte man ihn erpressen? Zu welchem Zweck? Geld hatte er keines.

Der Navigationsmeister, mit dem er auf der Brücke die Einzelheiten für die Ansteuerung des Suezkanals durchging, wiederholte etwas, was er offenbar gerade schon gesagt hatte. Volker merkte, dass er dringend einen Kaffee brauchte. Er war völlig unkonzentriert und überhaupt nicht bei der Sache. »Jaja«, murmelte er, ohne zu wissen, wozu er »Jaja« sagte. Immer noch starrte er durch die regennasse Scheibe ins Grau hinaus. An der hinteren Pier lag die Fregatte »Bremen«, jenes Schwesterschiff der »Jever«, das der F122-Klasse als Namensgeber gedient hatte. Aber auch die »Bayern«, ein Schiff der neueren F123-Klasse, war gestern in den Heimathafen eingelaufen. Fast verschmolzen die beiden Kriegsschiffe mit der rauen Nordsee und dem trüben Himmel.

Nein, ohne Kaffee ging jetzt gar nichts mehr. Erst nach einem gehörigen Energiekick wäre er in der Lage, sich wieder seinen Aufgaben zuzuwenden. In dieser Verfassung brauchte er gar nicht groß weiterzumachen. Es käme eh nichts Gescheites dabei heraus.

»Ich bin mal kurz in der Messe«, informierte er den Nav-Meister und verließ die Brücke.

Natürlich gab es in der Messe um diese Zeit keinen Service, den gab es nur zu den Essenszeiten und für Gäste, aber Volker konnte sich am Kaffeeautomaten bedienen. Er stierte in seinen Becher, als er zwei Stimmen vernahm, die er heute nicht hatte hören wollen. Die er eigentlich überhaupt nicht mehr hören wollte. Sein Herz begann stärker zu klopfen.

»Moin, Herr Wilken.« Oda Wagner ließ sich neben ihn auf die rot gepolsterte Sitzbank fallen. »Sagen Sie, sind Sie eigentlich immer hier? Müssen Sie denn nicht auch mal arbeiten?«

Wahrscheinlich meinte sie das scherzhaft, und wenn sie ihm dabei in die Seite gestupst hätte, hätte es ihn nicht gewundert, aber heute kam das irgendwie gar nicht gut bei ihm an. Kurz überlegte er, mit einer schneidenden Antwort zu parieren, entschied sich jedoch dagegen und ging lieber auf den lockeren

Ton ein. »Arbeiten? Hier im Hafen? Wie kommen Sie denn auf solche Ideen? Wenn wir in Wilhelmshaven sind, mache ich quasi bezahlten Urlaub«, flunkerte er zwinkernd und hoffte, dass keiner der beiden Kommissarinnen auffiel, wie viel Mühe ihn die scheinbare Leichtigkeit dieser Antwort kostete.

»Echt?« Die Verblüffung in Oda Wagners Stimme klang so natürlich, dass er tatsächlich laut lachte und gestand: »Unsinn. Das war natürlich gesponnen. Auch wenn wir im Hafen liegen, gibt es jede Menge für mich zu tun. Aber dann und wann brauche ich einen vernünftigen Kaffee. Purer Zufall, dass wir uns hier treffen. Was kann ich für Sie tun?«

»Wir haben ein Foto erhalten«, sagte Christine Cordes, die ihm gegenüber Platz genommen hatte.

»Anonym«, fügte Oda Wagner hinzu.

Volker schluckte. Er hatte sich also geirrt. Es gab keine Schonfrist. Warum aber hatte auch er das Foto erhalten? Das ergab doch keinen Sinn. Womit würde man ihn jetzt erpressen wollen, wenn der Kripo das Bild doch bereits vorlag? Hatte es vielleicht eine Warnung sein sollen, dass die Kripo deswegen auf ihn zukommen würde? Nein. Zu einer Warnung passte der knappe Text nicht. Eene, meene, meck … und du bist weg. Diese sieben Worte sagten nicht: »Pass auf, da kommt was auf dich zu.« Sie waren ein schadenfrohes Händereiben. Ein Hinweis darauf, dass er als Nächster auf einer Abschussliste stand, von der er nicht wusste, wer sie aufgestellt hatte. Und warum. Inzwischen vermutete er, nein, inzwischen war er sich sicher, dass Fabian und Malte die Positionen vor ihm eingenommen hatten. Er zwang sich zur Konzentration. Nur ruhig bleiben. Sich nichts anmerken lassen. »Ein Foto?«, fragte er überrascht.

»Ja. Man erkennt eine männliche Gestalt in Marineuniform.«

»In Marineuniform. Das ist ja nichts Schlimmes. Und unter uns gesagt«, Volker sprach bewusst in konspirativem, flüsterndem Tonfall, »gibt es in Wilhelmshaven jede Menge Menschen in Marineuniform.« Er zwang sich zu lächeln. »Darum gibt es auch sehr viele Fotos von Uniformierten.« Er hoffte, dass seine Furcht nicht mitklang.

»Es ist kein normales Foto«, gestand Christine Cordes. »Man

erkennt zwar deutlich den Mann im Vordergrund, der Rest des Bildes aber ist verwischt.«

»Verwischt?« Er runzelte die Stirn. Wieso verwischt? Das Foto, das er erhalten hatte, war doch scharf und deutlich.

»Es scheint bearbeitet worden zu sein«, sagte Oda Wagner. »Den Mann im Vordergrund erkennt man aber. Na ja«, korrigierte sie sich, »man erkennt ihn bestimmt, wenn man ihm schon mal begegnet ist. Für uns ist es dann doch nur die Aufnahme eines Rückens.«

»Eines Rückens. Sie haben ein Foto von einem Marinesoldaten in Uniform vor unscharfem Hintergrund, von dem man nur den Rücken sieht? Verstehe ich Sie da richtig?«

»Jaaa«, sagte Oda Wagner gedehnt, »aber anhand der Statur, der Haarfarbe und des Haarschnittes wird er von seinen Kameraden sicherlich zu identifizieren sein. Christine, gibst du mir das Bild mal bitte?« Während ihre Kollegin in ihrer Handtasche zu kramen begann, erklärte sie: »Der Typ hat dunkle, zumindest dunkelblonde Haare. Unsere Spezialisten versuchen derzeit alles, was die moderne Technik hergibt, um weitere Details herauszuarbeiten. Ist schon irre, was die da sichtbar machen können. Ich bin jedes Mal baff. Aber auch ohne unsere Spezialabteilung wissen wir, dass der Mann auf dem Foto von mittlerer Statur ist.«

»Mittlere Statur ist gut.« Volker lachte.

»Wie? Ist gut?«, fragte Oda Wagner.

»Sie sind doch heute nicht das erste Mal an Bord.«

Beide Kommissarinnen schüttelten den Kopf. »Natürlich nicht, das wissen Sie doch«, sagte Christine Cordes.

»Und Sie haben sicher auch die Menschen hier an Bord gesehen?«

»Mann, nun machen Sie es doch nicht so spannend«, meinte Oda Wagner ungehalten.

»Wir haben hier nur Marineangehörige von mittlerer Statur. Es gibt Richtlinien. An Bord dürfen die Kameraden zum Beispiel nicht größer als eins neunzig sein, und die meisten liegen einige Zentimeter darunter. Wir haben hier also im Grunde genommen nur ›mittlere‹ Größen, wie Sie grad so schön sagten.«

»Aber Sie haben auch ’ne Menge Glatzköpfige. Das ist mir aufgefallen.« So wie Oda Wagner das sagte, klang es fast ein wenig, als wollte sie auftrumpfen. »Das scheint ja heute Mode zu sein. Wenn ich mich an früher zurückerinnere …« Sie lachte, und ihr Gesicht wurde ihm dadurch ungewollt noch sympathischer. Es steckte ein gewisser Schalk in ihrem Blick. »Die Kerle, die – auch in jungen Jahren – schon Haarausfall hatten, mussten da durch. Oder sie ließen die eine Seite wachsen und kämmten sie hardcoremäßig über die Platte auf die andere Seite. Zack, ordentlich Haarspray drüber, dann hielt das.«

Volker sah, dass Christine Cordes ihre Kollegin ein wenig ungehalten anblickte. Mit leichtem Spott in der Stimme fragte er: »Das ist natürlich interessant, aber was hat das jetzt mit dem Fall zu tun?«

»Eigentlich nichts. Es war nur eine kurze Feststellung. Um wieder auf das Foto zurückzukommen: Der darauf abgebildete Typ hat Haare, also kann man alle Soldaten mit Glatze gedanklich vernachlässigen. Mehr wollte ich gar nicht sagen.«

»Ach so.«

»Jo. Hast du denn nun endlich das Foto?«, fragte Oda Wagner ihre Kollegin, die zwischenzeitlich mit dem Kramen aufgehört hatte und nun mit einem »Sofort« wieder in ihre große Tasche griff.

Volker versuchte so unauffällig wie möglich, tief Luft zu holen.

Oda Wagner lächelte entschuldigend. »Ich hab erst gar keine Handtasche. Da bleibt mir das Suchen erspart«, erklärte sie.

»Dafür würdest du ein ziemlich zerknittertes Foto aus deiner Hosen- oder Jackentasche ziehen«, sagte Christine Cordes scharf, während sie aus einem Notizblock ein Bild nahm und es vor Volker auf den Tisch legte.

Er starrte es an.

»Das haben Sie zugeschickt bekommen?« Seine Fassungslosigkeit war nicht gespielt.

Das Foto vor ihm war dasselbe, das er erhalten hatte, gleichzeitig aber auch wieder nicht.

Hier gab es nur den Mann im Vordergrund. Alles andere war

verschwommen, der Hintergrund nicht einmal mehr ansatzweise auszumachen. Die grenzenlose Erleichterung, die ihn in diesem Augenblick durchflutete, sollten die Kommissarinnen besser nicht bemerken.

»Ach du grüne Neune!«, sagte Volker. »Der hat ja die Hose unten.« Irgendetwas musste er schließlich sagen, und diese Feststellung schien ihm am ehesten geeignet beziehungsweise zwingend angebracht.

»Ja, das Bild wirft Fragen auf«, bekräftigte Christine Cordes. Volker registrierte aus dem Augenwinkel, dass Oda Wagner ihn weiterhin genau beobachtete. Noch einmal sog er die Luft ein, versuchte, sich auf diese Art einen Augenblick Vorschub zu verschaffen.

»Das sieht nach ziemlich starkem Tobak aus«, sagte er.

»Genau.« Oda Wagner stimmte ihm ohne Zögern zu. »Deshalb wollten wir eigentlich auch mit Ihrem Kommandanten darüber reden, aber der befindet sich leider gerade in einer Besprechung. Vielleicht können Sie uns schon sagen, wer der Mann ist?«

Volker schüttelte langsam den Kopf. »Nein. Auf Anhieb nicht. Lassen Sie mir einen Moment Zeit.«

Oda Wagner schob ihm das Bild zu. Wenn die gedacht haben sollten, dass er die Aufnahme in die Finger nahm und seine Abdrücke darauf hinterließ, hatten sie sich gewaltig geschnitten. Er ließ sich Zeit beim Betrachten. Seine Nervosität ebbte ab. Augenscheinlich wussten sie nichts, hatten nur dieses eine Bild. Er war ihnen also einen gewaltigen Schritt voraus. Plötzlich stutzte er.

Das war überhaupt nicht die Aufnahme, die er selbst erhalten hatte. Das da auf dem Foto war Malte. Wieder begannen seine Gedanken zu rasen. Was ging hier vor? Auf jeden Fall würde er erst einmal nichts sagen. Er konnte später immer noch behaupten, zu geschockt gewesen zu sein.

»Nein. Tut mir leid.«

»Das Bild ist vielleicht etwas dunkel, aber ich hatte eigentlich gehofft, Sie würden zumindest eine Vermutung haben, wer das sein könnte.«

»Leider nicht.« Volker legte Bedauern in seine Stimme. »Vielleicht liegt es daran, dass wir eben jede Menge Marinesoldaten hier im Stützpunkt haben. Sind Sie denn sicher, dass es sich bei dem Mann um einen Soldaten der ›Jever‹ handelt? Die Uniform tragen wir ja alle.«

»Nein«, gab Oda Wagner zu, »sicher sind wir nicht. Aber die Umstände legen die Vermutung nahe, dass dieses Foto mit der Fregatte ›Jever‹ in Zusammenhang steht. Immerhin sind zwei Besatzungsmitglieder ums Leben gekommen. Und bei beiden wurden Drogen nachgewiesen. Dass wir dann ein solches Foto erhalten, kann eigentlich kein Zufall sein. Darum brauchen wir Ihre Hilfe. Und die Ihrer Kameraden. Wir müssen herausfinden, wer der Mann auf diesem Bild ist. Er wird uns weitere Fragen beantworten können.«

»Sie glauben, dass der Mann auf dem Foto für Fabians Tod verantwortlich ist.« Volker spürte, dass sein Mund sofort wieder trocken wurde. Sollte er doch damit rausrücken, dass es Malte war?

»Nein. Zumindest gehen wir nicht zwingend davon aus. Was wir aber fest glauben, ist, dass die Handlung auf diesem Bild eng in Zusammenhang mit den beiden Todesfällen steht. Wie eng, wollen wir herausfinden.«

Volker blieb ernst. »Sie sagen: die Handlung auf dem Bild. Aber ich erkenne keine. Ich sehe einen Mann mit heruntergelassener Hose und einen Tisch, auf dem anscheinend eine andere Person liegt, vor verschwommenem Hintergrund. Sie gehen von einer sexuellen Handlung aus, oder?

Wagner nickte. »Genau.«

»Aber das wissen Sie noch nicht?«

Christine Cordes schüttelte den Kopf. »Nein.«

Volker merkte, dass er Oberwasser bekam. »Ich weiß nicht«, sagte er und machte ein unzufriedenes Gesicht. »Wenn ich das Bild betrachte, dann drängt sich mir der Gedanke an eine Fotomontage auf. Was ist, wenn wir es mit jemandem zu tun haben, der sich einen schlechten Scherz erlaubt?«

»Mit einem Scherz?« Dieser Gedanke schien Christine Cordes nicht zu gefallen.

»Oder mit dem Versuch, jemandem etwas anzuhängen. Ich finde, es sieht verdammt nach einer Fotomanipulation aus.«

»Gucken Sie es sich noch einmal genau an«, bat Oda Wagner. »Vielleicht kennen Sie den Mann doch. Könnte es einer der beiden Toten sein?«

»Einer der Toten?« Diese Frage brachte Volker wieder aus dem Konzept. »Sie meinen …« Noch einmal beugte er sich über das Bild. Jetzt konnte er nicht mehr so tun, als habe er beim ersten oder zweiten Hingucken nichts bemerkt. Er nahm sich Zeit. Sein Atem ging ruhiger. Nach einer guten Minute blickte er wieder auf. »Ich weiß nicht. Die Aufnahme ist wirklich sehr dunkel. Und es gibt viele Kameraden, die von hinten ähnlich aussehen. Es könnte Malte sein, ja, aber es könnte auch jeder andere sein. Na ja, nicht jeder, aber eine Menge anderer. Ich möchte mich da ungern festlegen. Und es kommt mir nicht abwegig vor, dass ein Kamerad beim Pinkeln fotografiert wurde und man ihn vor einen verschwommenen Hintergrund gesetzt hat. Ich meine, ich weiß ja nicht, welche Informationen Sie noch zu dem Bild bekommen haben, aber ich kann mir vorstellen, dass das irgendeine linke Nummer ist, die Sie irritieren soll.«

»Es gab keinen Brief zum Bild«, gab Christine Cordes zu. »Aber ich dachte immer, Männer würden zum Urinieren nur den Reißverschluss ihrer Hose öffnen und sie nicht runterziehen?«

»Es soll Ausnahmen geben.« Das Schmunzeln fiel Volker nicht so leicht. »Heutzutage werden viele Männer ja auch von klein auf nahezu genötigt, sich beim Pinkeln hinzusetzen.«

»Und Sie wollen uns weismachen, dass das auch hier an Bord befolgt wird? Das glaube ich im Leben nicht.«

»Ich habe nicht davon gesprochen, dass diese Aufnahme an Bord eines unserer Schiffe gemacht wurde«, korrigierte Volker, »ich habe lediglich vermutet, dass ein Marinesoldat beim Pinkeln fotografiert worden sein könnte. Außerdem: An Bord gibt es kein Putzgeschwader. Wir müssen selbst sauber machen«, erklärte Volker. »Da relativiert sich vieles.«

»Das kann ich nachvollziehen«, gab Christine Cordes zu.

»Dennoch. Ich möchte, dass Sie dieses Foto Ihren Kameraden zeigen. Vielleicht erkennt einer, ob es Malte Kleen oder ein anderer ist. Es geht auch gar nicht um Verdächtigungen, sondern nur um Hilfestellung. Denn wie Sie gerade zu Recht sagten, kann es auch eine Montage sein. Es würde vieles vereinfachen, wenn wir wüssten, wer uns das Bild geschickt hat und wer darauf abgebildet ist.«

»Und vor allem, was da im Hintergrund war«, fügte Oda Wagner hinzu. Dann sagte sie fröhlich: »Übrigens, falls Sie von diesem Laden mal die Nase voll haben … Leute mit Ihrer investigativen Art können wir gebrauchen.«

Volker lachte befreit. »Sie gucken also auch die Privatsender.«

»Ich sag nur, Sie sind ein schlaues Kerlchen«, erwiderte Oda Wagner.

»Wer ist ein schlaues Kerlchen?«, fragte eine sonore Stimme. Kommandant Tieden trat an ihren Tisch.

»Ihr Zwo NO«, sagte Oda Wagner. Volker schmunzelte darüber, wie schnell sich die Kommissarin an die Abkürzungen an Bord gewöhnt hatte.

»Jaja. Deswegen komme ich auch so gut mit ihm klar.« Tieden zog sich einen Stuhl heran. »Gibt es was Neues im Fall Baumann?« Er zeigte auf das Foto. »Darf ich?«

Christine Cordes nickte, und Tieden nahm das Bild in die Hand.

»Wir haben Herrn Wilken gerade gefragt, ob er uns sagen kann, wer der Mann ist«, erklärte Oda Wagner und umriss in kurzen Zügen das vorangegangene Gespräch.

***

Lutz Baumann gab Kaffeemehl in die Filtertüte der in die Jahre gekommenen Maschine, die er aus dem Keller heraufgeholt hatte. Mit dem Hightech-Ding, das Ute im letzten Jahr für knapp zweitausend Euro angeschafft hatte, kam er nicht zurecht. Ihm genügte eine Maschine, in deren Tank man Wasser füllte, deren Filter man mit Papiertüte und Kaffeemehl bestückte, dann auf einen Kippschalter drückte und ein paar Minuten später den

Kaffee in der Kanne hatte. Die Maschine begann zu arbeiten, er hörte das Wasser in den Filter laufen und nahm die Milch aus dem Kühlschrank.

Im Büro hatte er Bescheid gesagt, dass er heute zu Hause bleiben würde, denn gleich stand das Gespräch mit dem Geistlichen an, der am Samstag die Trauerrede für Fabian halten sollte. Sie hatten die Beerdigung verschoben, damit Fabians Patenonkel, Lutz' Bruder Peter, dabei sein konnte, der mit dem Versorger »Frankfurt am Main« übermorgen wieder in Wilhelmshaven ankommen würde.

Ute war noch nicht aufgestanden. Lag oben im Bett, vollgestopft mit Medikamenten. Heute jedoch hatte sie wohl noch nichts getrunken, er jedenfalls hatte nichts bemerkt. Vor einer Stunde hatte er ihr einen Tee hinaufgebracht und ein Rosinenbrot mit Butter. Jetzt hörte er die Schlafzimmertür.

»Ich geh unter die Dusche«, rief Ute von oben. »Muss ja vernünftig aussehen für das Gespräch.« Schon klappte die Badezimmertür.

Ja, das konnte sie schon immer gut. Nach außen vortäuschen, dass sie alles im Griff hatte. Lutz setzte sich an den großen Tisch im Esszimmer. Er hatte einen Strauß mit weißen Rosen und viel Grün gekauft, der malerisch aussah. Als Geschirr hatte er das Hutschenreuther von Utes Mutter genommen, das sie ihnen überlassen hatte, als sie aus ihrem eigenen Haus in die Seniorenresidenz gezogen war. Lutz wusste, dass Ute mindestens genauso großen Wert wie er darauf legte, dass es beim Empfang des Geistlichen vernünftig aussah.

Er griff zu einem der Fotoalben, die er auf den Tisch gelegt hatte. Fabians Alben. Ute hatte für jedes Kind Ordner angelegt, in die sie über all die Jahre hinweg Fotos geklebt hatte. Anfangs waren es noch solche, die auf Filmrollen geschossen und im Labor entwickelt werden mussten, später waren die Bilder mit digitalen Kameras aufgenommen worden. Ute hatte ihre Leidenschaft fürs Fotografieren entdeckt, und aus der ersten, noch einfachen Digitalkamera war im Laufe der Zeit eine digitale Spiegelreflexkamera geworden, mit extra Blitzaufsatz, wie bei den Profis. Lutz war froh, dass Ute, als die Kinder größer und inzwischen ja fast schon aus dem Haus waren, ihr Hobby intensiviert hatte. Sie besuchte Fotokurse, kannte sich mit Fotobearbeitung aus, und ihr Lieblingsspruch war, dass sie keinem Foto glaubte, das sie nicht selbst manipuliert hatte. So wie die Aufnahme, die Lutz an der Seite von Papst Benedikt XVI. zeigte und die sie neben die Porträtfotos der Kinder auf die Kommode im Wohnzimmer gestellt hatte. Gästen flunkerte sie mit diebischem Vergnügen vor, es sei als Schnappschuss bei ihrem letzten Rom-Besuch entstanden, in Wirklichkeit jedoch hatte Ute ihn einfach am PC neben den Papst gesetzt.

Lutz blätterte die Seiten durch. Fabian in seiner ersten Uniform. Fabian mit Nora und dem Hund. Fabian auf dem Segelschiff von Freunden, bei einer der Mittwochs-Regatten im Nassauhafen. Lachend, gut gelaunt, ein Jever-Pils in der Hand. Lutz schluckte. Auch er war nicht so stark, wie er nach außen hin tat. In der letzten Zeit hatte es oft heftigen Streit mit Fabian gegeben, aber Streitereien gehörten doch dazu, wenn ein junger und ein alter Stier unter einem Dach lebten. Er blätterte weiter. Ein gut gelaunter Fabian nach dem anderen. Auf vielen Bildern hatte er Nora im Arm.

Nora. Es gab auch eine Menge Fotos, die Lutz mit Nora zeigten, denn Ute hatte ja ständig fotografiert. Wo es ihn früher gestört hatte – dass Ute jedes Essen, jede Blume, alles, was sie gerade bemerkenswert fand, im Bild festhielt –, weil es eine Zeitverzögerung bedeutete, eine Unterbrechung des Spazierganges oder der Radtour, war ihm Utes Fotografier-Wut in letzter Zeit willkommen gewesen. Vor allem, wenn sie gemeinsam mit Fabian und Nora unterwegs waren. Lutz hatte auf seinem PC einen eigenen Ordner für diese Bilder angelegt und mit einem Passwort versehen: »Nortz«. Die Verschmelzung zweier Namen. Vor seinem inneren Auge tauchten diese Bilder nun auf. Nora, wie sie ihn anstrahlte, Nora, mitten in der Bewegung fotografiert, als sie gerade von einer lustigen Begebenheit bei der Hundeschule berichtete. Das war seine Lieblingsaufnahme. Nora in hellblauer Bluse auf der Terrasse, im Hintergrund das Grün des Weinlaubes und der Fichten; sie strahlte und gestikulierte.

Es klingelte an der Tür. Überrascht warf er einen Blick auf die Uhr. Der Geistliche kam eine Viertelstunde zu früh. Aber der Kaffee war fertig, und Ute würde sicher auch nicht mehr lange brauchen.

Er lief durch den Flur zu Tür. Sein Herz begann heftiger zu schlagen, als er durch die Milchglasscheibe die Silhouette erkannte.

»Wenn man vom Teufel spricht …«, sagte er lächelnd, als er Nora die Tür öffnete.

»Stör ich?«, fragte sie unbehaglich.

»Im Gegenteil. Schön, dass du da bist. Komm rein, du wirst ja sonst patschnass.« Er fasste sie an den Schultern, küsste sie auf beide Wangen und half ihr aus der regennassen Daunenjacke.

»Ich hab gedacht, ich unterstütze Ute beim Gespräch mit dem Pastor, ich wusste nicht, dass du auch da bist. Also … ich kann ja auch wieder …« Nora machte eine unbeholfene Geste in Richtung Tür, aber Lutz zog sie mit sich.

»Was für ein Unsinn«, sagte er. »Geh durch, ich hole den Kaffee.« Mit immer noch klopfendem Herzen nahm er die Thermoskanne von der Maschine und trat ins Esszimmer. Nora stand vor der Kommode und betrachtete die Fotos. Ute hatte Fabians Porträtaufnahme an der linken oberen Ecke mit einem schwarzen Seidenband versehen. Lutz stellte die Kanne ab, trat hinter Nora und umfasste sie. Für einen Moment lehnte Nora sich gegen ihn.

»Es ist so unfassbar. Ich kann es immer noch nicht glauben.«

Lutz drehte sie zu sich um. Sah ihr tränennasses Gesicht. Zärtlich wischte er ihr mit dem Daumen die Tränen von der Wange. Wie gern hätte er sie fest in dem Arm genommen.

In diesem Moment klingelte es zum zweiten Mal.

***

Nicht mehr lange, Volker, dann ist dein Leben nicht mehr so, wie du es kennst. Wie du es geplant hast. Wie du es führen wolltest. Nicht mehr lange, dann haben sich die Vorzeichen verkehrt. Eene, meene, meck …

Hat man dir das Foto gezeigt? Ich muss lächeln bei dem Gedanken, dass du erleichtert gewesen sein musst. Und bei dem Gedanken, dass diese Erleichterung nicht lang andauern wird. Schon morgen gibt es ein neues Foto. Für dich. Und für die Polizei. Diesmal ist es nicht mehr ganz so verschwommen. Man erkennt etwas mehr. Und die Person im Vordergrund ist deutlicher zu sehen.

Es ist ein Puzzlespiel. Ich liebe Puzzlespiele. Es ist so spannend, zu sehen, wie die anderen reagieren, wenn man ein weiteres Puzzleteil hinzufügt. Wenn die einzelnen Bilder zu einem Ganzen werden. Ich möchte sehen, wie du reagierst, wenn du merkst, dass du in einer Falle sitzt, aus der es kein Entrinnen gibt. Wenn du realisierst, wie ernst es ist. Dass du der Spielball eines anderen bist.

Spürst du es schon?

Wie fühlt es sich an, ein Spielball zu sein?

Du brauchst es mir nicht zu sagen, ich weiß es auch so. Ohnmächtig fühlt es sich an. Hilflosigkeit ist furchtbar. Überall und in jedem wirst du mich suchen, fragend beobachten, ob sich etwas zeigt, was deine Vermutung bestätigt. Es macht einen gewissen Reiz aus, auszuloten, wann dir bewusst wird, wer dahintersteckt. Wie du dann wohl reagierst? Offensiv? Bist du bereit, aktiv um deine Zukunft zu kämpfen? Wärst du dazu auch in der Lage? Ich würde keine Wette darauf abschließen.

Morgen, Volker. Morgen geht das Spiel weiter.

***

Der Anblick schnitt ihr ins Herz. Sie wunderte sich, dass sie das überhaupt noch wahrnehmen konnte, wo ihr Herz doch offen und wund war, als würden Chirurgen bei einer großen OP daran arbeiten.

Ute Baumann hatte die Türklingel gehört, gerade als sie den letzten Bürstenstrich gemacht hatte. Sie war es gewohnt, sich innerhalb kürzester Zeit vorzeigbar herzurichten, das war jahrzehntelange Übung. Auch nach dem Tennis schaffte sie es innerhalb von zwanzig Minuten zu duschen, die Haare zu föhnen, sich zu schminken und so aus dem Umkleideraum zu treten, als hätte sie keine Stunde Sport hinter sich.

Natürlich hatte sie Nora gesagt, sie könne bei dem Gespräch dabei sein, aber sie hatte nicht damit gerechnet, dass sie tatsächlich kommen würde. Es eigentlich auch nicht gewollt.

Als sie durch die geöffnete Badezimmertür Noras Worte gehört hatte, dass sie sie unterstützen, sie nicht alleinlassen wollte bei einem solchen Gespräch, vor allem aber, als sie Noras zurückhaltende Überraschung vernommen hatte, darüber, Lutz anzutreffen, war ihr Unmut der jungen Frau gegenüber verebbt. Konnte es sein, dass Nora in der Beziehung zu Fabian die Unterlegene gewesen war? So wie sie selbst in ihrer Beziehung zu Lutz? War Fabian seinem Vater ähnlicher, als Ute es jemals hatte sehen wollen? Obwohl sie noch keinen Lippenstift trug, hatte sie hinuntergehen, Nora umarmen und willkommen heißen wollen.

Sie war die Treppe bereits zur Hälfte hinabgelaufen, als der Blick ins Esszimmer frei geworden war. Sie hatte gesehen, wie Lutz auf Nora zutrat. Wie er die Arme um sie legte, sie an sich zog, zu sich umdrehte und ihr zärtlich die Tränen von der Wange wischte. Bei diesem Anblick hatte sich jener Strang ihres Herzens aufgelöst, der trotz allem noch immer die Verbindung zu Lutz gehalten hatte. Jeder Kraft beraubt, sackte sie auf der Treppe zusammen, nicht einmal in der Lage, wütend auf ihren Mann loszugehen, auf ihn einzuschlagen, ihn anzuschreien. Da war nur ein Vakuum. In dem eine Erinnerung aufblitzte.

Natürlich, warum hatte sie daran bislang nicht gedacht? Das war doch nicht unwichtig.

Es klingelte erneut.

Ute sah, dass Lutz von Nora abließ und die Tür öffnete. Sie biss die Zähne zusammen, stand auf und lief die restlichen Stufen hinab. Sie würde mit ihm darüber reden müssen.

***

Der Regen hatte nachgelassen. Gemeinsam mit Carsten saß Christine in der Parkstraße bei »Fernanduo«. Sie teilten sich ein warmes Ciabatta mit Salat, italienischem Schinken und gehobeltem Parmesan und tranken Kaffee dazu. Christines

Regenschirm stand an der Seite, sie durfte ihn später nur nicht vergessen, es war ein ganz besonderes Stück. Mitgebracht aus einem Kanada-Urlaub, passte er mit seinem Laubdesign perfekt in die herbstliche Jahreszeit.

»Das ist doch merkwürdig mit dem Foto«, sagte sie und wischte sich mit der Serviette die letzten Krümel vom Mund. »Was soll so was? Welche Absicht steckt dahinter?«

»Na, die Absicht ist doch wohl klar. Da will euch jemand auf etwas hinweisen. Die Frage ist: Worauf? Ihr geht davon aus, dass es sich um eine sexuelle Handlung dreht. Sofern es keine Montage ist, heißt das. Es kann also sein, dass der Soldat gerade mit jemandem Geschlechtsverkehr hatte und dabei fotografiert wurde.«

»Niekseit vermutet, es könnte deshalb bearbeitet worden sein, weil der Absender den Sexualpartner schützen möchte.«

»Du sagst, Wilken habe eingeräumt, dass der Soldat auf dem Foto Malte Kleen sein könnte?«

»Ja. Aber eher ungern.«

»Kleen ist tot. Lassen wir für einen Moment mal die Umstände seines Todes außer Acht, gehen wir nur davon aus, dass er tatsächlich der Mann auf dem Bild ist. Dann tauchen zwangsläufig einige Fragen auf. Erstens: Offenbar hält irgendjemand etwas an dem auf dem Foto verewigten Sexualakt für bemerkenswert, sonst hätte er es euch nicht geschickt. Wenn es also keine Fotomontage ist, wäre es interessant, zu wissen, wer die andere Person ist.«

»Da sind wir aber leider noch nicht weiter. Und es ist auf der Aufnahme ja auch nicht zu erkennen. Von der Besatzung kam bislang nichts, wir haben Wilken gebeten, das Foto auch seinen Kameraden zu zeigen.«

»Es könnte sich bei der zweiten Person sowohl um eine Frau als auch einen Mann handeln. Und egal, ob männlich oder weiblich, die Person könnte in einer festen Beziehung oder sogar in einer Ehe gebunden sein.«

»Nehmen wir mal an, es handelt sich um zwei Männer, dann wäre es möglich, dass zumindest einer der beiden sich offiziell noch nicht geoutet hat und damit erpressbar ist. In beiden Fällen wäre es fatal, wenn das rauskäme«, stimmte Christine zu. »Denn man darf nicht unterschätzen, dass diese Einsätze über mehrere Monate Extremsituationen sind. Von so was hört man ja auch immer wieder, wenn Leute zur Kur fahren.«

»Zur Kur? Wer von euch will zur Kur?« Oda trat an ihren Tisch, sie hatte die letzten Worte wohl gehört. »Darf ich mich zu euch setzen, oder seid ihr gerade in den Vorbereitungen für irgendwelche Kuren? Jürgen kommt auch gleich.« Sie wies mit der Hand auf das Gebäude gegenüber, in dem der »Wilhelmshavener Kurier« untergebracht war.

»Setzen Sie sich gern dazu«, erwiderte Carsten, noch bevor Christine etwas sagen konnte. »Wir reden gerade über das Foto.«

»Und da sind Sie auf Kuren gekommen? Eigenartige Querverbindung.« Oda sah ihn an, als hätte er nicht alle Tassen im Schrank.

»Nein«, beeilte sich Christine zu sagen, »ich wollte darauf hinaus, dass die Situation an Bord während eines mehrmonatigen Auslandsaufenthaltes eine extreme ist. So wie eben eine Kur auch.« Sie sah, wie sich Odas Gesicht spöttisch verzog. »Du brauchst da gar nicht so zu gucken. Man hört doch immer wieder, dass sich Menschen in einer Kur ineinander verlieben, und oft nur deshalb, weil sie sich unter anderen Bedingungen als im Alltag kennenlernen. Der mehrmonatige Einsatz auf einem Kriegsschiff ist ja auch kein Alltag.«

»So ein Quatsch«, sagte Oda und nickte, als Fernando mit der Frage »Einen Kaffee?« an ihren Tisch trat. »Das hat ja wohl gar nichts mit Kur zu tun, die müssen im Einsatz permanent aufmerksam sein, Entspannung findet da eher nachrangig statt. Außerdem ist es deren Job. Die Soldaten sind das Leben an Bord gewohnt, es ist für sie nichts Neues.«

Christine schüttelte den Kopf. »Das mag für viele gelten, aber garantiert nicht für alle. Vor allem nicht für diejenigen, die zum ersten Mal einen Einsatz fahren. Man kann ja nicht weglaufen. Ist auf den sehr überschaubaren Kosmos des Schiffes angewiesen. Du hast doch die Kammern und Decks oder wie das da alles heißt gesehen. Da ist eine Jugendherberge heutzutage schon richtiger Luxus dagegen. Aber ich will mich hier nicht mit dir um solche Sachen streiten, es geht ja nur darum, herauszufinden, was hinter dem Foto steckt. Wenn tatsächlich Kleen darauf abgebildet ist und wenn es tatsächlich zu Sex mit einem Kameraden oder einer Kameradin gekommen ist, dann müssen wir herausfinden, wer der oder die andere war.«

»Okay. Nehmen wir an, dass das Bild das Motiv für Kleens Tod ist. Dann kann es aber immer noch ein Suizid gewesen sein.«

»Wenn er die Originalaufnahme gesehen hat«, sagte Christine. »In seinem Appartement war die aber nicht, sonst hätte Manssen sie uns gezeigt.«

»Ich kann mir kaum vorstellen, dass jemand so ein belastendes Foto behält – wenn es überhaupt belastend ist«, gab Carsten zu bedenken.

Odas Handy piepte. »Ich auch nicht«, sagte sie und fingerte es aus der Vordertasche ihrer Jeans. Sie warf einen Blick auf das Display und sah enttäuscht aus. »Jürgen. Er kommt doch nicht, muss überraschend zu einem Außentermin.« Sie schaute durch die Glasfront auf die Fenster im ersten Stock des Kuriers und winkte. Dann fuhr sie fort: »Nein, solche Aufnahmen behält man nicht. Das Foto sieht ja auch nicht so aus, als ob es per Selbstauslöser gemacht wurde.«

»Gut. Es ist sicherlich kein Scherz, keine Selbstaufnahme und steht im Zusammenhang mit Malte Kleens Tod. Wir sollten uns dementsprechend darauf konzentrieren, nicht nur die beteiligte Person, sondern auch den Fotografen zu finden. Wenn er Malte Kleen und die andere Person mit dem Bild erpresst hat …«, Christine stockte.

»Dann könnte er jetzt auch tot sein«, ergänzte Carsten, und Oda fügte hinzu: »Womit wir bei Fabian Baumann wären. Der Kreis schließt sich.«

»Ja. So gibt alles einen Sinn. Fabian Baumann hat Fotos von Malte Kleen und der oder dem großen Unbekannten gemacht und seinen Kameraden damit erpresst«, sagte Christine enthusiastisch. »Kleen hat die Erpressung vielleicht als dummen Scherz angesehen und wollte mit Baumann darüber reden. Der allerdings wollte tatsächlich Geld oder etwas anderes. Es kam zu einem Streitgespräch, in dessen Folge Kleen Baumann umbrachte.«

»Wie passt denn da das gemeinsame Abendessen mit Volker Wilken rein?«, fragte Oda. »Also, wenn ich erpresst würde, würde ich nicht mit meinem Erpresser zusammen essen gehen.«

»Natürlich nicht. Aber Malte Kleen kann da noch davon ausgegangen sein, dass es ein schlechter Scherz von Baumann war, und sich deshalb mit ihm getroffen haben. Außerdem war beim Essen ja Volker Wilken noch dabei. Es eskalierte erst anschließend. Nachdem sie zusammen auf dem Parkplatz eine geraucht hatten und der Dritte im Bunde losgefahren war.«

»Die Leiche ist am Molenfeuer gefunden worden. Nicht am Nassauhafen«, gab Oda zu bedenken. »Und Baumanns Auto stand dort. Er muss also selbst hingefahren sein. Außerdem hat er ganz zeitnah vor seinem Tod einen Anruf erhalten. Wir wissen noch immer nicht, wer der Anrufer war.«

»Es sind sehr viele Unbekannte im Spiel«, sagte Carsten.

»Nein.« Christine hatte das Gefühl, sich mitten in einem Knäuel von Fäden zu befinden. Sie wusste, wo jeder hingehörte, um letztlich zu einem Strang zu werden, doch immer wieder entglitt ihr einer. »Lasst uns zu dem Abend zurückgehen, an dem Fabian Baumann starb. Er, Malte Kleen und Volker Wilken gehen essen. Als sie schon draußen sind, erhält Baumann einen Anruf. Sowohl Wilken als auch Kleen haben ausgesagt, dass er irgendetwas zugestimmt hat. Was das war, wissen wir allerdings nicht. Wilken fährt als Erster heim. Es bleiben Baumann und Kleen.« Christine setzte sich gerade hin. »Malte Kleen hat die Stimme vielleicht erkannt. Baumann, der, wie wir aus den zahlreichen Gesprächen erfahren haben, ja eine etwas überhebliche Art gehabt hat, könnte vor Malte Kleen auch damit geprahlt haben, dass er sich nun mit der anderen Person treffen würde, die er unter so besonderen Umständen fotografiert hatte.«

Oda war von Christines Euphorie angesteckt. »Genau. Baumann fährt als Zweiter. Richtung Molenfeuer, wo er sich verabredet hat. Kleen fährt hinterher. Er ist erfüllt von Wut, denn er realisiert jetzt, dass die Erpressung kein Scherz von Baumann war, sondern dass der tatsächlich vorhat, das Foto gegen ihn einzusetzen. Logischerweise ist Kleen noch vor dem Anrufer am Molenfeuer, die Auseinandersetzung eskaliert, und Kleen schlägt zu.«

»Ja, so könnte es gewesen sein«, stimmte Carsten zu. »Doch die Person, die mit Baumann verabredet gewesen war, hätte sich melden müssen. Immerhin stand sein Wagen dort, er selbst aber war nicht zu sehen. Da müsste er oder sie doch zumindest ein paar Schritte gegangen sein, ihn gesucht und auch die Leiche gesehen haben. Warum wurde dann nicht die Polizei verständigt?«

Oda zog die Nase hoch. Christines Gehirnwindungen liefen auf Hochtouren. »Vielleicht war er oder sie noch nicht ganz bis zum Molenfeuer vorgelaufen. Würde ich in der Dunkelheit auch nicht allein tun. Und selbst wenn, Baumann lag ja etwas unterhalb. Da hätte man ihn nicht zwingend sehen müssen. Er oder sie hätte aber auch gemeinsame Sache mit Malte Kleen machen können.«

»Gemeinsame Sache? So von jetzt auf gleich?«, fragte Oda zweifelnd.

»Nein. Eben nicht von jetzt auf gleich. Das ist ja das Geniale.« Christine wurde von Aufregung gepackt, sie standen kurz vor der Lösung. »Malte Kleen und die andere Person wurden von Fabian Baumann erpresst. Und weil sie keinen anderen Ausweg sahen, haben sie gemeinsame Sache gemacht: Kleen hat es so eingerichtet, dass Volker Wilken als neutraler Gesprächspartner beim Essen im Seglerheim dabei war, und die andere Person hat – abgesprochen mit Kleen – den Anruf getätigt. Getroffen haben sie Baumann dann am Molenfeuer. Gemeinsam. Ob nun beide oder nur einer die tödlichen Handkantenschläge gegen den Hals und auf die Ohren abgegeben hat, ist jetzt erst mal nicht so wichtig, auch nicht, ob es gezielt oder im Affekt dazu kam. Wichtig ist, dass wir wissen: Malte Kleen und der oder die Unbekannte haben gemeinsame Sache gemacht und Baumann umgebracht, um sich der Erpressung zu entziehen.«

»Jaaa, das wäre eine Möglichkeit«, sagte Oda gedehnt, und auch aus Carstens Miene sprach Zustimmung.

»Das hast du hervorragend aufgeschlüsselt«, sagte er.

»Na ja. Schon. Es könnte aber auch anders gewesen sein.« Oda fuhr sich mit der Zunge von innen über die Wange.

Christine hätte es ja ahnen können. Nein, Oda Wagner nahm so leicht keine Lösungsmöglichkeiten von anderen an.

»Es könnte zwar so sein, aber einen kleinen Haken gibt es an deiner Geschichte.«

Christine runzelte die Stirn. »Ja?«

»Das wäre alles total überzeugend, und ich würde auch sofort unseren lieben Staatsanwalt hier bitten, Haftbefehle auszustellen, wenn nicht auch Malte Kleen tot wäre.«

»Das war ein Autounfall, Oda«, erinnerte Christine ihre Kollegin.

»Ja, sicher. Das war ein Autounfall. Doch bei Kleen wurden K.-o.-Tropfen nachgewiesen. Das lässt mich ein wenig daran zweifeln, dass es wirklich ein Unfall war.«

»Ein Suizid könnte es auch gewesen sein.«

»Natürlich«, stimmte Oda nachsichtig zu. »Das ist ganz sicher möglich. Aber ich kann den Gedanken nicht beiseiteschieben, dass es nicht so war. Wenn deine Theorie stimmt und Malte Kleen gemeinsam mit der anderen Person auf dem Foto den Mord geplant hat, um Fabian Baumann loszuwerden, und sie es auch so erfolgreich erledigten, warum sollte er sich danach umbringen? Ich habe das dumpfe Gefühl, dass da noch jemand herumläuft, der mit mindestens einem der beiden Todesfälle zu tun hat.«

***

Ich hätte nicht herkommen sollen, dachte Nora, als sie zu viert um den Esstisch im Hause Baumann saßen und über Fabian redeten. »Wo ist Saskia?«, hatte sie gefragt, doch Lutz hatte erklärt, dass seine Tochter glaubte, nicht die Kraft für ein Trauergespräch zu haben, und zur Fachhochschule gegangen war.

Nora fühlte sich unwohl. Nein, sie gehörte hier nicht her. Nicht mehr seit dem Streit mit Fabian. Und so wie Lutz sich ihr gegenüber verhielt, war es fast schon eine Provokation für Ute. Er sollte seine Frau in den Arm nehmen, nicht sie. Warum sie ihren Vorsatz, das Baumann'sche Anwesen zu meiden, gebrochen hatte, wusste sie nicht. Vielleicht war es wirklich der Wunsch gewesen, Ute zur Seite zu stehen, gerade *weil* Lutz sich ihr gegenüber beim letzten Treffen so widerwärtig verhalten hatte. Oder gab es doch diese eigenartige Anziehungskraft, die sie hierher, zu ihm zog? Dabei hätte sie ihn vorhin am liebsten von sich gestoßen, als er sie dreist von hinten umarmt und ihr die Tränen abgewischt hatte. Aber sie spürte auch die Trauer in Lutz und das Bemühen, sich keine Blöße zu geben, keine Schwäche zuzulassen. Vielleicht war sie deshalb gekommen, weil sie das Bedürfnis hatte, beiden beizustehen. Ganz egal, es war ein Fehler gewesen. Utes spitzer Mund war nicht allein vor Trauer verzogen, wie Nora den kleinen Seitenhieben entnahm, die Ute losließ, wenn Lutz von Fabian erzählte. Jetzt gerade wieder, Lutz sprach über Fabians Pubertät, davon, wie begeistert er vom Fechtsport gewesen war.

»Ach was«, fuhr Ute dazwischen, »das kannst du überhaupt nicht beurteilen. Du warst so viel auf See, du hast das alles gar nicht richtig mitbekommen.«

Lutz sog die Luft ein, wollte augenscheinlich zu einer scharfen Antwort ansetzen, besann sich aber und bat seine Frau: »Na, dann erzähl du. Du hast recht, ich war wenig daheim.«

Es klang wie eine Entschuldigung für den Geistlichen, der neben Nora den Baumanns gegenübersaß. Er war ein kleiner Mann mit Kugelbauch und einer angenehmen Stimme, die man ihm so gar nicht zugetraut hätte. Und er schien Übung zu haben im Umgang mit Menschen, die in solchen Situationen nicht besonders liebevoll miteinander umgingen. Während Ute erzählte, suchte Lutz die dazu passenden Fotos heraus.

»Ich möchte, dass sie bei der Trauerfeier im Hintergrund gezeigt werden«, sagte er, als Ute zwischendurch innehielt. »Jeder soll sehen, was für ein prachtvoller junger Mann Fabian gewesen ist.«

»Das halte ich für keine gute Idee«, gab der Geistliche zu bedenken. »Suchen Sie sich ein schönes Foto aus, das stellen wir in Vergrößerung vorn neben den Sarg. Aber nehmen Sie Abstand von einer Fotoshow. Es wird ohnehin schwer genug für

Sie.« Er wandte sich an Nora. »Sie haben den Verstorbenen als Partner erlebt, Frau Brandis. Lassen Sie mich Fabian Baumann in dieser Rolle kennenlernen, erzählen Sie von Ihrer Beziehung.«

Ich hätte damit rechnen müssen, dass so eine Frage kommt, dachte Nora. »Wie war er als Partner …«, wiederholte sie und fühlte sich sowohl von Ute als auch von Lutz beobachtet. Warum starrten die sie so an? »Er war immer für eine Überraschung gut«, sagte sie und umschrieb damit, dass er teilweise übers Ziel hinausgeprescht war. »Gerade in der letzten Zeit. Als müsste er etwas aufholen. Er kam auf die verrücktesten Ideen. Aber er war auch liebevoll und zärtlich, und er hatte einen ausgeprägten Beschützerinstinkt.«

Sie wollte lieber nicht sagen, dass Fabian fordernder geworden war, sie zu Dingen hatte treiben wollen, die sie ablehnte, während seine Eifersucht in der letzten Zeit stärker geworden war. Dass sie ihm Rede und Antwort hatte stehen müssen, was sie mit wem gemacht hatte.

»Schildern Sie doch einfach eine typische Situation Ihres Zusammenseins. Es wird da doch sicher eine ganze Menge geben.«

Oh ja, dachte Nora. Zum Beispiel unseren letzten Streit, da kam der arrogante Egozentriker, der zunächst nur sich selbst sah und von anderen erwartete, ihn an erste Stelle zu setzen, sehr deutlich zum Vorschein.

Richtige Angst hatte sie da verspürt.

»Ja, natürlich«, sagte sie stattdessen und erzählte von dem Tag, an dem er ihr das kleine Büchlein geschenkt hatte. Dabei kam sie sich wie eine Lügnerin vor.

***

»Ich geh mit raus«, sagte Nora, als sie sich vom Geistlichen verabschiedeten. Ute fand, das war eine gute Idee. Sie wollte die Jüngere nicht mehr im Haus haben, wollte nicht sehen, wie Lutz um sie herumbalzte. Das war geschmacklos. Sein Sohn war tot, und er machte dessen Freundin an. Während sie die Trauerfeier besprachen! Dreister ging es ja wohl kaum.

»Bleib noch einen Augenblick«, bat Lutz denn auch und sah Nora mit einem Blick an, den Ute schon lange nicht mehr von ihm bekommen hatte. Sie schob sich dazwischen.

»Ich kann dich verstehen«, sagte sie und reichte Nora die Jacke. »Geh du mal. Es ist auch für dich nicht leicht. Da musst du nicht auch noch mit uns rumsitzen.« Sie sah die Erleichterung in Noras Gesicht.

»Danke.« Nora schlüpfte in ihre Jacke, nahm Ute zur Verabschiedung kurz in den Arm und eilte dem Geistlichen hinterher, bevor Lutz sich ebenfalls auf diese Art von ihr verabschieden konnte. Das tat Ute gut. Sie schloss die Tür. Lutz hatte sich bereits umgedreht und lief ins Esszimmer. Ute ging hinterher.

»Schämst du dich eigentlich überhaupt nicht?«, fragte sie ihren Mann, der die Foto-Ordner auf dem Tisch zusammenklappte und nach oben tragen wollte.

»Wofür sollte ich mich schämen?« Lutz machte ein unschuldiges Gesicht.

»Über die Art, in der du Nora hinterherhechelst?«

»Verschon mich mit deiner Eifersucht.« Lutz wollte an ihr vorbei, doch sie versperrte ihm den Weg.

»Oh nein, mein Lieber, so einfach kommst du mir nicht davon. Als ich das das letzte Mal angesprochen habe, war ich zugegebenermaßen zu betrunken. Aber ich hab es mir nicht eingebildet, auch wenn du inzwischen dein Handy wie deinen Augapfel hütest. Also: Was läuft da zwischen euch?«

»Sag mal, bist du bescheuert? Da läuft nichts. Nora ist die Freundin unseres verstorbenen Sohnes! Und so wie ich mich um dich und Saskia kümmere, kümmere ich mich eben auch um Nora. Sie hat immerhin ihren Partner verloren.« Lutz wollte sie beiseiteschieben, doch Ute stemmte sich in die Tür.

»Und du deinen Sohn, verdammt noch mal!« Jetzt konnte sie nicht mehr verhindern, dass sie laut wurde. »Wo ist denn deine Trauer, wo weinst du denn um Fabian? Warum habe ich das Gefühl, dass dir sein Tod gar nicht ungelegen kommt? Ist der Weg zu Nora jetzt frei? Willst du dich nach einer angemessenen Trauerzeit von mir scheiden lassen und ganz offen eine Beziehung zu ihr haben? Glaubst du, dass sie dich alten Sack überhaupt haben will?« Utes Stimme überschlug sich. »Hast du dir dafür diese kleinen blauen Pillen besorgt?« Sie sah, dass Lutz blass wurde.

»Du schnüffelst in meinen Sachen.« Er legte die Ordner zurück auf den Tisch und kam beinahe drohend auf sie zu. Ute schluckte. Das hätte sie wohl besser nicht gesagt.

»Ich hab nur Tabletten gesucht«, sagte sie zu ihrer Entschuldigung und wich einen Schritt zurück. Trotzig fügte sie hinzu: »Weil du nicht da warst.« Der Vorwurf klang deutlich heraus. »Fass mich nicht an«, riet sie ihm, als er schon nach ihrem Oberarm greifen wollte. »Wenn du glaubst, ich würde mich von dir so einfach abservieren lassen, hast du dich getäuscht. Ich werde die Polizei darüber informieren, dass du an dem Abend, als Fabi starb, nicht zu Hause warst. Heute, kurz bevor der Geistliche kam, fiel mir ein, dass du später am gleichen Abend noch deine Sachen gewaschen hast. Ich werde der Polizei außerdem berichten, dass du scharf auf Fabis Freundin bist. Ist ja nicht das erste Mal, dass ein Vater seinem Sohn die Freundin ausspannt. Ich hab doch mitgekriegt, wie sehr ihr zwei euch in der letzten Zeit gestritten habt. Glaub mir, heutzutage können die auf deinem Handy alles nachverfolgen. Da ist nichts mehr geheim. Also überleg dir schon mal, was du der Polizei sagen willst, wenn die dich befragen und deine Fingerabdrücke nehmen.«

»Du bist ja verrückt«, sagte Lutz schnaufend. Er nahm die Ordner wieder auf. Wortlos gab sie den Weg frei. Kurze Zeit darauf hörte sie, wie er oben in seinem Arbeitszimmer mit der Faust gegen die Wand schlug.

***

Es war schon spät. Eigentlich hatte Christine viel früher ins Bett gehen wollen, aber nachdem sie die Bügelwäsche erledigt und einmal durchs Haus gesaugt hatte, war ihr danach gewesen, vor dem Schlafengehen noch ein wenig vorm Fernseher zu entspannen. Ein bisschen Ablenkung. Als da ausgerechnet ihr Lieblings-Kino-Musical »Mamma Mia« lief – mit Meryl

Streep in der Hauptrolle –, hatte Christine sich mit einem Glas Weißwein auf die Couch fallen lassen und den Film einfach nur genossen. Sogar mitgesungen hatte sie, froh darüber, dass sie mit keinem Nachbarn Wand an Wand wohnte, so war es egal, ob sie den Ton traf; sie sang voller Inbrunst, tanzte sogar durchs Wohnzimmer und fühlte sich richtig gut dabei.

Die Mittagsstunde mit Carsten hatte sie sich anders vorgestellt, denn sie hatte nicht mit ihm über den aktuellen Fall sprechen, sondern ein sehr persönliches Gespräch zwischen zwei Menschen führen wollen, die in enger Beziehung zueinander standen. Als Affäre würde sie das, was zwischen ihnen war, auf keinen Fall bezeichnen, aber von Liebe zu sprechen, erschien ihr dann doch etwas hoch gegriffen. Sie waren zusammen, wie es allgemein hieß. Und sie wollte mit ihm noch einmal über sie beide, über Weihnachten und seine Einstellung ihr gegenüber reden. In einem Café würde es einfacher sein, hatte sie gedacht, da würde er sich nicht so bedrängt fühlen, doch ganz offenkundig lag Carsten mehr daran, Berufliches mit ihr zu besprechen als Privates. So war er ihr beinahe ein wenig erleichtert erschienen, als Oda auftauchte. Irgendwie besaß sie das Talent, ständig in Christines Weihnachtsplanungsgespräche mit Carsten zu platzen, das war vorgestern genauso gewesen, auch wenn ihr das in dem Fall nichts ausgemacht hatte, weil Carstens Vorschlag ihr die Sprache verschlagen hatte. Aber sie würde nicht lockerlassen.

Sie schaltete den Fernseher aus, kontrollierte, ob die Haustür verschlossen war, und lief die Treppe nach oben. Sie trug bereits den Hausanzug aus bronzefarbenem Nickistoff mit nachgemachtem Fellkragen, den zog sie aus und hängte ihn achtlos auf den Bügel an der Badezimmertür, bevor sie in ihren Schlafanzug schlüpfte. Als sie sich abschminkte, hielt sie inne und betrachtete sich im Spiegel.

Ihre Haut glänzte blass, und dass die Elastizität der Jugend fehlte, war nicht zu übersehen. Sie war eben keine zwanzig mehr, das war aber doch okay. Sie war weit über dreißig, intelligent, stand mitten im Leben und hatte einen Job, der sie forderte. Das sah man eben. Männer wurden ja auch nicht jünger und schämten sich nicht einmal für einen leichten bis mittleren oder gar größeren Bauchansatz. Von Frauen hingegen wurde erwartet, dass sie ewig schlank und sexy blieben. Sie schob ihr Gesicht näher an den Spiegel heran. Ein Besuch bei der Kosmetikerin wäre sicher kein schlechter Gedanke. Und die Haare würde sie morgen früh auch waschen, da musste sie den Wecker eine Stunde früher stellen. Jetzt, im wenig schmeichelnden Neonlicht des Badezimmerspiegels, fühlte sie sich alles andere als begehrenswert. Ziemlich demotiviert krabbelte sie unter ihre Bettdecke, lehnte sich an das Kopfende, stopfte sich dabei ihr Kopfkissen in den Rücken und griff zu dem Buch auf ihrem Nachttisch. Doch sie konnte sich nicht auf die Geschichte konzentrieren. Der Fall ging ihr nicht aus dem Sinn. Und Carsten.

Es nützte nichts, sie durfte die Augen nicht vor dem verschließen, was er tat. Beziehungsweise vor dem, was er nicht tat. Seine Liebesbekundungen waren wohl reine Lippenbekenntnisse. Würde ihm wirklich etwas an ihr liegen, würde er anders handeln. Das musste sie sachlich sehen. Das eine war, was die Menschen sagten, das andere, was sie taten. Oft genug hatte sie es in ihrem Beruf mit Frauen zu tun, die für alle Schlechtigkeiten ihrer Männer Ausreden und Entschuldigungen fanden. Darüber war sie stets betroffen gewesen und hatte sich geschworen, in ihrem eigenen Leben die Kontrolle zu behalten. Bei ihrem Exmann Frank war ihr das zwar nicht so ganz geglückt, aber immerhin war letztlich sie diejenige gewesen, die die Scheidung eingereicht hatte. Bei Carsten lag der Fall zudem gänzlich anders. Sie waren weder verheiratet, noch lebten sie in einer gemeinsamen Wohnung. Und wenn er Weihnachten so sah, wie er es ihr zu verstehen gegeben hatte, dann war das ein klares Signal dafür, dass sie auf der Liste seiner Wertigkeiten ziemlich weit unten stand. Von daher war es besser, jetzt gleich einen Schlussstrich zu ziehen, bevor sie noch mehr Gefühl investierte, das nicht erwidert wurde.

Sie zog die Bettdecke hoch und versuchte erneut, sich auf den Roman zu konzentrieren. Als sie jedoch Mühe hatte, die Augen offen zu halten, legte sie das Buch auf den Nachttisch und löschte das Licht. Kurz darauf, in jenem Moment, der das Wachsein vom Schlaf trennte, fiel ihr ein, wer die andere Person auf dem Foto gewesen sein musste.

***

Ich würde viel drum geben, zu wissen, was die Polizei denkt. Doch man kann nicht alles haben. Ich werde ja die Resultate sehen. Und die Zwischenschritte mitbekommen. Das tut mir gut.

Fast habe ich den Eindruck, dass du noch nicht wirklich weißt, nicht wahrhaben willst, was auf dich zukommt, Volker. Die Zerstörung deiner Zukunft. Dabei kannst du doch jetzt schon die kleinen Explosionen sehen, die auf den großen Knall hinweisen, der dein Leben zerstören wird. Es ist überaus reizvoll, dich in den letzten Tagen zu beobachten, Volker. Ich glaube nicht, dass du so ahnungslos bist, wie du tust. Ich glaube, du willst die Wahrheit nicht zulassen.

Doch du wirst sie zulassen müssen.

Nicht mehr lange, Volker. Nicht mehr lang. Eeene, meene, meck. Dann bist du weg.

Donnerstag

»Machst du mir bitte auch einen Kaffee?«, rief Oda bei geöffneter Badezimmertür quer über den Flur. Sie kam gerade aus der Dusche und schlang ein Badetuch um ihren Körper, bevor sie sich mit einem weiteren Handtuch die Haare trocken rubbelte. Jürgens Tochter Laura hatte die Wohnung vor einer Viertelstunde verlassen, und Oda war sich wieder einmal sehr des Privilegs bewusst, nicht nach der Stechuhr arbeiten zu müssen. Jetzt war es Viertel vor acht und die Luft rein. Also frei von heranwachsenden Kindern, die es ja in jeder ihrer beiden Wohnungen gab. Die gestrige Nacht hatte Oda bei Jürgen verbracht; das war normalerweise unter der Woche nicht der Fall, aber Ausnahmen bestätigten bekanntlich die Regel. Außerdem hatte Oda für sich beschlossen, dass Alex nun alt genug war, nicht nur seinen eigenen Wecker zu stellen, sondern ihn auch zu hören. Sie kam sich nur wenig stiefmütterlich vor bei dem Gedanken, dass ihr Sohn allein aufstehen und seine Frühstücksbrote selbst schmieren musste. Es waren ja auch keine Berge von Broten; Alex hatte heute nur zwei Unterrichtsstunden, wobei die erste eigentlich die dritte Schulstunde war und erst um halb zehn begann. Laura jedoch musste zur ersten Stunde da sein, eine Tatsache, die Jürgen und sie nur zu gern auskosteten. So hatten sie heute ein gemeinsames Frühstück eingeplant und neun Uhr als Dienstbeginn angepeilt.

Nur mit dem Badetuch bekleidet, lief Oda in die Küche, angelockt durch eine köstliche Duftmischung aus Kaffee und geröstetem Toastbrot. Sie drückte Jürgen einen Kuss auf den Mund, griff noch im Stehen zu ihrem Becher und genoss es, den ersten Schluck die Kehle hinunterrinnen zu spüren. »Ach, was geht es uns gut«, sagte sie und setzte sich Jürgen gegenüber, der im Gegensatz zu ihr schon fix und fertig angezogen war.

»Ja«, bestätigte er, biss von seinem Käsetoast ab und ergänzte mit vollem Mund: »Aber es könnte noch besser sein, wenn du dein Handtuch fallen lassen würdest.« Dabei grinste er spitzbübisch.

»Jürgen!« Dass dieser Ausruf keine wirkliche Rüge war, war an Odas kehligem Tonfall deutlich zu hören.

»Ich würd jetzt gern …« Jürgen ließ den Satz unvollendet, streckte unter dem Tisch sein noch sockenfreies Bein aus und näherte sich mit dem Fuß Odas Handtuch. Beziehungsweise dem, was darunter war.

»Ich würd auch gern.« Oda grinste ihn bedauernd an.

»Meinste nicht, für einen Quickie haben wir noch Zeit? Ich räum auch schnell den Küchentisch frei.« Jürgen blinzelte übertrieben, und Oda lachte.

Eine gute Stunde später saß sie an ihrem Schreibtisch und sah die Postmappe durch. Ein Umschlag ohne Absender war dabei. Bevor sie ihn anrührte, griff sie zum Telefon und rief erst Manssen, dann Christine an. »Ich glaube, wir haben Post von unserem Lieblingsfotografen.«

Es dauerte nicht lang, und beide Kollegen standen um ihren Schreibtisch. Manssen hatte einen Teil seiner Ausrüstung dabei und kümmerte sich zunächst um die daktyloskopische »Erstversorgung« des Umschlags, wie er es spaßeshalber nannte. Dann öffnete er ihn.

Zutage kam ein Foto.

»Was soll das denn?« Er warf das Bild auf Odas Schreibtisch und zog enttäuscht seine Einmalhandschuhe aus. »Das haben wir doch schon.«

Oda runzelte die Stirn. Sie hatte Manssen selten so mürrisch erlebt. Lag es daran, dass er selbst früher bei der Marine gewesen war und nur positive Erinnerungen mit seiner Zeit dort verband? Sie sah ihn skeptisch an, derweil Christine sich schon über die Aufnahme beugte. Auch sie hatte die obligatorischen Einmalhandschuhe übergestreift, nahm das Bild aber trotzdem nicht in die Hand.

»Das ist ein anderes Foto«, sagte sie. Nun sah auch Oda genauer hin.

»Ja. Das ist ein anderer Mann«, bestätigte sie.

»Wie jetzt?«, fragte Manssen.

»Kerl, auf den Fotos sind zwei verschiedene Männer. So

simpel ist das.« Oda beugte sich erneut über die Aufnahme, die deutlich schärfer war als diejenige, die sie zuvor erhalten hatten. »Ich würd zu gern wissen, was hier gespielt wird«, sagte sie. »Zumindest eines ist aber klar: Wir haben es beim Absender mit einer Person zu tun, die genau über den Fall Baumann informiert ist«, sagte sie.

»Das schließt du woraus?«, fragte Manssen.

»Das erste Foto hat Christine erhalten. In einem persönlich an sie adressierten Umschlag. Dieser Umschlag hier«, Oda zeigte auf das weiße Kuvert, »war an mich gerichtet. Das heißt, der Absender weiß sehr genau, wer mit den Ermittlungen betraut ist.«

Auch Christine und Manssen studierten das Foto erneut. »Der Hintergrund ist auf diesem Bild schärfer. Es scheint eine Kammer an Bord des Schiffes zu sein«, sagte Christine.

»Ja, das denke ich auch. Was uns zu der Frage führt, ob diese Aufnahmen während der Liegezeit hier im Hafen gemacht wurden oder von einem Einsatz stammen? *Far away from home?*«

»Wieso weit weg von der Heimat? Was meinst du damit?«, fragte Manssen.

»Ich überleg grad zweierlei. Entweder erlaubt sich da irgendeiner einen Heidenspaß, fotografiert Kameraden beim Pinkeln und bastelt sie mittels Fotomontage in peinliche Situationen hinein. Wobei man sich dann fragen muss, was er damit bezweckt. Oder ist das Foto ein Pendant zu dem, das wir schon erhalten haben, also *keine* Fotomontage, und wir sollen auf die Art eine Erklärung dafür bekommen, warum Baumann und Kleen starben?«

»Du meinst …« Christine räusperte sich ungläubig.

»Ausschließen kann man es nicht.«

»Was kann man nicht ausschließen?«, fragte Manssen ungeduldig, der sich an dieser Stelle offenbar ausgeschlossen vorkam.

»Wir hatten beim ersten Bild unter anderem die Vermutung, dass es sich um einen einvernehmlichen sexuellen Akt handelt, den ein schmieriger Scherzbold fotografiert hat«, erklärte Oda. »Denk nur mal an die Nacktfotos von dem jüngeren Windsor-Spross Harry, die vor einer Weile durch die Medien gingen.

Die waren doch während eines Hotelaufenthaltes in Las Vegas gemacht worden, und der Harry hat garantiert nicht damit gerechnet, dass Bilder, die an einem so privaten Abend geschossen werden, an die Öffentlichkeit gelangen. Genau so ein Vertrauensbruch kann das hier doch auch sein. Jemand hat die Fotos gemacht und gibt sie jetzt an uns weiter. Dieses zweite Bild wäre quasi der zweite Teil; erst liegt der eine auf dem Tisch und nun der andere.«

Manssen räusperte sich. »Aber Oda, auf den Fotos haben wir es mit zwei Männern zu tun. Nicht mit einer Frau und einem Mann.«

Oda seufzte. »Ach Manssen. Manchmal bist du aber auch schrecklich verklemmt.« Sie lachte.

Manssen stimmte mit spürbarem Unbehagen ein, während Christine sagte: »An deinen Überlegungen gibt es nur einen Haken. Wenn das auf den Fotos tatsächlich Malte Kleen und Fabian Baumann sind, kann man sie nicht mehr der Lächerlichkeit preisgeben. Sie sind beide tot.«

***

Ute erwachte mit einem Kater, der einem Tiger glich. Waren es zwei Flaschen oder sogar noch etwas mehr gewesen, die sie gestern getrunken hatte? Ihr Kopf dröhnte. Sie tastete auf dem Nachttisch nach der Packung Aspirin, die sie stets dort liegen hatte und nach der sie morgens leider viel zu oft griff. Nachdem sie zwei Tabletten gekaut hatte, fiel sie wieder aufs Kissen zurück. Gleich würde sie aufstehen, wenn die Dinger hoffentlich zu wirken begannen. Sie dachte an den gestrigen Abend.

Lutz war eine halbe Stunde in seinem Büro geblieben, dann runtergekommen und ohne ein Wort gegangen. Sie hatte es nur dadurch gemerkt, dass er die Haustür ins Schloss knallen ließ, wodurch sie hochgeschreckt war und einen Teil des frisch eingeschenkten Weines verschüttet hatte. Heulend war sie in die Küche gelaufen, hatte den Porzellantopf mit Salz und eine Zitrone geholt, die Zitrone über dem hässlichen Fleck ausgedrückt und dann das Salz daraufgekippt. War ja nichts Neues, sie hatte Übung darin.

Vielleicht sollte sie ihre Kopfschmerzen mit einem Schluck Rotwein vertreiben? Ganz langsam, denn in ihrem Kopf drehte sich alles, stand sie auf.

»Lutz?«, fragte sie, so laut es ihr möglich war, doch es war eher ein Flüstern, und natürlich war Lutz nicht da.

Ob er heute Nacht überhaupt nach Hause gekommen war? Er hätte sich ja auch mal um sie kümmern können, er wusste doch, wie schlecht es ihr ging. Vorsichtig tastete sie sich an der Wand entlang die Treppe hinunter. Okay, Lutz, du hast es nicht anders gewollt. Sie ließ sich auf einen der Küchenstühle sinken und nahm das Telefon vom Tisch. Dann wählte sie die 110.

»Notruf-Polizei, Herz«, meldete sich eine männliche Stimme.

»Ich will mit der Kripo reden«, sagte sie und bemühte sich, vernünftig zu sprechen.

»Mit der Kripo. Wer sind Sie denn?«, fragte der Mann behutsam.

»Ute Baumann. Es geht um den Mord an meinem Sohn Fabian. Ich glaub, ich weiß, wer das war.«

»Frau Baumann, Sie haben die Notrufnummer gewählt, und ich kann Sie leider nicht zu den Kollegen durchstellen, aber wenn Sie auf der Nummer, die ich auf dem Display sehe, zu erreichen sind, gebe ich das durch und die Kollegen rufen Sie umgehend zurück. Ist das in Ordnung?«

Ute seufzte. »Ja.«

»Bleiben Sie bitte in der Nähe des Apparates, die Kollegen melden sich sofort.«

Sie stand auf, holte die Flasche Rotwein aus dem Wohnzimmer und setzte sich damit an den Tisch.

***

Christines Handy klingelte, als sie im Auto auf dem Weg zum Stützpunkt waren; an Bord der »Jever« erhofften sie sich mit dem neuen Foto auch neue Erkenntnisse. Sie drückte die grüne Taste und hielt sich das Telefon ans Ohr. Natürlich durfte man das nicht, aber wenn sie irgendwelchen Kollegen im Streifenwagen begegneten, würde sie das Handy einfach vom Ohr nehmen. Kurz überlegte Christine, Oda das Telefon in die Hand zu drücken, meldete sich dann aber mit »Cordes«, weil sie nicht wusste, ob Oda, die noch kein Smartphone besaß, mit so einem Teil umgehen konnte.

»Hier Herz«, sagte der Kollege, mit dem sie schon in manch anderem Fall zusammengearbeitet hatten und den Oda gern mit dem Spitznamen »Herzchen« ein wenig auf die Schippe nahm. Aber Herz war ein Mensch mit Humor und deshalb ein Kollege, den man gern an seiner Seite hatte. »Hab grad über die Notrufnummer einen Anruf von Frau Ute Baumann erhalten. Sie sagte, es ginge um den Mord an ihrem Sohn Fabian. Könnt ihr die mal zurückrufen, bitte?« Herz gab die Festnetznummer durch. »Ich hab sie gebeten, in der Nähe des Apparates zu bleiben. Aber … die klang etwas eigenartig.«

»Eigenartig?«

»Ja. Ihr solltet euch da besser schnell melden.«

»Danke, das machen wir.« Christine legte auf. Oda blickte sie fragend an. »Ute Baumann hat die Notrufnummer angerufen. Sie will wohl was zum Tod ihres Sohnes aussagen.«

Kaum ausgesprochen, wählte Christine die von Herz durchgegebene Nummer und drückte die Taste, die das Gespräch über Lautsprecher ins Auto leitete. Dann reichte sie Oda das Handy und wisperte ihr zu: »Du musst das jetzt nur festhalten.« So konnte sie doch entspannter und sicherer fahren.

»Ja? Ist da die Kripo?« Ute Baumann sprach langsam.

»Ja, Frau Baumann, hier spricht Christine Cordes. Sie erinnern sich? Ich war mit meiner Kollegin bei Ihnen, wir haben uns über Fabians Tod unterhalten. Und jetzt haben Sie versucht, uns zu erreichen.«

»Jaaa.« Ein tiefer, erleichterter Seufzer folgte.

»Was können wir denn für Sie tun, Frau Baumann?«

»Wahrscheinlich isses falsch, dass ich Ihnen das jetzt erzähle.« Ute Baumann klang tatsächlich eigenartig, sie sprach so langsam, als hätte sie Mühe, die Worte zu finden. »Aber ich denk, Sie müssen das wissen.«

»Was müssen wir wissen?«

»Na ja. In der Nacht … also, als Fabi starb … Da ist mein Mann noch mal raus. Ich hab ja schon geschlafen, wir haben getrennte Schlafzimmer. Normalerweise hätte ich das auch gar nicht gemerkt, aber in der Nacht ging es mir nicht gut. Lutz nimmt die gleichen Tabletten wie ich, und ich dachte, ich frag ihn mal, ob er mir eine gibt; ich hatte vergessen, mir ein neues Rezept zu besorgen. Aber Lutz war nicht in seinem Zimmer. Dabei hatte er nicht gesagt, dass er noch mal wegwollte. Die Tabletten sind in seiner Nachttischschublade. Ich hab sie aufgezogen … und eine davon genommen. Na ja, Sie sagen sicher, dass es nicht weiter schlimm ist, aber da lag auch 'ne Packung Viagra drin. Eine angebrochene Packung!« Dann herrschte Stille.

»Frau Baumann? Sind Sie noch da?«, fragte Christine.

»Ja. Sie denken jetzt sicher, da ruft eine total hysterische Alte an«, sagte Ute Baumann. Christine und Oda nickten, es war wie in einem Comic.

»So ein Unsinn, wie kommen Sie denn darauf? Sie haben Ihren Sohn verloren, da hat nichts, was Sie sagen, mit Hysterie zu tun.«

»Danke.« Christine hörte förmlich den Felsbrocken, der Ute Baumann von der Seele fiel. »Wissen Sie, dieser Anruf fällt mir nicht leicht. Denn das, was ich Ihnen sagen muss, betrifft ja meinen Mann. Und wenn es tatsächlich Lutz war, der mit Fabi diesen unsäglichen Streit hatte, bin ich beide los. Also, dann habe ich beide verloren, meine ich. Fabi ist tot. Und wenn Lutz … Dann muss er doch ins Gefängnis, oder?«

»Wenn Ihr Mann was?« Christine wollte sich langsam vortasten.

»Er war den Abend weg. Hab ich ja schon gesagt. Ich brauchte 'ne Tablette, und er war nicht da. Ich hab dann noch eine zweite Schlaftablette genommen, weil ich so aufgewühlt war, und nicht mitgekriegt, wann er nach Haus gekommen ist. Morgens haben wir uns noch wegen Fabi gestritten. Dann ist Lutz los, zur Arbeit, und ich war total irritiert, als ich eine Ladung Wäsche anstellen wollte und sah, dass in der Nacht gewaschen worden war. Also, ich geb ja zu, es kommt mal vor, dass ich ein Gläschen zu viel trinke. Nicht oft, natürlich«, schob Ute Baumann schnell hinterher. »Es ist auch schon mal passiert, dass ich mich nicht an alles erinnert hab, was ich am Abend vorher gemacht habe. Nur bei dieser Wäsche … Normalerweise weiß ich, was ich in die Maschine getan hab, weil ich ja immer morgens wasche. Was ich sagen will, ist, dass ich total verdattert war, frisch gewaschene Klamotten von Lutz aus der Maschine zu fischen.«

Christine sah schnell zu Oda rüber. Die schüttelte den Kopf. Nicht unterbrechen.

Sie hörten, dass Frau Baumann etwas trank, bevor sie fortfuhr: »Es waren nur vier Teile, Lutz' Daunenweste, seine Hose, ein Oberhemd und ein T-Shirt. Und er ist mir die Antwort schuldig geblieben, warum er die Waschmaschine angemacht hat, wo er doch sonst nie selbst wäscht. Das ginge mich nichts an, hat er gesagt.« Ute Baumann machte eine Pause.

»Er hat das nicht erklärt?«, hakte Christine nach.

»Er hat behauptet, er sei mit dem Rad gefahren, ausgerutscht und in irgendwelchen Matsch gefallen. Den habe er gleich auswaschen wollen.«

»Sie haben das aber nicht geglaubt?«

»Nein.« Plötzlich hörte sich Ute Baumanns Stimme sehr fest an. »Ich habe eins und eins zusammengezählt. Lutz hat ständig und irgendwie fast heimlich mit seinem Handy telefoniert. Er hat SMS-Nachrichten bekommen, das hab ich immer am Piepton gehört und so getan, als wäre nichts. Ich hab natürlich nachgeguckt. Ist ein blödes Gefühl, dem Mann hinterherzuspionieren, mit dem man seit fast dreißig Jahren verheiratet ist. Aber egal, ich hab's gemacht. Und die Frau, die Lutz von seinem Handy angerufen hat und deren Antworten auf seine Nachrichten diesen Piepton verursachten, war Nora Brandis.«

»Fabians Freundin«, entfuhr es Christine.

»Ja. Fabians Freundin.« Ute Baumann machte eine kurze Pause, bevor sie fortfuhr: »Ich möchte meinem Mann wirklich nichts unterstellen. Lutz hat Fabian sehr geliebt. Aber die beiden waren sehr emotional und spontan. Verstehen Sie, was ich meine?« Diese Frage kam beinahe flehentlich. »Ich liebe meinen Mann. Aber ich habe auch meinen Sohn geliebt. Und ich kann nicht mit der Frage leben, ob der Vater den Sohn aufgrund männlicher Machtkämpfe versehentlich ... getötet hat. Ich bitte Sie inständig, herauszufinden, wo mein Mann an jenem Abend war und warum er seine Kleidung gewaschen hat. Ich gäbe alles für eine einfache Erklärung.« Die Verzweiflung in Ute Baumanns Stimme war deutlich zu hören. »Mein Sohn ist tot. Mein Mann war zur gleichen Zeit unterwegs. Ich hab solche Angst, dass er was mit Fabis Tod zu tun hat.«

»Danke, Frau Baumann, ich kann mir vorstellen, dass es nicht leicht für Sie war, uns anzurufen. Natürlich werden wir sehr vorsichtig mit dem umgehen, was Sie uns erzählt haben.«

»Ja, bitte tun Sie das. Ich will nicht auch noch Lutz verlieren.« Ute Baumann begann zu weinen und legte auf, bevor Christine noch etwas sagen konnte.

***

Seine Sekretärin reagierte überrascht, als Lutz Baumann mit einem knappen Gruß an ihr vorbei in sein Büro rauschte. Sie öffnete schon den Mund, um etwas zu sagen, doch mit den Worten »Keine Störung, bitte« bügelte er sie ab. Er schloss die Tür hinter sich und ließ sich auf seinen Schreibtischstuhl fallen. Was für ein Desaster. Da, wo er bis vor Kurzem eine wenn schon nicht glückliche, dann doch zumindest funktionierende Familie vermutet hatte, war nichts als ein Scherbenhaufen. Sein Sohn war tot, seine Frau trank, und seine Tochter kümmerte sich in dieser Situation nur um sich selbst, statt ihrer Mutter beizustehen oder wenigstens da zu sein, damit sie gemeinsam trauern konnten. Er ließ seinen Kopf auf den Schreibtisch sinken. Und er selbst? Vor sich selbst empfand er Ekel. Fabians Tod müsste doch alles andere unwichtig machen. Sein Sohn war tot! Warum konnte er die Gedanken an Nora einfach nicht aus seinem Schädel kriegen? Er fühlte sich erbärmlich.

Das Telefon auf seinem Schreibtisch klingelte. Er hob den Kopf, nahm jedoch nicht ab, sondern griff zu der Unterschriftenmappe, die Frau Onnen ihm hingelegt hatte. Schließlich hatte er ausdrücklich gesagt, dass er nicht gestört werden wollte. Kurz darauf klopfte es an der Tür, und ohne seine Antwort abzuwarten, trat seine Sekretärin ein.

»Hab ich mich nicht klar ausgedrückt?«, fauchte er sie an. »Keine Störung, hab ich gesagt. Keine!«

»Die beiden Kommissarinnen sind hier, Herr Baumann.«

»Die Kommissarinnen?«

»Ja.«

»Na dann. Bitte.« Baumann presste kurz die Lippen aufeinander, erhob sich, trat den beiden Damen entgegen und begrüßte sie per Handschlag. »Ich bin überrascht, Sie hier zu sehen«, sagte er. »Wäre es nicht angemessener, eine Unterhaltung bei mir zu Hause zu führen statt in meinem Büro?« Mit der freien Hand wies er auf die Stühle um seinen Besprechungstisch.

»Herr Baumann, machen wir es kurz: Wo waren Sie an dem Abend, an dem Ihr Sohn ums Leben kam?«, fragte Christine Cordes, während sie am Tisch Platz nahmen.

Er runzelte die Stirn. »Was soll das denn jetzt? Wollen sie mich allen Ernstes verdächtigen, meinen eigenen Sohn umgebracht zu haben?«

Es klopfte erneut, und Frau Onnen steckte ihren Kopf zur Tür herein. »Darf ich …« Weiter kam sie nicht, denn in diesem Moment verlor Baumann die Beherrschung.

»Raus!«, schrie er, worauf Frau Onnen die Tür schnell wieder schloss. Die beiden Beamtinnen sahen ihn wortlos an. Er riss sich zusammen, dann sagte er: »Es ist alles ein wenig viel.« Das musste reichen. Wer sich verteidigt, klagt sich an, so lautete ein altes Sprichwort. Er hatte nicht vor, sich in irgendeiner Art selbst anzuklagen.

»Ich sehe schon, bei Ihnen ist allerhand los, darum lassen Sie uns besser gleich zum Punkt kommen. Ihre Frau hat ausgesagt, Sie hätten an jenem Abend noch das Haus verlassen und nach Ihrer Rückkehr Ihre Kleidung gewaschen. Wir möchten nun wissen, wo Sie gewesen sind und weshalb Sie so spät noch gewaschen haben, was, wie Ihre Frau sagte, nicht nur im Hinblick auf die Uhrzeit gänzlich von der Norm abweicht.«

Lutz stand auf, trat ans Fenster und blickte hinaus. Er brauchte etwas Zeit. Wie sollte er in ein, zwei Sätzen all das erklären, was ihn in den letzten Jahren beschäftigt hatte? Wie sollte er es glaubwürdig rüberbringen?

Es war ruhig auf dem Stützpunkt. Der eine oder andere Wagen fuhr vorbei, Normalität. Alles so wie immer, alles okay. Das gab ihm Halt. Er drehte sich um, die Arme auf dem Rücken verschränkt, und räusperte sich. »An jenem Abend habe ich mich auf mein Fahrrad gesetzt und noch eine Runde gedreht«, sagte er.

»Mitten in der Nacht?«, hakte Oda Wagner zweifelnd nach.

»Was verstehen Sie denn unter Nacht?« Bei dieser Frage fühlte er sich wieder etwas sicherer.

»Ihre Frau sagte, sie sei nachts wach geworden und hätte eine Tablette von Ihnen haben wollen, aber Sie seien nicht da gewesen.«

Das war gut. Ute spielte ihm geradezu in die Karten mit so einer vagen Aussage. Er mimte ganz den rücksichtsvollen Ehemann, als er leise sagte: »Ich weiß ja nicht, in welcher Verfassung meine Frau mit Ihnen gesprochen hat, aber ... Fabians Tod hat sie völlig aus der Bahn geworfen. Uns alle«, fügte er schnell hinzu. »Ich muss jetzt stark sein, für Ute und Saskia mit. Das bedeutet einen Kraftakt, den Sie sich nicht vorstellen können. Ich stoße an meine Grenzen, denn meine Frau ...« Er sog schwer die Luft ein, wandte sich zum Fenster und ließ einen Moment verstreichen. Dann drehte er sich um. »Sie versucht, ihren Kummer in Alkohol zu ertränken. Kann es sein, dass sie Sie aus einer solchen Laune heraus angerufen hat?«

»Darum geht es nicht«, sagte Christine Cordes mit einem in seinen Augen ausgesprochen überheblichen Lächeln. Lutz ärgerte sich, dass sie seinen Ball nicht aufgenommen hatte. »Ihre Frau hat ausgesagt, dass Sie in den Nachtstunden, wann immer das genau gewesen sein mag, nicht zu Hause waren. Wir möchten lediglich wissen, wo Sie sich aufhielten. Das ist ja keine schwere Frage, und Sie werden uns sicherlich leicht Auskunft geben können.«

Am liebsten hätte er sie gemaßregelt für den Ton, den sie

ihm gegenüber anschlug, doch leider war er der Kommissarin gegenüber nicht weisungsbefugt. »Mein Sohn und ich hatten Streit an jenem Tag. Das hat mich derart beschäftigt, dass ich noch einmal an die frische Luft musste, mich auspowern, um einen klaren Kopf zu bekommen. Deshalb habe ich mir mein Rennrad geschnappt und bin losgefahren.«

»Worum ging es denn bei dem Streit?«

Lutz atmete erneut tief ein und überlegte. Er beschloss, die Wahrheit über das zu sagen, was die Polizei sowieso schon wusste. Das machte ihn glaubwürdig. »Ich hatte herausgefunden, dass mein Sohn Drogen nimmt.«

»Drogen?«

»Nun tun Sie doch nicht so scheinheilig.« In Lutz begann der Kessel erneut zu kochen. »Sie haben doch Spuren davon gefunden, versuchen Sie also nicht, mich für blöd zu verkaufen! Haben Sie überhaupt eine Ahnung, was es nicht nur für meinen Sohn, sondern auch für mich bedeutet, wenn rauskommt, dass Fabian Drogen nimmt?«

»Ihr Sohn ist tot.«

»Ja«, begehrte Lutz auf, »Fabian ist tot, aber die Sache mit den verdammten Drogen bedroht auch meine Existenz. Was glauben Sie denn? Wir sind hier nicht so liberal wie Sie im Zivilrecht! Die Tatsache, dass Fabian diese verdammten Pilze in unserem Haus gelagert und sicher auch konsumiert hat … Wie soll ich denn beweisen, dass ich davon keine Ahnung hatte? Allein die Tatsache, dass mein Sohn diese Drogen besessen hat, kann mich meinen Job kosten, denn das Wehrdisziplinarrecht macht auch vor dem Kommandeur eines Stützpunktes nicht halt. Das Truppendienstgericht ist hier sehr eindeutig.«

»Nun beruhigen Sie sich mal wieder«, sagte Oda Wagner. »Wir sind nicht dieses komische Gericht, wir wollen nur wissen, wo Sie an dem Abend waren. Und wenn wir schon so offen miteinander reden, würde uns auch interessieren, warum Ihre Frau überrascht war, Viagra in Ihrem Nachtschrank zu finden. Was ist dran an der Vermutung Ihrer Frau, dass Sie der Freundin Ihres Sohnes gegenüber mehr empfinden, als es sich für einen Vater gehört? Ihre Frau ist am Ende, Herr Baumann. Sie hat den Sohn verloren und fürchtet nun, dass Sie, statt um Fabian zu trauern, im Tod Ihres Sohnes Ihre Chance sehen, seinen Platz bei Nora Brandis einzunehmen.«

Lutz Baumann schwieg.

Hätten die Kommissarinnen ihn vor elf Tagen mit diesen Dingen konfrontiert, hätte er sie hochkant aus seinem Büro geschmissen. Vor elf Tagen hatte er noch gedacht, mit allem fertigwerden zu können. Da hatte Fabian noch gelebt. Am liebsten hätte er jetzt alles kurz und klein geschlagen. Wie blöd musste Ute sein, um solche Äußerungen von sich zu geben? Nein, korrigierte er sich sofort, nicht, wie blöd. Wie verzweifelt. Und: wie betrunken. In nüchternem Zustand hätte sie etwas Derartiges nie und nimmer verlauten lassen.

»Zum Thema Viagra: Ich war neugierig, man liest ja viel von diesem blauen Wunderzeug. Allein aus dem Grund habe ich mir das Präparat gekauft. Ich habe lediglich eine einzige Tablette genommen, um die Wirkung zu testen.«

»Mit Nora Brandis?«, fragte Oda Wagner.

»Ich wäre dankbar, wenn Sie mich ausreden ließen«, erwiderte er kalt. »Nein. Nicht mit Nora Brandis. Zum Abend von Fabians Tod: In der Nacht bin ich tatsächlich noch mit dem Rennrad raus. Ich musste einen klaren Kopf bekommen nach dem Streit, den ich mit meinem Sohn gehabt hatte. In dem es nicht nur um die Drogen, sondern auch um Nora ging. Ich habe mich da sicher nicht korrekt verhalten, aber ich war völlig außer mir.«

»Haben Sie sich mit Ihrem Sohn am Molenfeuer getroffen?«

Sein »Nein« war mehr als knapp. »Ich bin wie ein Bescheuerter durch die Gegend gefahren. Den Kanal entlang nach Sande und von dort über die Bundesstraße wieder zurück.«

»Es war stockdunkel in der Nacht«, sagte Oda Wagner.

»Ich kenne die Strecke und habe ein ausgezeichnetes Licht an meinem Rad.«

»Warum haben Sie bei Ihrer Rückkehr Ihre Kleidung gewaschen?«

»Ich bin ausgerutscht und in eine Pfütze gefallen.«

»Herr Baumann. Ich geb zu, das klingt einigermaßen plausibel. Aber ich bin selbst passionierte Radfahrerin. Wenn Sie mit einer solchen Wut im Bauch geradelt und dann hingefallen sind, müssen Sie Blessuren haben. Wenn nicht Sie, dann zumindest Ihre Sachen. Dürfen wir uns die angucken? Sicher wird es Löcher oder Risse in der Hose geben, im Pulli …«

Lutz Baumann streckte den Rücken durch. Es hatte ja doch keinen Zweck. Er würde sich immer weiter reinreiten, wenn er versuchte, die Wahrheit zu verleugnen. »Nun gut«, begann er.

***

Mittagslage. Da mittlerweile in der PUO-Messe gearbeitet wurde, aßen Offiziere und PUOs in der inzwischen instand gesetzten Offiziermesse. Der Kommandant hatte gerade noch darüber gescherzt, dass man den Zustand der gemeinsamen Essenseinnahme wohl beibehalten müsse, um die vielen in den letzten Tagen entstandenen dienstgradübergreifenden »Mahlzeit-Gesprächsgrüppchen« nicht zu sprengen.

Volker Wilken saß allein an seinem Tisch, seinen Teller und eine Cola light vor sich. Vor zwanzig Minuten waren die Kommissarinnen gegangen. Diesmal hatten sie ein anderes Foto dabeigehabt. Auch hier eine Rückansicht, doch unverkennbar war die abgebildete Person Fabian gewesen. Es hatte keinen Zweck gehabt, das zu leugnen, zumal sie ihn gezielt auf ihn ansprachen. Sie hätten ihrerseits Vergleiche mit den ihnen vorliegenden Aufnahmen gemacht und logischerweise eine Verbindung zwischen den beiden Todesfällen und diesen Aufnahmen hergestellt. Da war ihm nichts anderes übrig geblieben, als ihre Vermutungen zu bestätigen. Staunend natürlich, als würde ihm das jetzt erst klar werden. Blut und Wasser hatte er geschwitzt und war vor Erleichterung erschöpft in sich zusammengesunken, als die beiden Frauen gegangen waren. Am liebsten hätte er sich eine Auszeit genommen und sich auf seine Kammer zurückgezogen, doch ihm war klar, dass er den normalen Tagesablauf beibehalten musste, wenn er keine Aufmerksamkeit erregen wollte.

Die Zusammenkunft mit den Kommissarinnen hatte seinen

ohnehin schon schwachen Appetit der letzten Tage auf den Nullpunkt sinken lassen. Er stocherte lustlos in seinem Essen herum, als sein Handy piepend den Eingang einer Nachricht meldete. Er fischte es aus seiner Hosentasche. Eine unbekannte Nummer. Er runzelte die Stirn.

»Mahlzeit.«

Irritiert blickte er auf. Zwo SSM Katharina Arends setzte sich an den Nachbartisch.

»Mahlzeit«, sagte er abwesend.

Sie platzierte sich so, dass sie zu ihm herübersehen konnte, und er überlegte, ob er sein Handy besser wegsteckte. Unschlüssig sah er darauf, aber dann sagte er sich, dass Katharina von ihrem Platz aus das Display ohnehin nicht sehen konnte. Er warf noch schnell einen Blick zu ihr rüber, doch sie widmete sich bereits ihrem Mittagessen.

Er öffnete die Nachricht. Kein Text. Auch kein ganzes Bild. Nur der vergrößerte Ausschnitt des Fotos, das er bereits per Post erhalten hatte. Ein Ausschnitt, der nicht den geringsten Zweifel daran offenließ, dass er selbst der auf diesem Foto abgebildete Mann war. Doch das war nicht das Schlimmste: Hier erkannte man auch die zweite Person.

»Alles okay?«, fragte Katharina vom Nachbartisch. Sie musste den Schrecken auf seinem Gesicht gesehen haben. Volker versuchte, sich zu sammeln.

»Ja. Nein. Ähm …« Er starrte wieder auf den Ausschnitt und wedelte unkontrolliert mit den Händen. Wusste nicht, was er tun sollte. Von wem kam dieses Foto? »Wer bist du?«, tippte er ein und drückte auf »Senden«.

»Ist wirklich alles okay? Du siehst so aus, als ob du jeden Augenblick einen Klappmann machst. Soll ich den Sanitäter rufen?«

Er sah zu ihr rüber und spürte, wie ihm speiübel wurde. »Ich muss hier raus«, brachte er nur noch hervor, dann stürzte er aus dem Raum. Die Kameraden an den anderen Tischen sahen ihm erstaunt nach.

***

»Also, das war heut ziemlich aufschlussreich. Fabian Baumann ist der Typ auf dem Foto, und sein Vater ist ja wohl ein ganz eigenes Kaliber«, meinte Oda, als Christine und sie nach dem Besuch im Stützpunkt wieder in der Polizeiinspektion waren. »Ich find's echt ekelhaft.«

Als Lutz Baumann nämlich gemerkt hatte, dass er sich immer tiefer in seinem Lügengebilde verstrickte, war er mit der Wahrheit herausgerückt, die so abstrus und, ja, auch so widerwärtig war, dass sie glaubhaft schien. Peinlich berührt hatte er angegeben, schon öfter mit dem Rad zum Elternhaus von Nora Brandis gefahren zu sein. Ihr Zimmer befände sich im oberen Stockwerk, nach hinten hinaus. Dort, wo keine Straße, sondern nur ein verwilderter Garten war, den eine schmale Gracht vom Nachbargrundstück trennte. Er habe oft schon dort gestanden und Nora beobachtet. Zwei Fenster ihres Zimmers gingen bis zum Boden, nie zog sie die Jalousie herunter, fühlte sich im Schutz des verwilderten Grundstücks anscheinend sicher. Wie ein Spanner habe er in der Dunkelheit gestanden und sich ergötzt an Noras Anblick, wenn sie sich auszog und sich nur im BH und Stringtanga an ihren Schreibtisch setzte oder durch den Raum lief.

Wenn Fabian in der Stadt war, hatte er diesen Posten angeblich nie bezogen. Baumann hatte angegeben, er habe sich nicht damit quälen wollen, die beiden zu beobachten. In diesen Situationen habe er zu Viagra gegriffen und mit seiner Frau geschlafen. An jenem Abend, noch aufgewühlt durch den Streit mit seinem Sohn, der, wie Baumann wusste, mit zwei Kameraden essen war, habe er Noras Nähe gebraucht, deshalb sei er so spät noch losgefahren. Doch auf dem Grundstück der Brandis' sei es matschig gewesen. Er war ausgerutscht und in der Gracht gelandet, die Gott sei Dank nur wenig Wasser führte.

»Ja«, stimmte Christine zu. »Das mag man sich nicht vorstellen. Was geht nur in den Menschen vor?« Sie saßen allein in Odas Büro, Christine hatte ihren in Leder gebundenen Schreibblock vor sich liegen, aber es schien, als wollte sie ihn nicht wirklich aufschlagen, um nachzulesen, was Baumann zu Protokoll gegeben hatte. »Mal angenommen, Baumann sagt die Wahrheit. Dann kann er nicht der Täter sein.«

»Stimmt. Und Nora Brandis fällt ebenfalls weg, denn er hat sie ja beobachtet. Dabei hätte auch sie ein Motiv, wenn sie die Trennung nicht akzeptieren, sondern Fabian wieder zurückhaben wollte. In so 'nem Fall kann ein Streit schnell eskalieren.«

»Aber Nora Brandis ist eine zarte Frau.«

»Och, hör auf. Die betreibt seit Jahren Kampfsport. Und falls Fabian Baumann die Ekelmacho-Gene seines Vaters besaß, könnte er Nora Brandis so provoziert haben, dass die zuschlug, ohne groß an die Folgen zu denken.«

»Wenn wir Lutz Baumann glauben, fallen also zwei Verdächtige weg: er selbst und Nora Brandis. Es sei denn …«

»Nein, Christine. Du brauchst diesen Gedanken nicht weiterzuverfolgen.«

»Woher willst du wissen, was ich denke?«

»Das sehe ich dir an der Nasenspitze an. Du überlegst, ob es sein kann, dass Baumann senior der Brandis durch sein Spanner-Geständnis ein Alibi gibt, um sie vollends für sich zu gewinnen.«

»Du kennst mich mittlerweile ganz gut«, gab Christine zu. »Stimmt. Genau das kam mir gerade in den Sinn.«

»Das kannst du schnell wieder vergessen. Immerhin waren Nora Brandis und Lutz Baumann kein Liebespaar und Fabian der Sohn des Alten. Da machste so was nicht. Also, du gibst der Freundin deines Sohnes kein Alibi. Ganz bestimmt nicht.«

»Dann fallen die beiden weg.«

»Jo.«

»Mich beschäftigt noch was ganz anderes. Das hat nichts mit Lutz Baumann und Nora Brandis zu tun. Es kam mir letzte Nacht in den Sinn.«

Oda sah sie fragend an. »Ja?«

»Es geht um die Fotos. Wer da drauf ist, muss Zugang zum Schiff und zur Gruppe um Fabian Baumann gehabt haben, ebenso derjenige, der sie gemacht hat. Denn die Fotos zeigen zwar denselben Raum und dieselbe Perspektive, aber unterschiedliche Personen.«

»Ja, und?«

»Es geht um die dritte Person, Oda.«

»Die dritte.«

»Genau.«

»Du meinst, weil Malte Kleen und Fabian Baumann miteinander Sex hatten und ein Dritter sie dabei fotografierte.«

»Nein, ich meine, dass erst Baumann Sex gehabt hat, dann Kleen, und der jeweils andere hat fotografiert. Und die dritte Person ist die auf dem Tisch.«

»Nämlich?«

»Eigentlich ist es ganz logisch. Und wenn wir von Anfang an die Scheuklappen weggelassen hätten, wären wir schon viel früher darauf gekommen.«

»Worauf?«

»Volker Wilken ist die zentrale Figur. Er war an dem Abend, an dem Fabian Baumann starb, mit den beiden essen. *Er* gehörte zum engen Kreis, wir haben das gleich bei unserem ersten Besuch mitbekommen. Und er hat sich geziert, als wir ihm das erste Foto präsentierten, das mit ziemlicher Sicherheit Malte Kleen in der Rückansicht zeigt. Warum?«

»Er hat aber doch ausgesagt, dass es Kleen sein könnte.«

»Natürlich. Das hätten uns aber sicher auch andere an Bord bestätigt. Da war das Risiko, sich unwissend zu geben, viel zu groß.«

»Du glaubst, dass Wilken die Person auf dem Tisch ist?«

»Ja. Denn wenn derjenige auf dem Tisch so wie Wilken kurz davorsteht, vom Soldaten auf Zeit zum Berufssoldaten berufen zu werden, könnten die Bilder das vielleicht vereiteln.«

»Echt?«

»Ja. Wilken hat einen diesbezüglichen Antrag gestellt, und meines Wissens darf man in Uniform und als Soldat eigentlich überhaupt nichts machen, was die Marine in Verruf bringen kann. Mit solchen Fotos tut man sich da keinen Gefallen.«

»Du hast recht. Also hältst du Wilken auch für den Absender der Bilder? Warum hast du das denn nicht vorhin gesagt, als wir noch im Stützpunkt waren? Jetzt müssen wir extra noch mal hin.« Sie stand auf und nahm ihre Jacke.

»Das war da noch so eine undefinierbare Sache, mehr so ein

Gefühl, aber durch die Gespräche und das Überlegen auf der Rückfahrt …«

»Hmm«, brummte Oda, als sie ihr Büro verließen und die Treppe hinunterliefen. »Manchmal bist du ganz schön eigenartig. Aber ist ja nicht so schlimm«, sie tätschelte ihrer Kollegin zumindest verbal die Schulter. »Lass uns mal gucken, wie lang der Wilken durchhält. Und ob er überhaupt was zugibt. Denn ehrlich gesagt kann ich nicht glauben, dass der was mit den beiden Todesfällen zu tun hat.«

»Guck dir die Fotos an, Oda, die sind der Schlüssel. Wilken muss da mit drinhängen.«

***

»Warte, warte nur ein Weilchen …« Kennst du das Lied, Volker? Es ist fast ein Jahrhundert alt.

Doch wo der Originaltext in der Fortsetzung verspricht: »… bald kommt auch das Glück zu dir«, kann, nein, darf ich dir diese Hoffnung nicht machen.

Es ist kein Glück, das zu dir kommt.

Ganz bestimmt ist es kein Glück. Denn du wirst gebrandmarkt sein. Wirst nicht länger Teil jener Gemeinschaft sein dürfen, die du so sehr als deine Familie, als deine Zukunft siehst. Du wirst nicht länger bleiben können. Alle Welt wird erfahren, was du getan hast. Wie willst du damit leben? Wirst du es überhaupt können, nachdem du öffentlich an den Pranger gestellt wurdest? Wie fühlt man sich wohl in einer solchen Situation?

Ich glaube, Ohnmacht ist vorherrschend. Du wirst dich klein und schutzlos fühlen, weil niemand dir die Gelegenheit gibt, deine Sicht der Dinge zu schildern. Du redest gegen Wände.

Das ist furchtbar. Ich weiß es. Und ich kenne die Wut, die sich dabei in einem aufstaut. Dennoch musst du den Spießrutenlauf ertragen, die Finger, die auf dich zeigen. Du wirst die Gedanken deiner Kameraden förmlich sehen. Wirst sie flüstern hören hinter deinem Rücken. Egal, wer auch immer miteinander redet, du wirst vermuten, sie reden über dich. Wirst du dich umdrehen und ihnen Paroli bieten? Mit welchem Recht würdest du es tun wollen, wo doch das Recht nicht auf deiner Seite ist?

Das mit dem Bildausschnitt war eine gute Idee, findest du nicht? Herrlich, deine Antwort. »Wer bist du?« Denkst du wirklich, ich würde dir das sagen?

Gleich schicke ich dir noch eine SMS. *Ich hätte viel eher auf die Idee kommen sollen, auf diese Art mit dir zu kommunizieren. Du wirst die Polizei nicht informieren. Bestimmt nicht. Du hast viel zu viel Angst davor, dass die Fotos öffentlich werden. Ich schalte das Gerät auch gleich wieder aus. Nur die Nachricht an dich noch. Dann kann man es nicht aufspüren.*

Für Fabians Handy hab ich mir ein Ladekabel besorgt. Die Polizei hat in den Tagen nach Fabians Tod mehrfach versucht anzurufen. Aber ich bin natürlich nicht drangegangen und hatte es die meiste Zeit über ausgeschaltet. So haben sie keinen Erfolg gehabt.

Was wirst du machen, Volker, wenn ich weitere Foto-Puzzleteile an die Polizei schicke? Ziehst du dann die Konsequenzen? So wie Malte sie deiner Meinung nach vielleicht gezogen hat?

★★★

Er hatte sich doch nicht übergeben müssen. Gott sei Dank. Das wäre mehr als peinlich gewesen. Volker hielt sich an der Reling fest, den Blick aufs Wasser der Nordsee gerichtet, das sich beruhigend unter ihm bewegte und leise gegen das Schiff schlug, das wie eine anspruchsvolle Geliebte war. Volker hatte schon alles erlebt, von glatt gezogener, ruhiger See bis hin zu wütenden Wellen, die jeden Eindringling wegspülen wollten. Das Meer. Seine Heimat, seine Zukunft, seine Sehnsucht. Die Marine. Seine Familie. Sein Halt. Der Rahmen seines Lebens. Er atmete tief durch die Nase ein. Hier gehörte er hin. Hier wollte er bleiben. Er würde nicht zulassen, dass ein einziger Fehler seine Zukunft zerstörte.

Sein Handy piepte. Kurz überlegte er, ob er überhaupt einen Blick darauf werfen sollte, dann fiel ihm die letzte Nachricht ein. Nervös zog er das Telefon aus seiner Hosentasche.

Wieder der anonyme Absender. Diesmal kein Foto. Nur zwei Sätze: *»Warte, warte nur ein Weilchen … Bald ist deine Zukunft keine Zukunft mehr.«*

Volker starrte das Telefon an. Seit Maltes Tod ahnte er, was hinter den Kulissen ablief. Fabians Tod war kein Unfall gewesen. Und inzwischen hatte er das dumpfe Gefühl, dass derjenige, der diese Nachrichten schrieb, auch Malte bedrängt, ihn vielleicht in den Selbstmord getrieben hatte. Allein der Gedanke daran, dass es möglich war, Malte, diesen Prahlhans, der mit seiner Bauernschläue und dem frechen Mundwerk überall durchgekommen war, der Niederlagen nicht hingenommen hatte, so unter Druck zu setzen, dass er kapitulierte, ängstigte ihn.

Die große Frage blieb: Wer war derjenige, der die Nachrichten schrieb? Er musste Fabians Telefon haben, denn darauf waren die verdammten Bilder gespeichert.

Es gab eigentlich nur eine Möglichkeit. Fabian hatte am Abend vor dem Seglerheim noch mit seinem Handy telefoniert. Am Tag darauf war er tot gewesen. Also hatte er es bei sich gehabt, als er starb. Die Nachrichten, die Volker jetzt bekam, konnten dementsprechend nur von demjenigen stammen, der für Fabians Tod verantwortlich war. Er spürte, wie sich die Angst verdichtete, je mehr seine Vermutung, wer hinter all dem steckte, Gestalt annahm. Er würde einen Versuch wagen. Mehr, als dass nichts passierte, konnte ja nicht geschehen.

Volker wählte Fabians Nummer. Doch anstelle eines Freizeichens hörte er eine automatische Stimme: »Der gewünschte Gesprächspartner ist im Moment nicht erreichbar. Bitte versuchen Sie es später noch einmal. *The person you have called is temporarily not available.*«

Mit einer Mischung aus Erleichterung und Enttäuschung legte Volker auf. So blieb ihm noch eine Galgenfrist bis zur endgültigen Klärung seiner Vermutung. Galgenfrist. Was für ein makabrer Ausdruck. Und irgendwie so passend für seine Situation. Doch er würde nicht reglos auf das warten, was geschah. Er würde die Dinge selbst in die Hand nehmen. Mit diesem Gedanken stieß er sich von der Reling ab und ging ins Schiff zurück.

***

Bevor sie erneut mit Volker Wilken sprachen, hatten sie Tieden darüber unterrichtet, dass der dringende Verdacht bestand, Wilken könnte in die Todesfälle involviert sein. So zumindest hatte Christine es ausgedrückt und sich währenddessen über Odas genervtes Gesicht geärgert. Sie hatte nun mal ihr eigenes Sprachvokabular, und wenn Oda das übertrieben fand, war es deren Sache. Ohnehin ging es hier nicht um Vokabeln, sondern darum, dem Sachverhalt näher zu kommen. Christine spürte nahezu mit jeder Faser ihres Körpers, dass sie sehr nah dran waren, das Geheimnis zu lüften, das die Todesfälle von Fabian Baumann und Malte Kleen umgab. Wieder wurden sie von einem Soldaten durch das Schiff geführt, und wieder bildete sie das Schlusslicht.

Eine Gruppe Marinesoldaten kam ihnen im engen Niedergang vor der Offiziersmesse entgegen, Christine konnte nicht verhindern, dass sie mit einer der Soldatinnen zusammenstieß.

»Entschuldigung.« Sie sah auf und blickte in ein Gesicht, das ihr bekannt vorkam, als im gleichen Moment ihr Handy klingelte. Am liebsten hätte sie den Anruf ignoriert, doch ein Blick aufs Display zeigte, dass es Nieksteit war. Der meldete sich nicht nur, um sich zu erkundigen, wie es ihr ging. Schnell nahm sie das Telefonat an. Wobei sie sich einen Moment wunderte, dass das hier an Bord überhaupt möglich war. Sie hätte auf ein massives Funkloch getippt.

»Ja?«, keuchte sie fast ein wenig abgehetzt in den Apparat.

»Hier geht es heute Schlag auf Schlag«, sagte Nieksteit ohne große Vorrede. »Ein neues Foto ist gekommen. Und rate mal, wen es zeigt.«

»Keine Ahnung. Schieß los!« Adrenalin schoss in Christines Adern.

»Man kann den Soldaten diesmal glasklar erkennen. Und nun schnall dich an. Es ist der Knabe, mit dem Baumann und Kleen am Abend vor Baumanns Tod im Seglerheim waren. Auch er ist zwar von hinten fotografiert worden, aber er dreht auf dem Bild den Kopf, sodass man ihn im Profil erkennt.«

»Volker Wilken«, entfuhr es Christine. Die Soldatin vor ihr sah überrascht auf. Christine war jetzt ganz sicher, dass sie diese

Frau schon einmal gesehen hatte, mit Oda in der Messe. Aber sie hatte vergessen, wie sie hieß.

»Ja. Aber der Hammer kommt noch.«

Die Soldatin lief über den Niedergang aufs nächste Deck. Christine stand weiterhin wie angewurzelt. Jetzt hatten sie den Beweis. Wilken steckte bis zum Hals mit drin. Sie konzentrierte sich auf das, was Nieksteit sagte, auch Oda stand mucksmäuschenstill neben ihr. Um sie herum nur die Geräusche, die wohl den Geräuschpegel einer Fregatte bildeten. »Ja? Der Hammer?«, fragte sie.

»Das ist gar kein Mann.« Nieksteits Stimme klang triumphierend.

»Wie? Volker Wilken ist kein Mann?« Christine verstand nichts mehr.

»Mensch, sei doch nicht so begriffsstutzig. Nicht Volker Wilken. Die andere Person. Die auf dem Tisch. Das ist eine Frau.«

»Eine Frau? Nora Brandis?«

»Das kann ich nicht sagen. Man kann sie nicht wirklich gut erkennen, aber man sieht, dass es eine Frau ist. Ich wollt dir nur schnell sagen, dass ihr auf dem Holzweg seid mit euren Vermutungen, dass da Männer miteinander neckische Spielchen spielen. Es scheint da doch um eher klassische Situationen zu gehen. Mann und Frau eben.«

Christine sah den Niedergang hinunter, durch den die Soldatin gerade verschwunden war. »Scan das Foto ein und mail es mir aufs Handy«, bat sie.

***

Verdammt. Das hatte sie nun nicht gebraucht, einen Zusammenstoß mit der Polizistin. So jedenfalls hatte Katharina es sich nicht vorgestellt. Es ging dabei ja auch gar nicht um sie. Sie hastete den Korridor entlang. Die Polizistin hatte sie mit jenem nachdenklichen Blick angesehen, dem die Erkenntnis folgen würde, dass sie sie schon einmal gesehen hatte. Garantiert würde es nicht lange dauern, bis sie herausfand, in welchem Zusammenhang. Dann würde es eng für sie.

Halt, stopp. Katharina blieb stehen. Nein. Für sie würde es nicht eng werden. Für sie nicht. Sie hatte nichts zu befürchten. Ein Lächeln huschte über ihr Gesicht, und langsam besann sie sich. Sie öffnete das Schott und trat an Deck. Dann zog sie ihr Smartphone aus der Tasche und wählte sich ins Internet ein. Von dort war es ihr möglich, kostenfreie SMS-Nachrichten zu verschicken, ohne dass sie als Absender identifiziert werden konnte. Sie gab Volkers Handynummer ein und schrieb: *»Jetzt geht es los. Ab jetzt ist deine Zukunft Vergangenheit.«*

***

»Die Frau da gerade«, sagte Christine, als sie ihr Telefonat beendet hatte, zu dem Soldaten, der sie begleitete. »Können Sie mir sagen, wer das ist? Ich hab sie hier an Bord schon einmal gesehen.«

»Welche?«

»Na, die, mit der ich gerade zusammengestoßen bin.«

»Das ist unsere Zwo SSM Katharina Arends. Warum?«

»Ach, nur so.« Katharina Arends, richtig. Am liebsten würde sie sich den Namen aufschreiben, aber sie registrierte das Schmunzeln auf Odas Gesicht. Ihre Kollegin würde sich den Namen garantiert merken. Dann brauche ich ihn auch nicht notieren, dachte sie ein wenig schnippisch.

Kurze Zeit darauf klopfte der Soldat an die Metalltür von Wilkens Kammer. Keine Reaktion. Er klopfte noch einmal, dann drückte er die Klinke herunter. Nichts. Abgesperrt.

»Eigentlich müsste er da sein«, sagte der Soldat unbeholfen. »Aber ich frag mal nach. Warten Sie hier einen Moment.« Schwups, war er verschwunden.

»Hm.« Oda verzog fragend den Mund. »Da lässt der uns hier so einfach stehen.«

»Die Tür ist ja leider zu.«

»Haste schon das Foto von Nieksteit gekriegt?«

»Keine Ahnung. Warte, ich guck mal.« Christine zog ihr Handy aus der Tasche und rief den E-Mail-Eingangsordner auf. »Ja. Hier.« Sie öffnete den Anhang der Mail.

»Mach mal größer«, bat Oda, die zwar selbst kein Smartphone besaß, die Spielereien aber anscheinend irgendwie cool fand. Mit zwei Fingern vergrößerte Christine das Bild. Dann schob sie es so hin und her, dass man Details erkennen konnte. Auch bei dieser Aufnahme gab es die Rückansicht, im Gegensatz zu den vorherigen Bildern zeigte der Mann aber sein Profil. Volker Wilken. Untenrum entblößt. Auf dem Tisch vor ihm lag rücklings eine Frau. Niekstein hatte recht, sie war nicht einfach zu identifizieren. Wie bei den vorherigen Aufnahmen lag das Gesicht im Dunkeln, es schien, als sei ein Schleier darüber gezogen worden. Im Gegensatz zu den anderen Bildern waren hier jedoch deutlich weibliche Brüste zu erkennen, eine zumindest, die andere verschwand unter der Hand des Mannes, den Christine für Volker Wilken hielt.

Sie räusperte sich. »Das ist ganz schön harter Tobak. Ich nehme unter den gegebenen Umständen einfach mal an, dass diese Frau auch auf den anderen Fotos die Person auf dem Tisch ist. Wie es scheint, gehört sie – auch wenn sie das Uniformhemd mit den Dienstklappentunneln hier nicht mehr trägt – zur Besatzung.«

Oda überlegte. »Aber auch hier ist das Gesicht nicht nur im Dunkeln, sondern bearbeitet. Das heißt, jemand möchte verhindern, dass sie erkannt wird. Entweder hat da jemand wenig Verständnis für Sexorgien, will aber nur die Männer bloßstellen, die Frau hingegen schützen …«

»… oder es hat sich nicht um einvernehmlichen Sex gehandelt. Ein geradezu klassisches Motiv.«

»Oh ja«, bestätigte Oda. »Und zwar nicht nur für den Tod von Fabian Baumann.«

***

Die neue SMS löste Panik in Volker aus. Natürlich hatte er mitbekommen, dass die Kommissarinnen erneut an Bord waren. Ihm war auch klar, dass sie mit ihm reden wollen würden. Trotzdem hatte er geglaubt, alles im Griff zu haben.

Bis die Handynachricht mit einem Schlag sämtliche Zuversicht vernichtet hatte, die Dinge vernünftig regeln zu können. Dabei war er stets davon ausgegangen, dass sich jede noch so komplizierte Situation gütlich lösen ließ, solange die Beteiligten das wollten.

Was hier nicht der Fall zu sein schien.

Nach außen hin völlig ruhig, innerlich jedoch fliegend, verließ er die Fregatte. Keiner stellte ihm eine Frage, gab es doch in der Vorbereitung auf den Einsatz auch außerhalb des Schiffes noch viel zu erledigen. Außerdem hatte die Feierabendzeit bereits begonnen. Volker zwang sich, langsam zu seinem Auto zu gehen, doch am liebsten wäre er gerannt.

Er stieg ein, drehte den Zündschlüssel, konzentrierte sich darauf, die vorgeschriebenen dreißig Stundenkilometer nicht zu überschreiten. Als er die Schranke passierte und den Stützpunkt verließ, atmete er auf. Nicht mehr lange, und es würde dunkel, das Tageslicht schwand schnell im November. Doch vorher wollte Volker noch etwas erledigen. Er fuhr nach Hause, parkte seinen Wagen in der Saarbrücker Straße, eilte hinauf in seine Wohnung, holte ein neues Grablicht aus dem hohen, schmalen Schrank hinter der Küchentür und eilte wieder hinaus. Rasch lief er über die Straße auf den Friedhof. Entzündete die Kerze, stellte sie auf das Grab seiner Großmutter und setzte sich vor dem Grabstein auf die Fersen. Als er jetzt wie bei jedem seiner Besuche mit ihr sprach, fühlte er, wie sich Ruhe in ihm breitmachte. Er brauchte nicht hetzen. Hier würde ihn so schnell keiner vermuten. Seine Panik wich dem Bewusstsein, richtig zu handeln.

»Ich wollte das nicht, Oma. Das weißt du. Ich bin da reingerutscht. Habe Fabian gesagt, dass ich da nicht mitmachen will, aber er hat mich nicht gelassen. Auch Malte hat mich ausgelacht, es … es war wie ein Sog, ein Zwang … Mir wird jetzt noch schlecht bei der Erinnerung daran. Und nun bekomme ich Fotos. Und SMS-Nachrichten. Ich werde keine Zukunft mehr bei der Marine haben. Es ist vorbei.« Volker konnte ein kurzes Schluchzen nicht unterdrücken. »Meine Karriere bei der Marine ist bereits Vergangenheit, ich brauch nur die verdammten Fotos anzugucken, die Fabian gemacht hat, dann weiß ich es. Ich habe nur einen einzigen Fehler gemacht. Einen großen Fehler. Und schon ist es aus. Aber ich lasse nicht zu, dass man mich unehrenhaft aus dem Dienst entlässt. Diese Schmach erspare ich meiner Familie. Ich regel das auf meine Weise. Tschüss, Oma.« Wie stets tätschelte er den schwarzen Granitgrabstein, als er aufstand und ging.

***

»Gut, sprechen wir mit der Arends.« Oda war voller Tatendrang. Der Fall nahm Fahrt auf, das gab ihr jedes Mal einen ganz besonderen Kick.

»Willst du ihr das Foto zeigen und sie fragen, ob sie die Person auf dem Tisch ist?«, fragte Christine skeptisch. »Ich glaub nicht, dass sie sofort ›Ja, klar, das bin ich‹ schreit. Aus welchem Grund sollte sie das tun?«

»Stimmt.« Odas Adrenalinspiegel fuhr wieder herunter. Immer reagierte sie so spontan, das hatte sie sich leider in all den Jahren nicht abgewöhnen können. »Wenn Katharina Arends tatsächlich nicht nur die Person auf diesem, sondern auch die auf den anderen Fotos ist, dann haben wir es vielleicht nicht wirklich mit einer fröhlichen Sexorgie zu tun. Dann könnte es auch eine Gruppenvergewaltigung sein.«

»Der Einzige, der uns relativ schnell Aufschluss darüber geben kann, was wirklich auf den Fotos zu sehen ist und ob das auf dem Tisch Katharina Arends war, ist …«

»Volker Wilken«, fiel Oda Christine ins Wort. »Verdammt, wo steckt der denn?«

***

Volker fuhr langsam durch die Stadt. Über die Jachmannbrücke, die Ebertstraße hoch, am Marinearsenal vorbei. Inzwischen war es dunkel. Er wollte den Umweg über die Deichbrücke nehmen, ein wenig Zeit schinden, nachdenken, ob es vielleicht eine andere Lösung gab. Doch er sah keine, sosehr er auch überlegte. Als er am »Pier 24« vorbeifuhr, sah er im gemütlichen Inneren des Restaurants eine Gruppe Menschen zusammensitzen. Wie gern säße auch er jetzt dort. Doch das war vorbei. Auf dem Beifahrersitz lag eine Flasche Wodka. Daneben ein paar von diesen Pilzen, auf die Fabian so abgefahren war. Bizarrerweise hatte er noch welche für ihn aufbewahrt. In der runden Dose, die früher einmal die Hundeschokolade für Omas Mischlingsrüden Flocki enthalten hatte. Seine Oma hatte die runden, dünnen Schokoladenblätter ebenso gern gegessen wie der Hund, aber auch Volker und seine Cousins hatten einen gewissen Reiz dabei verspürt, diese Leckerlis zu verspeisen. Natürlich war das ein Geheimnis zwischen ihnen und ihrer Oma gewesen. Ob es sich wohl wirklich um Hundeschokolade gehandelt hatte? Oder war das eine witzige Spinnerei seiner Oma gewesen? Letzteres traute er ihr inzwischen zu. Sie war eine so liebevolle, verständnisvolle Frau gewesen.

Volker passierte das Marinemuseum mit den Museumsschiffen: der Zerstörer Mölders, das Minenjagdboot Weilheim, das Kleinst-U-Boot U10 und der Jagdbomber F-104, der allgemein nur »Starfighter« genannt wurde. Gleich dahinter lag der Tonnenhof mit den Seetonnen, schräg gegenüber rechts das Forschungszentrum Terramare. Nicht einmal eine Minute später stellte er sein Auto auf dem seitlichen Parkstreifen unweit des Molenfeuers ab. Er ließ den Motor laufen. Die Scheinwerfer warfen Lichtkegel auf die Betonwand der Mole und darüber. Wolken jagten über den dunklen Himmel, beschienen vom Mondlicht. War heute Vollmond? Es sah fast so aus. Der Verschluss der Wodkaflasche knackte, als Volker daran drehte. Langsam trank er einen großen Schluck. Nahm ein paar der Pilze, kaute sie und spülte mit Wodka nach. Mit viel Wodka. Er spürte, wie ihm nicht nur der Alkohol ins Blut und in den Kopf ging. Irgendwann stellte er den Motor aus, ließ den Schlüssel aber stecken. Die Scheinwerfer brannten weiter. Er stieg aus. Setzte die fast schon leere Flasche auf dem Weg zum Molenfeuer gierig an den Mund. Er torkelte.

»Is ja sowieso alles vorbei.« Er lachte wirr. »Alles vorbei.« Er erreichte das Molenfeuer, stieg die Stufen hinauf, umrundete den Betonfuß und trat an die Molenkante. »Wie schön der

Mond ist. Ey, Katharina, ich kann die Krater darauf sehen. Er ist ganz nah.«

Er trank noch einen Schluck. Torkelte, rutschte aus, rappelte sich auf, zog sich am Betonsockel des Molenfeuers hoch, guckte irritiert, als nichts mehr in der Flasche war, und ließ sie achtlos fallen.

»Ich pflück dir den Mond, Katharina. Das mach ich nur für dich! Damit du siehst, dass ich dich mag. Ich wollte das nicht. Ich wollte das wirklich nicht. Glaub mir.« Er reckte sich. Streckte den Arm aus, machte sich lang. Er würde den Mond fangen. Für Katharina. Als Wiedergutmachung. »Ich fang ihn dir.«

Er trat einen Schritt nach vorn.

Ins Leere.

***

»Und nun?« Sie standen vor dem Haus in der Saarbrücker Straße, in dem Volker Wilken wohnte. Oda hatte ihr Rad am Laternenpfahl angeschlossen und blickte hinauf in den ersten Stock. Alles dunkel. Auf der rechten Hausseite leuchtete es anheimelnd aus den Fenstern.

»Tja. Nun machen wir Feierabend«, schlug Christine vor. »Er scheint nicht da zu sein. Reden wir morgen früh gleich als Erstes mit ihm.« Sie zog sich ihren Schal enger um den Hals und stieg fröstelnd von einem Fuß auf den anderen.

Oda trug ihre Lieblingsstiefel, sie fror nicht. »Feierabend ist eine gute Idee.« Kurz flammte in ihr die Überlegung auf, ob Volker Wilken in Schwierigkeiten stecken könnte, ob er in Gefahr war, aber als sie das Christine gegenüber erwähnte, schüttelte die den Kopf.

»Nein, das glaube ich nicht. Warum hätten wir sonst ein Foto bekommen, das ihn so deutlich zeigt? Es ist das erste Bild, das relativ eindeutig ist. Das schickt keiner, der jemanden selbst aus dem Weg räumen will.«

»Selbst ist gut«, sagte Oda und schlug vor: »Lass uns noch kurz im Auto darüber reden. Du frierst ja dermaßen, dass ich automatisch mitzittere.«

»Gern.« Blitzschnell war Christine im Wagen, startete den Motor und ließ das Heizgebläse auf Hochtouren laufen.

»Wir waren bei ›selbst aus dem Weg räumen‹«, sagte Oda. »Und ich stimme dir zu. Niemand, der einen anderen umbringen will, schickt ein so deutliches Foto von dem künftigen Mordopfer an die Polizei. Da müsste er ja damit rechnen, dass die das potenzielle Opfer schützt. Ich meine, wir sind ja deshalb hier, weil wir Wilken erkannt haben. Nein. Das Foto soll etwas anderes bezwecken. Es soll auf Wilken als Täter hinweisen.«

»Du meinst als Mörder von Baumann und eventuell auch von Kleen?«

»Oder als Täter in einer Gruppenvergewaltigung, der nun durch uns zur Strecke gebracht werden soll.«

Christine pustete resigniert die Luft aus. »Wir werden es erfahren, sobald wir mit Wilken gesprochen haben.«

»Jo«, sagte Oda forsch, klopfte Christine jovial aufs Knie und machte Anstalten, die Autotür zu öffnen. »Dann sehen wir uns morgen in aller Frische und fahren zum Stützpunkt raus. Mach dir einen schönen Abend.«

»Du dir auch.« Christines Stimme klang müde. Oda hielt mitten in ihrer Bewegung inne.

»Was ist los?«, fragte sie.

Christine seufzte. »Nichts.«

»Steegmann, stimmts?«

Ein Schnaufen.

Oda wartete.

»Ja.« Sie hörte, dass Christine das ungern zugab.

Oda ließ sich auf den Autositz zurückfallen. »Erzähl.«

»Ist nicht so wichtig.«

»Erzähl trotzdem.«

»Es geht um Weihnachten.«

Oda sagte nichts, schürzte nur kurz die Lippen, gab sich aber Mühe, nicht allzu aufgebracht dreinzublicken. Sie konnte sich schon denken, was nun kam.

»Wir haben unterschiedliche Vorstellungen davon.«

Na, das war ja zu erwarten gewesen. Sie hatte Christine gewarnt. Immerhin machte Steegmann nach außen immer noch einen auf Familienvater. Oda gab sich Mühe, neutral zu klingen, als sie fragte: »Nämlich?«

»Carsten möchte die Feiertage mit seinen Kindern verbringen.«

»Und mit seiner Frau.« Das hatte Oda sich nicht verkneifen können, doch Christine fuhr fort: »Ich kann das ja verstehen. Einerseits. Aber ich denke, selbst wenn Carsten Heiligabend bei seinen Kindern ist, müsste es doch machbar sein, dass er gegen zehn zu mir kommt. Dann könnten wir noch einen netten Abend miteinander haben, und am Ersten könnte er ja mittags und meinetwegen auch nachmittags wie üblich mit den Omas und Opas und den Kindern …«

»Und seiner Frau.«

»… verbringen.«

»Aber?«

»Carsten schlägt vor, dass ich zu meiner Familie fahre und wir uns erst am zweiten Feiertag abends sehen. In aller Ruhe.«

»Schieß ihn in den Wind.« Mehr konnte Oda dazu nicht sagen. Ihrer Ansicht nach verarschte Steegmann Christine ohne Ende. Und sie wunderte sich, dass ihre sonst so rational denkende Kollegin diesen Hampelkram überhaupt mitmachte.

»Ach Oda … So einfach ist es nicht.«

»Doch. So einfach ist das. Gib ihm den Laufpass. Du bist eine attraktive Frau, du wirst noch viele Männer kennenlernen, die sich freuen, dich an ihrer Seite zu haben. Und zwar offiziell. Nicht als heimliche Geliebte.«

»Bin ich doch gar nicht«, begehrte Christine auf.

»Er behandelt dich aber so. Glaub mir, deine Glückseligkeit hängt nicht an diesem Knaben.« Oda feixte. »Und wer weiß, vielleicht macht er ja wirklich Nägel mit Köpfen, wenn du konsequent bist und nicht weiter mitziehst. Weihnachten kannst du außerdem gern mit uns feiern. Wir sind doch eh eine Patchwork-Familie, lustig wird's auf jeden Fall.«

»Danke, das ist lieb von dir.« Christine lächelte schon wieder etwas, als Odas Handy sich mit der Titelmelodie des Filmklassikers »Der dritte Mann« meldete. Oda fingerte es aus ihrer Hosentasche, was im Sitzen gar nicht so einfach war.

»Wagner«, meldete sie sich.

Volker Herz war dran, der junge Kollege, der auch Ute Baumanns Anruf entgegengenommen hatte.

»Bist du noch unterwegs, Oda?«

»Warum? Ist was passiert?«

»Wir haben einen Anruf erhalten. Man hat einen Wagen am Molenfeuer stehen sehen, bei dem die Scheinwerfer brannten. Die Schlüssel steckten, aber vom Halter keine Spur. Wir haben das überprüft, der Wagen ist auf Volker Wilken zugelassen. Ich hab mich daran erinnert, dass der Name im Zusammenhang mit euren aktuellen Ermittlungen steht, darum rufe ich an.«

»Hast du schon Leute vor Ort?«

»Ja. Die Kollegen sind schon da. Hab aber noch keine Rückmeldung. Dachte nur, du sollest das wissen. Soll ich Christine anrufen?«

»Brauchst du nicht. Die sitzt neben mir. Wir fahren gleich hin. Danke.« Sie beendete das Telefonat. »Gib Gummi, Süße, wir haben keine Zeit für komplizierte Staatsanwälte, wir müssen Volker Wilken finden.«

»Wie, wir müssen Volker Wilken finden?« Christine fuhr bereits aus der Parklücke.

»Es geht wieder zum Molenfeuer«, gab Oda die Richtung vor. »Dort hat man seinen Wagen mit brennenden Scheinwerfern entdeckt. Von ihm fehlt jede Spur.«

Eine Stunde später hatten sie zwar noch immer keine Spur von Volker Wilken, doch einen ersten Eindruck vom Fahrzeug und vor allem: die Schlüssel für seine Wohnung. Die Spurensicherung, die sie in Anbetracht der Gesamtumstände natürlich sofort hinzugezogen hatten, hatte sämtlichen Unrat im Umfeld des Molenfeuers – das war bei dieser Witterung nicht viel: eine leere Wodkaflasche, ein Beutel mit Hundekot und ein paar Zigarettenkippen – eingetütet und würde die Fundstücke untersuchen.

Wieder standen sie vor dem Klinkerbau in der Saarbrücker Straße. Jetzt jedoch streiften sie sich Einmalhandschuhe über. Christine schloss die Haustür auf. Im ersten Obergeschoss auf der linken Seite wies ein nüchtern beschriftetes Schild darauf hin, dass hier »Wilken« wohnte.

»Auf in den Kampf«, sagte sie entschlossen, öffnete die Wohnungstür und betrat den schmalen Eingangsbereich. Der Lichtschalter auf der linken Seite gehörte noch zur Generation der schlanken, schmalen Kippschalter. Ein Deckenstrahler flammte auf und gab den Blick frei in einen Flur, den Christine auf Anhieb sicher keinem Mann von Anfang zwanzig zugeschrieben hätte. Sie sah Oda an.

»Nur keine Scheu«, forderte die sie auf, »gucken wir mal, was wir hier finden.«

Doch es gab keine Überraschungen, jedenfalls keine der negativen Art. Im Gegenteil. Das Schlafzimmer war ordentlich, das Bett gemacht, Wohnzimmer und Küche ebenso. Lediglich das Badezimmer wies diesen typischen Geruch auf, den Stehpinkler hinterließen, wenn nicht täglich gewischt wurde.

»Merkwürdig«, sagte Christine. »Es sieht alles so aus, als sei Wilken bereits auf großer Fahrt. Guck mal, sogar die Heizkörper hat er ausgestellt, dabei ist es ja nun wirklich kalt draußen.«

Oda öffnete den kleinen Schrank unter der Spüle. »Stimmt. Auch der Mülleimer ist leer. Da hat sich jemand auf eine längere Abwesenheit vorbereitet. Guck doch mal in den Kühlschrank.«

Christine ging in der linken hinteren Ecke in die Hocke. Das Licht des Kühlschranks warf einen eigenartigen Schein auf sie. »Hier ist was.« Mit spitzen Fingern hielt sie Oda eine kleine Schornsteinfegerfigur und einen Zettel hin.

»Moment.« Oda zupfte aus den Tiefen ihrer Jackentasche zwei durchsichtige Kunststofftüten. »Gib her.« Sie hielt Christine eine hin, die Figur purzelte hinein.

Oda streckte die Hand nach dem Zettel aus, der sich bei näherem Hinsehen als gefalteter DIN-A4 -Bogen entpuppte. *»Ich will keine großen Worte machen«,* stand dort in einer Schrift, der man ansah, dass sie das Schreiben mit der Hand nicht gewohnt war. *»Was ich getan hab, war falsch. Ich habe mich nicht gegen den Gruppenzwang wehren können. Ich bitte denjenigen, der dieses Schreiben findet, Katharina Arends zu sagen, dass es mir leidtut. Ich wollte es nicht. Ich wollte ihr nicht wehtun, auch wenn ich es getan und* *mich anschließend davor gedrückt habe, meinen Fehler einzugestehen. Ich war feige. Sagen Sie Katharina, ich hätte seitdem versucht, ihr in Kleinigkeiten zur Seite zu stehen. Ich wollte es wiedergutmachen. Doch wahrscheinlich gibt es keine Wiedergutmachung. Bitte sagen Sie ihr, ich hab das nicht gewollt.«* Unterschrieben war der Brief schlicht mit *Volker Wilken* und dem heutigen Datum.

»Du hattest recht«, sagte Oda zu Christine. »Katharina Arends ist die Frau, die auf den Fotos zu sehen ist.« Sie warf einen Blick auf die Uhr. »Wollen wir jetzt noch zu ihr hin?«

Christine schüttelte den Kopf. »Nein, ich denke, wir können uns Zeit lassen bis morgen. Hier sieht ja nun wirklich alles nach einem Suizid aus. Und bei Malte Kleen gab es eigentlich auch keine Auffälligkeiten, nur bei Fabian Baumann wissen wir, dass eine zweite Person beteiligt war. Was Katharina Arends betrifft, sollten wir im Moment erst mal nur davon ausgehen, dass sie ein Vergewaltigungsopfer ist, keine Mörderin.«

»Okay. Lassen wir die Arends in Ruhe schlafen, bevor wir sie morgen ins Gebet nehmen.«

»Ja.«

Christine schnappte sich Figur und Brief, sie löschten das Licht und verließen die Wohnung.

»Ich bring die Sachen noch schnell in die Polizeiinspektion«, sagte Christine auf dem Weg zu ihrem Auto. »Dann können die von der Spusi das morgen früh gleich unter die Lupe nehmen.«

Oda, die ihr Fahrrad nach dem nachmittäglichen Versuch, Volker Wilken zu befragen, hier stehen lassen hatte, nickte dankbar. »Dann schwing ich mich jetzt auf den Sattel und radel heim. Mal gucken, was mich da erwartet. Alex hat mir eine Pizza versprochen. Aber die wird wohl entweder schon verzimmert oder zumindest kalt sein.«

Christine hörte die gleiche Resignation aus Odas Stimme, die sie selbst empfand.

Freitag

Als ob das Wetter geahnt hatte, dass es heute keinen Anlass zum Jubilieren gab, waberten Nebelschleier über den Boden, als Katharina Arends zum Stützpunkt fuhr. Raureif plusterte die kahlen Äste der Sträucher und Bäume auf und verlieh ihnen ein bizarres winterliches Kleid.

Alles schien normal zu sein, als sie an Bord ging, doch ein morgendliches Streitgespräch mit ihrem Vater hing ihr nach. Wenn es aus Kostengründen nicht unvernünftig gewesen wäre, hätte sie schon längst ihr Zimmer im elterlichen Heim gegen eine kleine Wohnung getauscht. Aber sie hatte Ziele, die ein gewisses Finanzpolster voraussetzten. Deshalb riss sie sich zusammen, wenn sie nicht mit der »Jever« im Einsatz oder auf Übungsfahrten war, zumal sie wusste, wie sehr ihre Mutter an ihr, dem einzigen Kind, hing. Ihr Vater hingegen hatte nie einen Hehl aus seiner Enttäuschung darüber gemacht, dass seine Frau ein Mädchen statt eines Jungen geboren hatte. Vier Fehlgeburten und eine Totgeburt hatte ihre Mutter noch durchstehen müssen, bevor der Vater eingesehen hatte, dass es keinen Stammhalter geben und Katharina sein einziges legitimes Kind bleiben würde. Früh schon hatte sie gespürt, wie wichtig ihrem Vater ein Sohn gewesen wäre, und so hatte Katharina sich für alles interessiert, was auch die Jungen in ihrer Klasse begeisterte. Statt mit Puppen hatte sie mit Autos gespielt und ihre Kindheit in seiner Werkstatt verbracht. Schraubschlüssel, Motoröl und der Geruch von Autoreifen hatten sie all die Jahre hindurch begleitet. Einen Friseursalon hatte sie nie betreten, ihre Mutter hatte zur Schere gegriffen, wenn die Haare zu lang wurden. »Die Ausgabe können wir uns sparen«, hatte der Vater immer gesagt, wenn Katharinas Mutter ihn bat, dem Mädel doch die Möglichkeit zu geben, eine eigene Frisur auszusuchen. Katharina hatte sich daran gewöhnt und trug die Haare auch heute noch stets zu einem Zopf oder Knoten zusammengefasst. Es war praktisch. Das allein zählte.

Nicht einmal eine halbe Stunde nachdem sie an Bord gegangen war, saß Katharina mit geradem Rücken am Tisch auf der Kammer des Kommandanten. Das war ungewohnt, und sie fühlte sich unwohl, zumal sich der Kommandant nicht im Raum befand.

»Herr Tieden war so freundlich, uns für dieses außergewöhnliche Gespräch seine Kammer zu überlassen«, sagte Oda Wagner, die ihr gemeinsam mit der anderen, der Blonden, gegenübersaß. Katharina vermutete, dass der dieses saloppe »Herr Tieden« nicht über die Lippen gekommen wäre. Bei diesem Ausdruck sträubten sich Katharinas Nackenhaare. Diese Zivilisten hatten überhaupt keine Ahnung von dem, was wichtig und auch richtig war. Denn auch in der Anrede ging es um Befehl und Gehorsam, um Wahrung der Hierarchie, was im Ernstfall überlebenswichtig sein konnte.

»Wir sollen Sie von Volker Wilken grüßen«, sagte Christine Cordes.

Katharina legte die Stirn in Falten. »Vom Zwo NO? Wieso?«, fragte sie verhalten.

Oda Wagner warf ihrer Kollegin einen Blick zu. Daraufhin zog die aus ihrer großen Ledertasche eine Plastikhülle, aus der sie einen handgeschriebenen Brief nahm und ihr hinhielt.

»Was soll ich damit?«, fragte Katharina.

»Sie können ihn ruhig anfassen. Es ist eine Kopie«, sagte Christine Cordes. Zögerlich nahm Katharina das Blatt. Las, was Volker geschrieben hatte. Wortlos legte sie es anschließend auf den Tisch.

»Und?«, fragte Oda Wagner.

»Was und?«, konterte Katharina.

»Na, irgendwas müssen Sie doch denken bei so einem Brief.«

»Warum?« Katharina hörte selbst, dass ihre Stimme fiepsig klang.

»Es ist ein Abschiedsbrief«, stellte Oda Wagner mit Langeweile in der Stimme fest. »Und wir gehen einfach mal davon aus, dass der Sie irgendwie berührt, immerhin sind Sie in dem Schreiben erwähnt.«

Katharina spürte, wie ihr innerer Emotionskessel unter Druck geriet. »Ein Abschiedsbrief?«

»Ja.« Christine Cordes tat überrascht. »Wissen Sie denn nicht, dass auch Volker Wilken aller Wahrscheinlichkeit nach tot ist? Sein Auto wurde gestern Abend am Parkplatz des Molenfeuers gefunden. Die Schlüssel steckten, die Scheinwerfer brannten, nur von ihm selbst fehlt jede Spur. Lediglich eine Wodkaflasche mit seinen Fingerabdrücken haben wir sicherstellen können.« Sie machte eine Pause. »Die Strömung ist dort sehr stark. Es war ablaufendes Wasser …«

Katharina schluckte.

***

Da ist er wieder. Der Strudel. Alles ist wieder da. Die Ohnmacht. Die Verzweiflung. Das schwarze Loch.

Denn nichts ist da. Keine Erinnerung. Nur das Wissen darum, dass Stunden meines Lebens fehlen, ohne dass ich wirklich weiß, was genau geschah.

Ich werde wach. Mir gegenüber stehen Fabian und Malte an den Spind gelehnt. Volker sitzt am Fußende der Koje. Hab ich zu viel getrunken? Nein. Es war immer nur ein kleiner Spritzer Wodka in der Cola. Da hab ich aufgepasst. Außerdem bin ich total klar. Wenn ich was getrunken hätte, hätte ich einen Hangover.

Die drei beobachten mich. Ich richte mich auf. Was ist hier los?

»Na, biste wieder da?«, fragt Fabian lax. Malte grinst saublöd, Volker blickt betreten zu Boden. »Bist eingepennt. Haben gedacht, wir passen besser auf dich auf.« Fabian lacht dabei widerlich. Malte grinst breiter. Volker schweigt. Mit einem Mal fühle ich mich schmutzig. Auch der Geschmack in meinem Mund ist widerwärtig. Ich stehe auf.

Ich laufe durch das Schiff zu meiner Kammer. Dieser Ekel. Es würgt mich. Ich muss unter die Dusche, mir den Ekel abschrubben. Doch so lange ich auch schrubbe, er bleibt. Heiß rinnt das Wasser auf mich hernieder. Ich muss mich erinnern. Ich weiß noch, dass ich überrascht war, als Fabian mich, Malte und Volker zu einer kleinen Party auf seine Kammer einlud. Zu Beginn war es sogar ganz nett.

***

»Ich weiß nicht, was das soll«, sagte Katharina bestimmt. »Sie geben mir einen Brief oder die Kopie davon, erzählen mir, dass Volker allem Anschein nach beim Molenfeuer ins Wasser gegangen ist … was wollen Sie von mir?«

»Wir hatten gehofft, dass Sie uns sagen, wofür Volker Wilken sich bei Ihnen entschuldigt. Vielleicht hilft das hier Ihrer Erinnerung auf die Sprünge«, sagte Christine Cordes und griff erneut in ihre Tasche. Jetzt zog sie ein Bild heraus. Katharina brauchte gar nicht näher hinzusehen. Sie erkannte es auch so. Es war die Vergrößerung des Fotos, das sie selbst der Polizei geschickt hatte.

Sie schwieg.

Die Kommissarin schob es ihr rüber, und Katharina atmete hörbar ein. Natürlich hatte sie gewusst, dass dieser Moment kommen würde, sie hatte ihn ja sogar selbst herbeigeführt, aber irgendwie war es jetzt doch nicht so leicht, wie sie es sich vorgestellt hatte. Am liebsten würde sie auch nicht hier, sondern woanders reden. Und doch gehörte ihre Geschichte in die Wände der »Jever«.

»Sie haben recht. Ich muss Ihnen einiges erklären.« Sie sammelte sich. Bislang hatte sie das alles nur ein einziges Mal erzählt. Leider dem Falschen.

»Es ist ein paar Monate her. Wir waren auf einer Übungsfahrt. DO Baumann hatte Drei SVM Kleen, Zwo NO Wilken und mich zu einem kleinen Umtrunk auf seine Kammer gebeten. Das war natürlich sehr eng, normalerweise ist die Kammer bei drei Leuten schon voll, aber es ging gerade so. Und vielleicht machte es dieses Enge ja auch so witzig. Zuerst war alles ganz unverfänglich. Es gab Cola. Wilken und Kleen haben sie mit Wodka gemischt. Ich hab den Alkohol gemerkt, bin das nicht gewohnt. DO Baumann rutschte sehr eng an mich heran. Legte seine Hand auf meinen Oberschenkel und ließ sie nach oben wandern. Das wollte ich nicht. Ich hab ihm gesagt, er solle das lassen. Da wurde er sauer. Ich solle mich nicht so anstellen. Kleen hat hämisch gelacht und gemeint: ›Siehste, wusst ich doch, dass du bei der nicht landen wirst.‹ Überrascht habe ich ihn angesehen. ›Was läuft hier?‹, habe ich gefragt, doch er hat weiter so blöd gelacht. ›Kannste dir das nicht denken? Der DO will was von dir.‹ – ›Ihr seid ja betrunken‹, sagte ich und wollte aufstehen. Irgendwie war ich auch müde. ›Ist wohl besser, wenn ich gehe.‹ – ›Ach komm, stell dich nicht so an.‹ Baumann zog mich wieder zurück und drückte mir mein Glas in die Hand. Die beiden haben sich so komisch angesehen, während wir uns unterhielten, und Baumann legte wieder einen Arm um mich und zog mich an sich. Da hatte ich die Nase voll. Ich wollte gehen, aber das ging nicht mehr. Von da an gibt es in meiner Erinnerung nur noch ein Loch. Bis ich aufwachte und die drei mich anstarrten. Es hing etwas im Raum, eine ganz eigenartige Atmosphäre.«

»Und dann?«, fragte Christine Cordes.

»Ich bin gegangen.« Katharina räusperte sich, dann sprach sie leise weiter. »Aber ich fühlte mich furchtbar schmutzig.«

***

»Na, du scharfe Maus, wie hat's dir gefallen? Wir können das gern mal wiederholen. Vielleicht geht's ja auch ohne die Tropfen.« DO Baumann flüstert mir das zu, als ich ihm an Deck begegne. Ich werde blass, mir wird speiübel. Also hat mich mein Gefühl nicht getrogen.

»Du machst einen Scherz«, sage ich und hoffe, dass er »Ja« sagt. Doch er lacht und geht einfach weiter.

***

Auch wenn es nicht das erste Mal war, dass Oda mit Opfern einer solchen Tat sprach, traf sie deren seelische Pein jedes Mal aufs Neue. »Wenn Sie befürchteten, vergewaltigt worden zu sein, warum haben Sie sich keine Hilfe gesucht?«, fragte sie. »Warum haben Sie geduscht, es hätten doch vom Arzt Spuren sichergestellt werden können, um den Verantwortlichen zu überführen und zur Rechenschaft zu ziehen.«

»Ich habe mich geschämt. Da war ganz viel Ekel und Scham.«

»Das kann ich verstehen.« Oda machte eine kurze Pause. Diese Sätze hörten sie fast jedes Mal, und jedes Mal wieder machte es sie wütend. Die Täter sollten sich schämen! Nicht die Opfer. »Es war nicht nur Fabian Baumann, stimmt's? Es waren auch die anderen beiden.«

Die junge Soldatin nickte. »Ja. Auf den Bildern erkennt man, dass es sowohl Baumann als auch Kleen und Wilken waren. Die Fotos habe ich erst kürzlich gesehen. Bis dahin habe ich geglaubt, dass es nur der DO war. Ich hab mich so geschämt. Habe gedacht, was müssen die beiden anderen von mir denken, dass ich so was mit mir machen lasse. Und ich hatte ja nicht mal eine Erinnerung daran! Das war das Schlimmste. Nichts zu wissen, sondern nur zu ahnen.«

***

Seit zwei Tagen kämpfe ich mit permanenter Übelkeit, habe mir mit Seife den Mund ausgewaschen und alles andere auch. Doch ich werde den Ekel nicht los, der ständig präsent ist und fast übermächtig wird, wenn ich Baumann begegne. Auch nicht die Scham beim Anblick von Kleen und Wilken. Ich rufe meinen Vater an. Erzähle ihm alles. Er wird mir einen Rat geben, was ich machen soll. Doch ich kann nicht glauben, was er sagt.

»Ach was. Stell dich nicht so an. Die haben sich einen Witz mit dir erlaubt, da war gar nichts. Du bildest dir das nur ein. Hast wohl zu viel getrunken und bist eingeschlafen. Frauen können eben nicht so viel ab wie Männer. Und jetzt nimmt der Baumann dich damit hoch. Lach drüber, sonst wirst du ewig von denen verspottet.«

»Aber Papa …«

»Hast du Beweise? Schmerzen? Striemen? Sonst was?«

»Nein. Aber …«

»Nichts aber. Du bildest dir das ein. Und selbst wenn: Steh es durch wie ein Mann.«

***

»Und wann merkten Sie, dass Ihre Ahnung Sie nicht trog?«, fragte Christine, wobei sie versuchte, ihr Mitgefühl nicht zu offenkundig werden zu lassen.

»Erst gab's nur Baumanns Andeutungen. Dann ließ auch Kleen komische Sprüche ab. Dass er immer schon mal einen flotten Vierer … und so.« Katharina Arends senkte den Blick. »Ich war völlig konfus … In meinem Schädel knallten die Fragen von einer Seite zur anderen, ich hatte Angst, mein Kopf würde jeden Moment platzen. Alles war so furchtbar. Ich wusste nicht, was ich machen sollte. Und immer diese Blicke von Kleen und Baumann.«

»Und Wilken? Wie hat der sich verhalten?«

»Das kam ja auch noch dazu. Der war mir gegenüber plötzlich so … zuvorkommend. Wir hatten zwar in der Vergangenheit durchaus einige gute Gespräche miteinander geführt, aber sein Verhalten wurde irgendwie … anbiedernd.« Katharina Arends schluckte heftig. »Das hat mich noch mehr verunsichert. Warum war der mit einem Mal so?«

»Haben Sie ihn nicht drauf angesprochen?«, fragte Oda.

Die Soldatin senkte den Blick. »Nein. Ich … konnte nicht. Ich hab mich …«, ihre Zungenspitze schnellte kurz zwischen den Lippen hervor. »Ich kann nur wiederholen: Da war diese unendliche Scham. Und die Angst, dass doch alles stimmte.«

»Aber irgendwann haben Sie sich dazu entschlossen, mit Baumann zu reden«, stellte Christine fest. »Wie kam es zu diesem Sinneswandel?«

»Mir wurde klar, dass ich etwas unternehmen musste, dass ich verrückt würde, wenn ich keine Klarheit bekäme.«

»Und da dachten Sie, wenn Sie Fabian Baumann umbringen, haben Sie das Problem gelöst?«, fragte Christine ungläubig.

»Nein, um Gottes willen. Natürlich nicht. Ich wollte lediglich mit ihm reden. Ich wollte ihm klarmachen, dass er diese Anspielungen lassen soll. In den letzten Wochen hab ich ihn unzählige Male auf seinem Handy angerufen. Aber er hat mich auflaufen lassen. Hat mich weggedrückt oder kurz abgefertigt. Bis ich ihm gesagt habe, dass ich mich an den Alten wenden werde.« Katharina Arends griff nach einem Glas, das auf dem Tisch stand, und drehte es in der Hand.

»Den Alten? Baumann senior?«, hakte Christine nach.

»Tieden«, erklärte Oda. »Der Kommandant ist pauschal für alle an Bord ›der Alte‹.«

»Stimmt.«

»Und wie hat Fabian Baumann darauf reagiert?«

»Das liegt inzwischen ja wohl auf der Hand. Ich habe unter dieser Androhung ein Treffen gefordert, und er ist darauf eingegangen. Widerwillig zwar, aber das war mir egal.«

»Aber warum haben Sie sich mit ihm ausgerechnet am Molenfeuer getroffen? Hatten Sie denn keine Angst mehr vor ihm?«

»Nein, Angst hatte ich nicht. Er war ohnehin am Nassauhafen, aber da sind immer zu viele Leute. Darum hab ich das Molenfeuer vorgeschlagen. War ja für ihn nur ein Katzensprung, und ich wollte es zu Ende bringen. Er sollte mich in Ruhe lassen.«

***

Es ist dunkel. Ich halte. Wo ist Baumann? Während ich noch versuche, etwas in der Dunkelheit zu erkennen, wird meine Fahrertür aufgerissen. Baumann lacht mich an. Seine Bierfahne schlägt mir entgegen.

»Steig aus«, sagt er und reißt mich förmlich aus meinem altersschwachen Golf. »Ist schön, dass du das Bedürfnis hast, mit mir allein zu sein. Dann brauchen wir die Tropfen ja diesmal nicht.« Er klopft auf seine Jackentasche, fasst mir ans Kinn, greift mit der anderen Hand um meine Taille.

»Hör auf.« Ich schlage seine Hände weg. »Es ist mir ernst. Hör auf mit diesen Anspielungen. Lass mich in Ruhe. Wenn du das nicht tust, wirst du gewaltigen Ärger bekommen, das schwöre ich dir.«

Fabian lacht. »Du? Nie im Leben gehst du zum Alten. Dann zeig ich dem nämlich die Fotos und erzähl ihm, wie viel Spaß wir gehabt haben. Du und ich. Malte und du. Volker und du.«

Mir bleibt die Luft weg.

»Jetzt biste platt, was? Komm her, Süße, ich zeig dir die Bilder.« Er nestelt an seiner Brusttasche, zieht sein Handy hervor. Wischt mit dem Finger über den Touchscreen. »Sind doch schöne Aufnahmen, findest du nicht?«

Ich kann nicht glauben, was ich sehe. Es war nicht nur Baumann. Es waren alle drei. Baumann, Kleen … und … auch Volker. Sie haben tatsächlich die Dreistigkeit besessen, zu fotografieren, wie sie mich vergewaltigen. Ich bin wie erstarrt, als Baumann mir ein Bild nach dem anderen zeigt.

»Die finden bestimmt auch andere klasse. Ich hab schon überlegt, ob ich die mal bei Facebook einstellen soll. Uns erkennt man ja nicht.« Er lacht wieder so hämisch. »Aber wenn du ganz lieb zu mir bist, mach ich das natürlich nicht.« Er fasst nach meiner Brust. Ich schlage ihm auf die Hand.

»Gib das Handy her. Lösch die Bilder«, fordere ich. Die Starre ist von mir abgefallen.

»Quatsch. Das ist mein Handy. Das kriegste nicht. Und die Bilder bleiben schön da drauf. Die guck ich mir jeden Tag gern wieder an.«

***

»Der Streit mit Baumann eskalierte«, sagte Katharina Arends mit fester Stimme. »Er wollte das Handy nicht rausrücken, ich wollte es um jeden Preis haben.«

»Um jeden Preis«, wiederholte Oda.

»Ja. Wissen Sie, was es heißt, von Ekel vor sich selbst erfüllt zu sein? Und dann besaß er noch die Dreistigkeit, mir zu sagen, er würde die Bilder ins Internet stellen. Da hätten Tausende andere Menschen sie sehen können! Das konnte ich doch nicht zulassen. Ich musste die verdammten Bilder haben. Also hab ich versucht, an das Handy zu gelangen. Baumann hat sich gewehrt. Erst hat er noch gelacht, aber dann …«

»Sie haben Schlagtechniken angewandt, die man nicht anwenden darf.«

»Es war mir scheißegal, ob ich die anwenden durfte. Ich wollte die Bilder.«

***

Fabian? Er liegt auf dem Boden. Rührt sich nicht mehr. Fabian? Ich stupse ihn an. Nichts. Keine Reaktion.

Ich müsste Hilfe holen. Die 112 anrufen. Aber ich kann nicht. Nicht nach dem, was er mir gesagt hat. Nicht nachdem ich die Fotos gesehen habe. Baumann. Kleen. Wilken. Alle drei. Alle drei. Nie-

mand darf diese Bilder sehen. Ich greife nach dem Handy. Stecke es ein. Fabian? Noch einmal flüstere ich seinen Namen. Als er auch jetzt nicht reagiert, nehme ich das Fläschchen aus seiner Jackentasche, drehe mich um und gehe. So einer wie er hat keine Hilfe verdient.

***

»Sie hätten einen Rettungswagen rufen müssen.«

»Ich habe es aber nicht getan. Ich wollte damit nicht in Verbindung gebracht werden. Und es war ja auch irgendwie ein Unfall.«

»Genau deshalb!«

»Nein. Ich bin nach Hause und habe mir die Aufnahmen angesehen. Wieder und wieder. Und mit jedem Mal mehr wusste ich, dass es richtig gewesen war, keine Hilfe geholt zu haben. Er war selbst schuld. Er hat es in der Hand gehabt. Es wäre nicht so weit gekommen, hätte er mir den Chip mit den Fotos gegeben.«

»Was dann?« Christine sah sie ernst an. »Was geschah mit Malte Kleen?«

Katharina Arends lächelte unvermittelt. »Ja, wissen Sie, ich fühlte mich plötzlich gut, als Baumann … na ja. Natürlich hätte er nicht sterben müssen, das hatte ich auch überhaupt nicht beabsichtigt, aber es war eben passiert. Und irgendwie tat es mir gut, dass er nicht mehr da war. Ich empfand so was wie Befriedigung.«

»Also haben Sie sich überlegt, auch Malte Kleen aus dem Weg zu räumen?«, fragte Oda.

»Nein. Natürlich nicht.« Unruhig rutschte Katharina auf dem Stuhl herum. »Ich hatte das ja auch bei Baumann nicht gewollt. Es war ein Unfall. Und bei Kleen …« Sie hob beinahe entschuldigend die Hände, ihre Augenlider flatterten. »Ich wollte ihm nur einen Denkzettel verpassen, damit er am eigenen Leib erfährt, wie es ist, einen totalen Filmriss zu haben. Das wäre ja nicht mal so schlimm für Malte gewesen, weil *er* dabei nicht vergewaltigt worden wäre. Aber er sollte diesen Blackout haben, der nicht vom Trinken kommt und deshalb so unerklärlich ist. Der Fragen aufwirft nach dem, was in den verschwundenen Stunden geschehen ist. Das hätte ihm das Ausgeliefertsein deutlich gemacht. Darauf kam es mir an.« Sie verschränkte ihre Arme vor der Brust.

»Nicht so schlimm ist in dieser Sache wohl der falsche Ausdruck. Schlimmer als der Tod kann ein Blackout wohl nicht sein«, sagte Oda sarkastisch.

Katharina räusperte sich. »Dass er stirbt, wollte ich nicht.«

»Aber Sie haben es billigend in Kauf genommen, indem Sie ihm die Tropfen verabreichten, bevor er auf die Autobahn fuhr.«

»Das würde ich so nicht sagen. Er hatte eine Flasche Apfelwasser auf dem Tisch stehen, und mir bot sich die Gelegenheit, die Tropfen hineinzutun. Ich hab doch nicht ahnen können, dass er Auto fährt, nachdem er das Apfelwasser getrunken hat. Außerdem muss er zunächst müde geworden sein. Er hätte anhalten können.« Sie sah Christine und Oda mit großen, flackernden Augen an.

»Und Wilken?«, fragte Christine mit Skepsis in der Stimme.

»Da kann ich nun überhaupt nichts dafür. Gut, ich hab die Fotos von Baumanns Handy dazu benutzt, ihn und auch Kleen unter Druck zu setzen, um mit ihren Ängsten zu spielen, davor, dass alles rauskommt. Ich wollte mich rächen. Darum hab ich auch Ihnen die Fotos geschickt.«

»Und sich selbst darauf unkenntlich gemacht.«

»Ja. Aber dann hab ich gemerkt, dass es nichts bringt, wenn Sie nicht wissen, wer die Person auf dem ausklappbaren Schreibtisch ist. Darum habe ich beim letzten Foto deutlich werden lassen, dass es eine Frau ist. Und gehofft, sie würden erkennen, dass diese Fotos keine lustige Veranstaltung zeigen. Ich wollte einfach, dass die bestraft werden.« Katharina Arends sah Christine mit offenem Blick an. »Es kann doch nicht sein, dass jemand eine Frau vergewaltigt und dann noch zum Soldaten auf Lebenszeit berufen wird. Als Belohnung sozusagen? Nein. Die durften nicht einfach so weitermachen.«

***

»Und nun?«, fragte Christine, als sie Katharina Arends den Kollegen der JVA in Oldenburg übergeben hatten, bei denen die Soldatin so lange bleiben würde, bis der zuständige Staatsanwalt über einen Haftbefehl entschieden hatte. Betroffen darüber, dass seiner Zwo SSM zumindest im Fall von Fabian Baumann Totschlag vorgeworfen wurde, hatte Kommandant Tieden seine Zustimmung zum Abtransport gegeben. Die Sonne bohrte sich langsam mit ihren Strahlen durch den Nebel. Nicht mehr lange, und sie würde den Kampf gewonnen haben. Die Luft roch würzig, beinahe mild, es versprach noch ein wunderbarer Tag zu werden.

»Ich denke, Katharina Arends' Anwalt wird in beiden Fällen auf Körperverletzung mit Todesfolge plädieren. Wahrscheinlich kommt im Fall Baumann noch unterlassene Hilfeleistung hinzu.«

»Glaubst du ihr, dass sie bei Malte Kleen nicht wusste, dass er eine längere Autofahrt vor sich hatte?«

»Keine Ahnung. Aber vielleicht können wir im Rahmen der ›Nacharbeit‹ beziehungsweise der Vorbereitung der Anklage Kameraden auftreiben, die bezeugen können, dass sie es wusste.«

»Drei junge Männer sind tot«, sagte Christine traurig.

»Und eine junge Frau ist auf immer gezeichnet durch das, was diese drei ihr aus einer Laune heraus angetan haben«, ergänzte Oda bitter.

***

Seit ich die Fotos gesehen habe, sehe ich die Bilder jede Nacht. Kein Schlaf mehr … nur Ekel und Scham … endlose Qual und Selbsthass. Immer wieder muss ich aufstehen und mich duschen. Meine Haut ist schon ganz wund.

Aber eines zumindest weiß ich: Diese drei werden keiner Frau mehr antun, was ich jede Nacht aufs Neue durchlebe.

ENDE

Zum Schluss …

Ein Buch zu schreiben, bedeutet oft, sich auf ein Thema einzulassen und viele Gespräche mit Menschen zu führen, die sich auf dem ausgesuchten Gebiet viel besser auskennen als man selbst.

Zeit zum Schreiben wurde mir im November 2011 mit dem vierzehntägigen Krimistipendium »Tatort Töwerland« der Insel Juist geschenkt, das Thomas Koch von der Buchhandlung Koch federführend organisiert. In der Wohnung, die Uda Haars vom Salon Haars mir zur Verfügung stellte, entstanden die ersten fünfzig Seiten dieses Buches. Das Hotel Atlantic verpflegte mich morgens und abends ganz wunderbar. Danke dafür. Ich brauche wohl nicht zu erwähnen, dass ich seither auch privat öfter auf »Töwerland« anzutreffen bin.

Vonseiten der Marine habe ich sehr viel Unterstützung erhalten und möchte mich, stellvertretend auch für jene, die mir bei kleinen Fragen mit ihren Antworten weitergeholfen haben, bei Oberleutnant zur See Markus Jenzer, insbesondere aber bei Fregattenkapitän Ingolf Schlobinsky bedanken, der als Kommandant der Fregatte »Bremen«, die das Vorbild für meine Fregatte »Jever« war, viel Spaß daran hatte, mir die kleinen Fehler aufzuzeigen, die es marinetechnisch im Buch gab.

Wenn jetzt noch Fehler vorhanden sind, liegt das allein an mir.

Aber auch außerhalb der Marine gab es Recherchen, bedanken möchte ich mich bei Doreen Rehfeld, die den psychologischen Aspekt des Täterprofils »betreut« hat.

Und wie immer gibt es an dieser Stelle ein Dankeschön an meine Lektorin Marit Obsen, die meinen Büchern durch ihre Anregungen zum letzten Schliff verhilft.

Da das Internet bei Recherchen so hilfreich ist: Auf folgenden Seiten habe ich wertvolle Hinweise zum Thema Drogen gefunden: http://www.drogen-info-berlin.de/, http://mindzone.info/drogen/pilze/ und natürlich auf www.wikipedia.de.

Christiane Franke, im Januar 2013

Christiane Franke
MORD UNTER SEGELN
Broschur, 256 Seiten
ISBN 978-3-89705-917-7

»Detaillierter Einblick in die Polizeiarbeit an der ostfriesischen Küste und auf der Insel Langeoog und außerdem viel Lokalkolorit mit liebevollen Schilderungen, die Appetit auf Urlaub dort machen. Flott geschriebener Regionalkrimi mit interessanten Charakteren, die zunehmend an Tiefe gewinnen.« ekz

»Unterhaltsam neben der Krimispannung sind in ihren Büchern immer auch die Schilderungen der norddeutschen Landschaften und die ständigen Kontroversen zwischen der erdverbundenen Oda und der eleganten Christine.« NDR 1 Niedersachsen